《中国政治学》
CHINESE POLITOLOGY

图书在版编目（CIP）数据

中国政治学 . 2018 年 . 第一辑：总第一辑／中国人民大学国际
关系学院主办 . —北京：中国社会科学出版社，2018.6
ISBN 978 – 7 – 5203 – 2409 – 0

Ⅰ. ①中… Ⅱ. ①中… Ⅲ. ①政治学—研究—中国 Ⅳ. ①D6

中国版本图书馆 CIP 数据核字（2018）第 085164 号

出 版 人	赵剑英	
责任编辑	王 茵	
责任校对	闫 萃	
责任印制	王 超	

出 版	中国社会科学出版社
社 址	北京鼓楼西大街甲 158 号
邮 编	100720
网 址	http://www.csspw.cn
发 行 部	010 – 84083685
门 市 部	010 – 84029450
经 销	新华书店及其他书店

印刷装订	北京明恒达印务有限公司
版 次	2018 年 6 月第 1 版
印 次	2018 年 6 月第 1 次印刷

开 本	787 × 1092 1/16
印 张	18
字 数	303 千字
定 价	76.00 元

发刊词：建设有主体性自觉的中国政治学

杨光斌

作为社会科学学科基础的中国政治学学科出现于西方思想登陆而中国思想被妖魔化的"转型时代"（1895—1925），这就意味着中国政治学从一开始就是学习乃至移植的产物。其间，先是学习以英国、德国为代表的西方国家，接着是学习苏联，再接着是改革开放以来学习以美国为代表的西方国家，总之一直处于学习之中，各种学说、思潮到今天的量化研究方法，都在学习之列。

中国自己有"国学"而无社会科学，学习是必然之路，否则就没有今天的以政治学、经济学和社会学为基础的中国社会科学。与此相对应，中国的"文明型国家"向现代国家的转型，也是与西方碰撞的产物。在过去100年里，思想引领实践，实践检验思想，也是外来思想与中国实践相互撞击、相互矛盾、相互调试的"长周期"。

客观地说，作为学科的中国政治学与中国国家建设—政治发展的关系并不那么密切，尤其是在过去40年的时间里。改革开放以来，我们形成了以民主集中制为核心的"混合型"政治体制、混合型的社会主义市场经济体制和包容了古今中外文明价值的社会主义核心价值体系，但是政治学学科流行的则是传统与现代、先进与落后、民主与威权等二元对立的思维方式以及由此而产生的学科体系和理论体系。按照流行的政治学理论而分析中国政治，中国实践乃至整个中国政治发展，似乎总是不符合教科书中的"标准答案"。

常识是，一个关乎13亿多人口的政治绝对不能迎合任何简单化的理论，要知道没有任何事物比治理大国更为复杂了，这是中外历史反复证明了的；同时，基于特定国家、特定历史、特定经验而形成的理论也没有资格去鉴定中国政治发展的对与错，我们只能基于中国经验，在比较研究中形成相应的理论和概念。比较研究的发现是，当西方自身陷于困境之中、很多非西方国家也问题重重而导致世界秩序大变革时，中国之路还算顺畅，以至于曾经提出"历史终结论"的福山认为"中国模式"是一种替代性模式。

这意味着，中国道路之上的"中国方案"和"中国智慧"，需要一种新政治科学去回答。社会科学具有鲜明的时代性，20 世纪 50 年代，刚刚诞生的美国比较政治研究委员会自信地宣布，基于老欧洲经验的国家、权力等政治学概念该让位置了。美国人确实搞出了新政治科学，研究主题上从现代化研究到民主化研究，研究方法上从结构功能主义到理性选择主义等实证主义理论。但是，"实证"（the becoming）的逻辑离"实存的世界"（the world of the being）越来越远，将个人主义本体论弘扬到极致的美国政治学已经陷于危机之中，中国政治学不能把美国政治学的落点当作我们的起点，不能把美国政治学的败相当作我们的榜样。已经学习美国政治学 40 年的中国政治学，需要有自主性的理论体系和话语体系，中国应该是理论的发源地。

历史上，毛泽东在延安时期提出的"以中国为中心"的研究方法和人民民主国体与民主集中制政体等新政治学概念，标志着中国共产党的政治成熟，也是最有力量的"中国学派"，因而解决了中国问题。今天，中国政治学有着特殊的资源禀赋去建设自主性学科体系：第一，和其他学科一样，中国政治学已经足够了解西方政治学，也有足够的包容力去接纳其有益研究成果；第二，和其他学科不同的是，中国政治思想史和政治制度史极为丰富，这是中国自主性政治学建设的最重要的"大传统"和文明基因；第三，有着中国革命经验所形成的"小传统"；第四，有现行民主集中制政体以及由此而衍生的强大的治理能力和伟大的治理成就；第五，在知识论上，中国政治学直接来源于科学社会主义———一种坚持人民主体性的科学学说；伴随中国走向世界中心而发展起来的比较政治研究，是中国政治学的规范性学科来源。因为拥有这些如此独特而又优异的资源禀赋，即使在"历史终结论"如日中天之时，中国政治学阵地也没有丢掉。中国政治学理应倍加珍惜并发扬光大这些优质资源，最终形成自主性中国政治学科体系。

基于此，中国人民大学国际关系学院创办了《中国政治学》。《中国政治学》的命运不但系于我们自身的努力，还有赖于国内外同行的鼎力支持。

2018 年 2 月 19 日

中国人民大学明德国际楼

主编寄语:理解政治的知识与技艺,理解世界之中国

张广生

文字一旦编定,其命运便交给了读者,在《中国政治学》第一幕刚刚开场之际,编者不想提前剧透各篇文字的题旨要义与内容情节,只想就"理解政治的知识与技艺,理解世界之中国"谈谈自己的一孔之见。

政治学作为一门伟大的知识与技艺,在中西文明中都拥有着悠久的学科传统和崇高的学术地位。中国古代经典《大学》在一开篇就说:"大学之道,在明明德,在亲民,在止于至善",意思是,伟大的学术以"修己治人"的实践为"功夫",以人伦生活的至善为"目的"。柏拉图在《政治家》中说:"那支配着其他全部技艺并监护着法律和国家中所有事物、同时把它们编织在一起的技艺,我们可以依其职责把它称作'政治的技艺'"。柏拉图通过把政治技艺类比为"编织技艺",不仅强调了政治知识与技艺所具有的超越于诸如医药知识—技艺、赚钱知识—技艺之上的全局视野,而且明示了这种"护国者的知识与技艺"依其本性而拥有的高贵地位。

只要生活在高级文明之中,无论人们对"人"与"国"之间的关系持积极还是消极的态度,他们都无法否认的是,人的"天性""天德"与国的"势位""利用"之间的离合,必然关乎"群"与"己"的幸福。当《庄子》里道家人物面对自己时代的中国之天下发出"窃钩者诛,窃国者为诸侯"的"愤世"之叹时,正如柏拉图《理想国》中智术师人物面对希腊世界说出"正义就是强者的利益"这种"嫉俗"之语时,这正是年青人感愤于世势衰颓,对老年人"德位'应该'合一"、"正义与幸福自然一致"的教诲充满怀疑的时刻。面对春秋世界"礼崩乐坏"的局面,孔子承先启后,引领其门徒,把对衰败的礼法习俗的否思和重建人

伦差序的担当精神结合起来,用感通群己伦类的自然仁德呼应贯通天人的圣王政教;遭逢希腊文明的衰落,苏格拉底和柏拉图回应的方式则是,把年青人对"不义"的愤怒当作契机,邀请他们一起建构"自然"意义上"最好的国家",以期获得重建正当的群己生活的智慧。无论孔子式的"德位合一"的礼法筹划,还是苏格拉底式的"正义与幸福"相一致的政教方略,都力图驱散伦理虚无主义和政治虚无主义的迷雾,把国家建设目标设定为某种伦理与政治生活合一的、自我节制的共同体。

与苏格拉底、柏拉图式的政教合一国家只在城邦规模的历史现实中找到自己的影像不同,孔子及其门徒的伦理—政治学说则对中国大一统的"超级国家"的建构发挥了深远的塑造作用。正因如此,那位受过良好西方古典教育的耶稣会士利玛窦才感叹,自己目睹的中国不仅仅是世界上最富庶的国家和军事力量超强的国家,而且是由"哲学家"阶层统治的、不事对外扩张的高度节制的"内向国家"。

然而,19世纪中叶以来,与现代西方的相遇给中国的发展道路带来了巨大的挑战。现代中国遭遇的现实的西方,并不是苏格拉底和柏拉图筹划建构的伦理与政治生活合一的、高度节制的政治文明,而是个高度外向的扩张力量,在表征这一力量的结构与动力特点的意义上,马基雅维利和霍布斯的政治哲学似乎更具有斯宾格勒所谓的"观相学"的重要性。在中世纪封建法权的神学—政治困境中诞生的现代西方国家是个充满矛盾的存在,一方面,它无法把经济原因造成的社会纵向分层和宗教原因造成的社会横向分裂通过古典的政教合一方案整合起来,从而使自己变成一个更加有机的共同体;另一方面,它又不愿听任这些社会力量把国家瓦解回封建邦国的更加破碎的旧局面。其结果是,"主权机器"及其构成的国际体系下的"自由",使政治家的野心、资本的贪婪和宗派宗教的嫉妒都膨胀为积极对外扩张的动力。

在西方冲击下,无论传统中国在区别西式现代民族—国家的意义上被称作"帝国"、"天下—国家",还是"文明—国家",总之,中国"以国家兼天下的"传统秩序难以安立了。因为天下大势已变,列强环伺,所以,正如康有为在《上清帝第二书》中所作的历史时势与战略判断:"今之为治,当以开创之势治天下,不当以守成之势治天下;当以列国并立之势治天下,不当以一统垂裳之势治天下"。一切率由旧章当然是不合时宜了,问题是,受到西方冲击的中国需要发生怎样的"变易",又要保持怎样的"不易"呢?在回应西方挑战的过程中,中国的政制形态发生了三次重要的演变:从君主和士大夫领导人民的国家,到军阀豪绅当家的国家,然后到革命政党领导人民的国家。我们应该如何理解这种变化呢?

抽象估价中国的"古今之变"自然简单,那就是要保持那些"好的",改变那些"不好的"。问题是,对现代中国来说,如何评估列国政治的优劣短长和如何审视中国历代政治的得失是密切联系在一起的。中国发生的变化,既有出于"利害"的理由,也有出于"是非"的逻辑,但更进一步的问题是,应该用什么标准,应该由谁来判断这"好的"与"不好的"呢?如何继往开来,实现中国文明的复兴呢?

理解政治的知识和技艺,理解世界之中国——《中国政治学》愿与同道共同开启一次思想与学术的远航。

2018 年 5 月 15 日
于中国人民大学国际关系学院

目 录

主题圆桌

中国共产党与新政治学

学科议程

专题论文

理论探源

目　录

书　评

学术动态

Catalog

Articles

Exploring the Sources of Theory

The Logos of Politics and the Path Towards Rule

The Traditional and the Modern

Book Reviews

Academic Trends

主题圆桌

会议主题：中国共产党与新政治学

会议时间：2017 年 9 月 7 日（下午）

会议地点：中国人民大学崇德西楼 916

杨光斌：今天很高兴把大家请来做一个深度的专题研讨。

　　我们的主题是中国共产党与新政治学。政治学从产生那一天起，目的从来没变过，就是为了实现共同体的善，但是它又是时代科学，不同的时代有不同的主题，因此我不列举有多少"新政治学"。每次面临重大问题，解决这些问题都会产生新政治学。第一次世界大战后，50 年代美国搞比较政治学会，他们宣称，美国来了，基于老欧洲经验的政治学该让让位置了。中国政治学基本上是模仿美国那一套，但是我们认为今天的中国，在社会科学脉络中，政治学最有可能发展出自己的学科体系和话语体系。第一是有思想史，有制度史，这个资源非常丰富；第二是中国政治学的直接知识来源还是科学社会主义即马克思主义政治学；第三是最重大的问题是共产党执政；第四是有强大的实践成就。所以这些东西意味着，政治学最有可能突破西方话语体系，建构自己的话语体系和学科体系。围绕这个目的，我们办这个圆桌会议，请大家就问题深度研讨。

中国共产党与新政治学

新政治科学的时代性、科学化与国际比较视野

房 宁[*]

我觉得这个题目非常重要，也有现实意义。我把光斌刚才的论述做一点展开。现在从我们的工作中感觉到，现代中国确实在呼唤着新的政治科学，一种基于时代、基于中国经验也基于比较政治学视野下的新政治科学。

我们的时代在发展，首先我觉得还是整个社会主义，中国的现代化的事业，工业化、城市化、现代化，中华民族伟大复兴、强国。这是作为中国共产党——中国共产党是我们制度的一个核心特征——这个制度的核心。中国共产党的任务确实发生了历史性的转变。我们不谈革命党、执政党，这方面容易陷入一些集体的争闹。但是作为执政党，它的历史任务有重大转变。由于这个转变，它面临的工作和很多问题都有变化，所以必须有新的科学理论的总结，并用于指导实践，这是第一点。

第二点是事业的复杂化。现在讲智库，过去觉得中国共产党和欧洲政党有点像，和美国有点差别。其实论功能，原来是由党政机关干部本身和研究机构来承担的，但是现在的发展确实是非常广泛、深化，同时也复杂。广泛化、深刻化、复杂化，所以需要更进一步，凭借经验性的治理，确实解决不了问题，现在问题太复杂了。包括现在讲顶层设计，摸着石头过河还不够，还有顶层设计。顶层设计我做过研究，实际意思是政策之间的协调性。更大的含义在这儿，并不是说事

* 房宁，中国社会科学院政治学研究所所长。

先做一个顶层设计。

我考证了一下这个词在中国的生产，当时中央提出这个概念的时候，更多的是类似于钱学森说的系统工程理论，它不是系统论，是系统工程论或者叫工程系统论，它是针对着这个问题，这个问题实际上和那个又不一样，但是没有词，所以就来个顶层设计。其实顶层设计容易被误解，好像我们整个需要有一个什么顶层设计、分层设计，然后再整合。

它实际上说明我们现在这个事情复杂化了，确实最近一年以来我做了很多的任务。当然角度不同，有党的生态问题、文化问题、体制问题、改革问题，其实说来说去，具体的都会研究。但是实际上做多了以后，我也得出一个原则性或者哲学一类的看法，就是科学化。过去那些东西不行了，这是第三点。

第四点是我们原有的政治学为什么需要科学化？这里还有一个国际比较问题。虽然我们在探索自己的路，但是实际上我们的确是需要总结别人的经验和教训。我最近写一篇文章，跟美国学什么？其实跟美国学，最重要不是学美国的制度和做法，那学不来。是跟美国学美国走过的道路，特别是遭受的挫折，受的那些苦，它的失败和挫折。只有从挫折中，才能得到智慧，吃一堑长一智，这些东西特别重要。

包括发展中国家，例如印度，印度和中国有多大的区别？我们从印度身上学什么？印度非常值得研究，我们也研究印度，因为研究印度最大的收获就是认识自己，印度是一面镜子，能使你受启发。比如说多元化，我们说中国社会多元化，你没研究印度，印度才叫多元化，对你有很多启发。所以这些都需要有新的、有专业化水平的政治科学。

具体来讲政治科学，我觉得有个问题。政治哲学和政治科学，中国语境很微妙，政治学，你可以叫政治哲学或者政治科学，如果分的话大概两大类。首先一个问题，搞清政治科学和政治哲学的区别，建立中国新的政治学。现在混在一起，其实这个在方法论上是一个大问题。

所以我们的争论经常是驴唇不对马嘴，为什么？有的当作哲学问题讨论，有的当作科学问题，思想上、概念上、方法上是不能区分的。所以往往提出一个哲学问题，让你给一个科学的解，给不了。提出一个科学的问题，给一个哲学的解，那是没用的。所以这么多年我们研究问题，争论、讨论，相当一部分问题，不是所有的，但是相当一部分问题是在这个事儿上面打转。我们要走出来，我们既不排斥，也不把这两个绝对分开，它不是完全分开，但是又相对分开，只有相对分开才不互相干扰。我认为现在很大的问题是不能区别政治科学和政治哲学，二者是互相干扰的。这是一个出发点，这是一个看法。

我们建立中国新的政治科学探索，实际形成一些场域，形成一些重要的问题。现在作为我们学者个体或者作为一个机构，比如我们政治学所，我觉得和兄弟学科比不行，邓小平的重要讲话里谈到补课的问题，你看现在有的补得还是不错，比如他提到社会学、法学等，世界经济政治。政治学就我个人来看，我觉得补得不好。其中一个很重要的问题，就是我们没有形成一些重大的命题，以及围绕重大命题的理论和实践的研究，实践的总结和理论的展开，不能说完全没有，不是否定三四十年来中国政治学界的努力，但不是特别的清晰，成就不是很显著。

进而也没有在这个问题的基础上形成一些繁衍。法学是有的，它是从实践来的。社会学对我们政治学也有启发。三十年前没有人知道社会学是什么，但是他们深入到中国的社会生活中、社会实践中、社会发展中，就研究问题总结经验，形成概念，形成学科，形成队伍。我说社会学是找来的，法学是跟来的，其实很简单就是根据社会主义民主法制建设，后来叫依法治国，后来叫社会主义法律体系的建立。

根据这些实践，一个部门研究一个法，取得一批成果，积累一批人才，就是这样。那么我们政治学，我们既要找，又要跟，但是我们现在不是很明显，或者有很多偏颇，基层受政治的影响我们也可以理解。但是不管怎样，最后这个学科水平一定要形成重大关注、核心的概念、理论的体系以及重要的范畴。不仅在理论上有成就标志，检验标准是实践辐射的影响力，因为你现在不够好。当然有困难，我们不讲客观的，我们讲主观的。

所以我觉得在这个方面还需要更加有意识地去做，现在通过社科院的观察，我觉得学科的发展有三个阶段。第一阶段是深入实际，过去我们走了很多弯路，我写过一篇文章讨论20世纪二三十年代范式的转换，因为那个时候人家在前我们在后。那个时候，西方已经工业化，它的经验被拿来研究中国问题，包括马克思主义等，有一个范式转换，一下子起到这个作用。今天中国的问题，时空压缩，既有前现代也有现代也有后现代，西方也好，发展中国家也好，都没有现成答案。改革开放以来引进这么多东西，几乎囊括西方的各个方面，我们对它的关注，也需要非常全面。

但是我们出了对社会有真正影响的东西没？没有，说明这个路到头了，就是让自己搞。自己怎么搞？了解情况反映问题。第二阶段大概是对重大政策问题形成意见，绍光在这个方面给我们做了很好的榜样。对重大的政治问题政策问题形成意见，干预这个社会。当然这不是主观的干预，而是科学的干预。第三阶段是理论性的总结，我们现在需要更加有意识地把力量灌注在这些方面、把资源更加科学合理地运用在这样一些方面。有条件的都要去推进。我觉得中国的政治学还需要这样更加自觉地，更加有规划地努力，可能会取得更多一点的成果。

现在一些重大的问题逐渐在形成。比如现在很大的一块是党的建设，党的建设可能包括反腐倡廉、监督。还有一个我觉得是现在提出国家治理，当然话题比较大。这个问题实际上是包括一些比较突出的问题，在社会治理方面是要有的。我觉得政治学、政治科学实际上第一个就是社会治理的问题，第二个问题是立制，现在党建有点立制的味道，用中国传统语言来说。第三个问题是继承，政治继承或者政治录用，其实政治录用也包括政治继承，政治继承是非常重要的。我们今天不展开了，我们这个制度确实有优越性，但是我们的制度也有问题。而且问题往往和优越性紧密联系，我们经常说一个优点的背后就是一个缺点，当然一个缺点的背后未必是优点，这个不能互换。

我们这个制度的最大问题就是权力集中，权力集中带来权力的矛盾，权力继承中的风险。现在看来，苏联解体最根本的原因可以说很多，但是我现在越来越清晰地看到主要问题是政治继承没有解决，最后乱改革，因为没有合法性，整个苏联的政治继承是有问题的，它的风险很大成本很高，所以最后为了避免这个风险，降低这个成本，变成了老人政治。这个矛盾就掩盖，这个矛盾在什么时候爆发？就在政治继承的时候。

苏联解体原因就是改革，这是共识。打腐败倒下俄罗斯，持这个说法的人很多，这是苏联人自己说的，俄罗斯人自己讲。但是我们并不是没有问题，所以像这些政治继承问题，习近平总书记在纪念宪法发言里面，每次都总结一条。政治文明，他第一条就是讲政治继承，和平而有序，如果可以做到这个，就是政治文明，这是第一个特征，第一个标准。我们学术共同体老说自己搞政治学，重大的问题如果懂都不懂，讲都不讲，我们多失职，我们确实有责任。

但是这些需要通过我们自己扎扎实实的艰苦努力，出于对国家对人民对党的忠诚和责任感，真正深入到我们社会的政治实践中、社会生活中、干部群众中，以及有一个国际比较的视野。我相信我们还是能够推进新政治科学的建立和发展，为我们国家长治久安、最终实现"两个一百年"的奋斗目标出一把力。

新时代政治学的学科自觉与自主

陈明明

我觉得在当代中国政治和政治研究里面，新和旧的时间比较，有很强的政治含义。首先是新比旧好，它作为一种哲学理念，包括新所拥有的历史优越性，所以"新"一般成为政治论证合法性的一个很大的理由。我们可以看到中国的政治史上，梁启超讲少年中国，这个"新"代表过渡的演进，是新政治的标志。我们认为改革开放是开启了历史新时期，即将召开的党的十九大也是总结和展望治国理政的新理念、新思想、新战略，这么一个代表大会。

我们今天讨论的新，不是一般讲的推陈出新，也不是泛泛而谈的与时俱进。我想大概是意识到中国积累 40 年经验，已经到了一个重要的历史时刻。在这样一个历史时刻，我们深知除了政治、经济、文化用功以外，必须要树立一个明确的本土化的自觉意识，对现存的知识结构和话语体系要进行批判性的清理和创造性的转化，来服务中国的现代化建设，适应中国学术自主发展的一个时代需要。

毛泽东讲了，中国应该对人类有较大贡献，那么我想这个贡献应该包括社会科学在内的学术研究。由于百年来的落伍，中国确实没有实现自己的夙愿。但是今天的中国是世界上最大的经济体之一，是最富有创新、发展力最快的国家，中国有这样的成就一定有它的原因和道理。如果把这些原因和道理看作特殊论或者例外论，对于我们中国人讲就是妄自菲薄，对于外国人讲就是一叶障目。所以向世人提供一个描述、分析和表达，具有重大意义的普遍化的知识，并把普遍化的知识变成一个知识体系，这可能是中国政治学的使命。那么新政治科学之新，这个会议主题我想它的意义就是，在这个历史终结论还仍有影响的当下，不仅看到

* 陈明明，复旦大学国际关系与公共事务学院教授。

了中国继续成为学术研究的对象，而且使得中国成为学科新知识和研究新范式的重要来源。

理解中国成为学科新知识和研究新范式的来源，我们就要知道中国是什么样的国家，为什么这样的国家制度的运作过程可以创造奇迹？中国对这个世界意味着什么？

第一，中国是一个文明性的国家，这个特质很多人都注意到了，总之不是欧洲经过资本和强制相互作用建成的国家，但也不是原生文明在其他文明殖民的土壤上接续而存的国家。

我们这个国家的文脉是从来没有断裂过的，它是一个延续三千多年，可能更长时间，以中原为中心的这么一个政治文明共同体。我们必须承认，历史上确实存在这么一个中国，它的语言文字，它的大一统观念、伦理本位、官僚制源远流长、一脉相承。对于中国的体制国家是社稷，传统就是这样的。所以这样的中国总是以一个个具体的王朝来作为它的肉身，古代条件下王朝面临外来的竞争不是特别强，这使得中国这样一个国家在各个方面虽然是统治性的，但不是掠夺性的，这和1900年以后的不同。这个传统对于中国以后的国家发展和国家建设是内在约束。

第二，中国是一个走向现代化的多民族的超大国家。中国在19世纪中叶以后发生了剧变，这个变化是资本主义全球扩张造成的。把中国拖入现代化的轨道，对中国造成了深刻影响，这个时候中国面临很多危机，主要有主权危机、权威危机、文化危机，承受巨大的发展和稳定的压力，比如人均资源匮乏，民生压力、政治压力、秩序的压力、环境的压力，比如说怎么谋划国土资源、规划经济开发？当然后来还有追赶的压力，就是在多国的竞争中要取得自己的国际地位。

其中最大的一个或者最基本的一个压力其实就是我们讲的超大国家和人口与资源匮乏之间的尖锐矛盾。逻辑上，如果环境过于险恶，压力太大的话，客观上要求实行集中权力，也就是中央集权。但是我们放到历史来讲，中国19世纪的时候不是权力集中，而是权力溃散。所以19世纪中叶开始，中国处于重建中央集权的运动中，虽然从19世纪以来到20世纪，不同的时期都有分权的呼声，显示中国这个国家集权和分权的交互作用，但是总体集权的逻辑是主要的。这样的逻辑不是号令决定的，而是历史活动的主体和环境，以及压力的不同关系决定的，我觉得这是理解中国的一个基本立场。

第三，中国是共产党领导的社会主义国家，这是 20 世纪中叶以来最大的现实。

共产党的领导和社会主义这两点决定了这个国家的政治基础、政治特征、行动逻辑、发展方向和行为边界。所以有人把中国的体制叫作党政体制，但是这个和苏联不同，它不是输出革命的结果，尽管最开始受苏联的影响，但我觉得它根植中国的传统，是采取社会主义的方式，试图摆脱资本主义全球扩张强制的产物。或者说这个党政体制是为了解决中国问题，没有这样的党政体制，主权的独立完整、政治统一和民族整合，完整的工业化体系和赶超性发展战略的实行，一直到我们改革开放以后确定的国家中心工作，在这种可控条件下转变，还有建立国家主导的经济体系，追赶科技革命和信息革命的新潮流，等等，这些目标没有这个党政体制，真是不可能完成。

党政体制能够创造奇迹，道理很简单。这种体制具有很高的效能，用邓小平的话讲就是集中力量办大事，对于中国来讲，集中力量办大事儿太重要了，我们现在看到高速、信息化，还有惠及民生一系列的工程，比如精准扶贫，我觉得都有赖于集中力量。我们讲任何体制都是历史的，实际上说历史是有局限的，党政体制也不例外。党政体制如何在发挥动员作用的同时，能够有效约束自己的权力，这是个重要问题。改革开放 40 年来，党和国家在建设社会主义法治国家方面做了很多工作，我觉得这些工作包含着这么一个考虑，就是怎么有效地约束自己的权力。

我们可以批评这些工作不尽如人意，但是站在历史角度，一个时期只能有一个战略，所谓战略就是关于发展的孰轻孰重的比较安排，所以对于一个国情很复杂，人口众多，没有实现均富的超大国家来讲，最可取的体制首先应该能够保障国泰民安、丰衣足食。对于世界来讲，体制并不仅仅只有一种，不是只有西方一种制度。这个世界的某种政治，如果使大多数民众能够安居乐业，就具有存在和发展的理由。这个世界的政治能够改变原有的政治格局，展示出一种别于此前更好的发展模式，中国应该具有向世界表明自己优势的信心，也具有向世界提供竞争性示范的可能。

那么回到我们今天讲的，就是新政治学，中国的政治学界目前为止还停留在借鉴而不是自主创新的状态。我觉得有这么几个原因，一个是当代世界，西方社会的强势地位很明显，不言而喻。这种强势地位和世界历史上资本主义的全球扩张，还有关于资本主义扩张合理性的解释是有关的。从西北欧发源的现代性，传播到全世界，商品和资本的输出，不仅把物质技术输出到不发达的国家，而且把装备物质技术的制度知识和文化及时尚输出给不发达国家，从而建立发达对不发达的霸权，这是普世的话语体系造成的来源。

现代社会的世界分为中心、半边缘和边缘，不发达国家自己有努力，但结构是难以改变的。既往历史上，不发达国家对中心国家的赶超，实际上只有两例，一例就是北美和美国，还有一个是东亚和日本。它们都是在国家竞争力不强，或者作为殖民地这么一个历史条件下实现的。日本虽然在政治和军事上成为帝国主义国家，但是社会科学仍然是殖民主义的，这个现象似乎大大强化不发达国家的社会科学，只能唯西方马首是瞻的这么一种观念。

事实上社会科学，特别是政治学并不是自然科学意义上的科学，政治确实有规律可循，但是这个规律是采取集体行动，这个集体行动是沿着这个合力轨迹进行的。也就是说，这个合力会构成政治竞争者的这么一个结构强制，而行动者、竞争者是不能超出这个结构之外的，它一定奉行一定的逻辑。也就是说，一定的范围不以人的意志为转移，这个现象我们说它可以观察，可以分析。

但是另外一个方面这个结构是集体行动的产物，取决于行动者的利益和观念。所以从这个角度来讲整个结构和自然科学中没有主体、没有意识的一个结构是不同的，或者也可以说在这个意义上来讲政治是没有规律的，只有利益，或者说利益就是它的规律。利益是具体的，或者是集团利益或者是阶级利益或者是国家利益，政治学的研究无法脱离利益，有很多证据说明过这个问题。政治学是有意识形态的，这样我们可以看到政治学存在两重性质，一个是意识形态性，政治学是受制于政治，并且为政治服务的，但是另外一重是它的学科性，也就是政治学也遵循一定的学科逻辑和学科内在的结构，在这个范围里面我们可以把政治学看作观察和解析政治经验的科学。

不是所有的政治学者在学科实践上都具有这么一个清晰自觉的意识形态，作为他职业生涯的一部分，其实很多人都试图或者是固守着价值中立的态度。但是由于政治学本身的性质，由于个人受环境体制的驯化，所以把西方国家或者阶级集团利益这么一个具有深刻意识形态的政治学修辞为政治科学的时候，他们实际上做的不是单纯的科学工作。如果不发达国家的学术界不加分析地接受这样的一个政治科学，并把它看作类似物理学那样普世的科学，结果很难在涉及国家利益、国家制度安排和国家规划方面保持中立，除非国家和这样的学术权力达成平衡。我自己觉得，在经验上，不发达国家的政治经济文化和它的体制其实很不容易抵御发达国家主导的世界秩序，我们常说政治干预学术，其实学术也干预政治。

改革开放以来政治学恢复，恢复的初衷就是为社会主义国家政治发展服务，这说明主政者意识到政治学不是纯然价值中立的科学。但是政治学作为一个学科有自己的学科范围，比如政府和公民，政党和社团，政治参与和政治发展，政治文化和社会化。这些内容的确是原来马克思主义国家和法的理论不能替代的，同时也是中国现代国家需要借鉴的。那么就像改革开放是以全球化为先导的那样，政治学有一个拿来的阶段，中国人确实很善于拿来，所以这个意义上拿来主义我觉得是很好，我们讲的院系开发、研究队伍、学会团体、学术刊物、国际交流都是拜拿来主义所赐。

现在到了这么一个重要的历史时刻，要思考我们现有的研究状况和学术建设的状况，有些问题会使我们来问，我们原来学习和使用过的理论和概念，是不是能够有效地分析和解释中国的发展？或者问题稍大一点，就是这些理论概念背后隐藏的历史哲学，能不能揭示中国现代国家建设的逻辑。威权主义和极权主义是典型例子，极权主义是说这个权力对国家的渗透无孔不入，国家的力量是到底的，政治就是铁板的，没有个人自由和个人权利的空间，这是极权。威权是说政治是专断的，但是非政治是自由的。

这些概念背后是以西方近代以来的国家和社会关系的发展为参照，用它分析非西方国家的政治不是不可以，前提是将非西方国家纳入全球资本主义体系，但是用它分析和解释中国，我不讲本身包含着强烈的意识形态，就在实证这个层面来讲我觉得有削足之嫌。同样是西方人，有学者讲蜂窝状的理论，实际就是对极权主义理论做了很重要的修正。讲极权社会没有办法从内部革命，所以它不是被内部推翻，都是外部打击造成崩溃的。但是极权主义欢迎自由贸易，积极走入全球化。这些解释，对中国就有问题。

改革开放以后的中国被认为是"威权主义"，但威权主义不重视意识形态，它的意识形态是粗陋的，威权制度更多依赖行政推动。而中国的意识形态的传播是不遗余力的，政党在基层社会的组织动员是高度活跃的，所以这种理论的解释力捉襟见肘。这表明我们借用的理论概念和中国现代国家建设存在着较大的割裂，其中的思想方法和历史哲学经常使我们落入殖民主义的泥沼，淹没我们的批判意识和反思意识。

那么中国的政治学之所以这样，我觉得很大的原因可能在于政治学第二个属性，就是在学科属性方面显示的这个现状，中国和西方在政治学科方面的现状相比照，就是存在比较大的距离，为了缩小这个差距，所以不得不做搬运和接轨的事情，而忽略了政治学的政治属性方面，隐含着这么一个意识形态。所以最可能就是它的唯美主义，一方面这些理论概念和方法很科学，它的体系很严谨，逻辑很优美，修辞也很好，所以它们和比较先进的物质技术产品一样显得高大上，从审美的角度比较符合我们的消费心理。

这些理论、概念和方法产自美国，美国不仅是资本主义的重镇，也是文化、学术、生活方式的重镇，美国不仅仅做产品也注重做品牌，还注重做标准，标准就是军事和政治形态的结晶。这个意义上我们看这么一个现状，中国对现有概念的重解和重构，从而可以建立新的知识体系和研究范式，这个前景不是很乐观，有很多路要走。对于中国来讲，中国需要继续强大，中国的体制引领中华民族走向复兴，只有在这个背景下吸纳时代的精神，我们才能避免我们的同行在过去走的弯路——跟我们来比，谁像美国人？我们要转而去比谁更像中国人，我觉得在这个基础上，在这个阶段上，我们才能说中国政治学的自主时代真正地到来。

新政治学的思想资源与主要议题

黄嘉树*

我们讨论的主题是中国共产党与新政治学，其实中国共产党不是新的，主要是把中国共产党与新政治学连接在一起，这是本次会议的重点。如何看待中国共产党在中国政治发展中的作用，或者如何看待中国现在的大国体制？它是一个例外吗？还是有其他国家可以借鉴和学习的东西？在这个问题上，以我的观察，原来的答案是不一致的，有些人说中国很快会崩溃，有些人说中国的例外，比如市场经济，是中国的特殊现状。

整体而言，学术界对改革开放以来中国共产党和中国政治发展的评价，在经济领域肯定、表扬的成分比较多。但政治领域似乎是反过来的，就是在西方强势政治学的影响和压力之下，对中国体制的批评和质疑似乎多于肯定和褒扬。

一些正面肯定中国政治发展的文章，也大多停留在就事论事上，没有从经验上升到理论，新政治学这个提法希望提升到这样一个高度，很有现实针对性。只有把事情说清楚，才能真正做到自信。

在新政治学的建构中，很明显，我们需要阐释和总结中国共产党的政治实践和领导地位的历史经验，这也和中国的国际地位提升相辅相成。中国政治学之新，也是因为中国共产党能够兼收并蓄四种思想资源，这在世界上是独一无二的。建立新政治学，需要对这四种资源做取舍，既要继承、借鉴，也要摈弃不合理的东西，然后研究新的问题。

这四种思想资源，第一种是马克思主义，马克思主义在中国当代最有生命力的东西，还是中国共产党尊重人民，为人民谋利益，为人民服务的政党基因。当

---

* 黄嘉树，中国人民大学国际关系学院教授。

然，马克思主义也需要不断发展。

第二种是传统文化。中国其实有独特的国情，中国人有很多治理经验，这是探索新政治学的一个很重要的资源，其中有两种偏向需要批判。一种是过高估计传统文化的价值，这显然解释不通，因为现在很多问题的确是以前没遇到、没想到过的。另一种是比较流行的，凡是目前进程中出现的任何问题，都简单贴上封建的标签，这也是非常不恰当的。中国共产党诞生在中国大地上，自然受到中国政治文化传统的影响。有些人包括普通党员或者党员干部乃至高级领导，其思想和行为模式可能和古人有相似之处，但中国共产党是现代的，完全从封建专制来解读当代中国政治，是经不起推敲的。因此，中国传统文化既要继承、发扬光大，也要有批判。

第三种就是西方政治。尽管中国在意识形态上对很多西方政治理论仍然保持警惕，但改革开放以来一直在向西方学习，有断有续但没有停止。历史上共产党可以和国民党合作，新民主主义阶段还鼓励资本主义在中国发展，改革开放以后选择市场化道路，学习资本主义的企业管理方法，最后推行社会主义市场经济，包括引进外资、扶持国内资本。

现在提出的社会主义核心价值观有 24 个字 12 个词，每个词都跟西方政治学有联系，实际从西方拿来了很多东西，但完全照抄西方也不行，对西方所谓普世标准也要加以批判。

第四种就是中国共产党自己的革命传统。当年作为革命党的中国共产党形成了很多历史经验，从新政治学角度讲，应当重点补强的是对党的执政和建设经验，包括对历史的挫折和教训加以研究，创新和超越应该更多体现在后者。

中共研究是建构新政治学的抓手，刚才房宁老师讲围绕一些重大问题形成建构中国自己的理论，解释本土现象，能够给外国人以某种启发。我觉得有几个具体问题似乎值得更多关注。

第一个是使命型政党和国家的关系。中国共产党的执政合法性主要不是来自竞争性群体的认可，我觉得来自"三个一致"。首先是政党所归纳的历史使命与人民的愿望和需求高度一致，反映人民的意志和愿望，提出这个使命不是闭门造车。其次是落实历史使命、制定任务的过程，与发动群众和人民群众的行动高度一致。再次，在党完成历史使命的进程中，通过不断满足人民的利益、提升人民的福祉，与长期执政能够高度一致。作为使命型政党，其长期执政的正当性和合理性就在于持续提升人民福祉。在"三个一致"的情况下，中国共产党成为国家发展的源动力，在投资、环境保护、资源动员管理、资源整合，包括发展战略等方面，起的作用远远大于所谓市场的"看不见的手"，这是中国政治发展非常明显的特色，有很多成功经验可以总结。

第二个就是刚才房宁老师提到的政治继承问题。其实我们一直在这方面探索，已经初步形成一套非竞争性选举或者弱竞争情况下的官员选拔机制。先是党委组织部发现然后推荐，现在增加了党的纪委复审环节，然后群众评议，然后党的鉴别审核批准，有的还要再经过党的代表大会或者人民代表大会同意，通过这一套制度化的程序来选拔官员，比较好地解决了省以下干部权力的政治继承问题。省以上也有一些探索，政治评议、会议推荐提名与公务员考试相结合。当然，集权体制本身有权力交接的颠簸问题，这个问题没有彻底解决好，也没有一劳永逸的解决方法。但是，中国很认真地在解决政治继承问题，初步形成了制度化的机制，具有相当高的公平性、公正性和公开性，而且中国公务员的素质是在提升的。我和美国、日本和我们台湾地区的学者接触较多，他们觉得中国地方官员的素质很高，这方面有研究的潜力和价值。

第三是中国权力结构的变化。我个人形容中国的权力结构是塔松结构。一个个党委，一层层往上堆，最后像一个金字塔一样。未来可能发展成铅笔结构，上面还是金字塔，但下面变成一个圆柱体，也就是省以下结构变成一个圆柱体，公检法加上安全属于省直属管理，安全以前是中央直属管理，这样三条线纵向下到底，超越了省以下的小尖。法制建设还是在省以下建立一个相互制衡的体系，公检法对党委领导发展出一种督查性。加上纪委，纪委有一个高半级的监察，党本身有纪律检查，党领导民意机构、人大政协、舆论机构，然后再对党和政府进行监察，在省以下形成对于党和政府官员的多元化监察机制。如果这个结构真正形成，可以打破原来各个层面的小尖尖，把独揽本地大权的"一把手政治"变成一个相对多元的体制，这可以在很大程度上提升党和人民、政府和人民的关系，跟老百姓实际利益相关的就是省以下。

第四是集权和放权的交替运用。这也是中国特色，有一种声音说中国是集权体制，集权不好，这是把集权视为民主的对立物，其实集权是中国的大优势、大长处。中国是巨型国家，14亿人口能够生活在一个稳定的政治秩序，可以团结成一个中华民族，经济30多年持续增长，就是靠集中力量办大事。当然我们需要区分恶性集权和良性集权，个人集权是恶性集权，组织集权是良性集权，是组织集权的放权与集中交替，权力集中在党委，最高级别的党中央乃至中央政治局手中也得有权。理论上、未来的论述上，还是应该强调集权给党委。因为中国是组织集权，所以共产党是有使命感的，为了完成使命需要集权的时候集权，但是也有很多时候是放权，改革开放40年是通过放权，经济改革、体制改革也是放权，特区是中央向地方放权，"一国两制"也是向地方放权。这也是很值得研究的。

总之，中国政治有自己的体系，有自己的话语，有很多可以研究的东西，而且可以在理论上说出一套东西来，包括中国特色的政党制度和政治协商制度等，我觉得都可以研究。

从源生性的大问题切入新政治学

王绍光[*]

我想围绕题目讲三个关键词。我先讲新的政治科学,"科学"这个词值得商榷,现在为止研究政治还没有达到科学的水平,所以我建议改称政治学。但是,新政治学不仅仅是把西方那一套政治学的话语、理论、方法和分析框架本土化,本土化的话题已经谈了很多次,西方很多东西不一定适合分析中国。很多人在西方话语里面没有出来或者对此没有清晰的认识,这是一个很大的问题,需要进一步讲本土化。但是,新政治学比本土化的含义更丰富。

几乎从人类形成国家这种现象开始就有政治方面的研究。西方古典政治研究一直延续至17、18世纪,最关注如何找到一个最好的政体,柏拉图、格劳秀斯都是这么讲的,中国也是这么讲,研究政治问题有很多不同的套路,不同时代也有很多研究,大家都关心这类问题,当然也研究治国理政的方法,这些是源生性的政治研究议程。西方国家规模通常比较小,比较容易说清楚,中国从来就很大,往往需要讨论哪一种治国理政的方法更好。第二次世界大战结束,冷战开始后,西方政治学的所谓现代行为主义革命有一个基本假设,就是政体问题解决了。大问题解决了,只研究小问题,只谈大国治理的最佳方法,谁得到什么东西?怎么得到的?得到多少?为什么?这种实证主义假设大问题已经化解了,它研究国内问题的时候,只研究政党、政治组织、利益集团等。至少主流意见认为大的方向性问题已经解决了,没有解决的是西方以外的国家,所以要向非西方国家推销他们认为最好的治国理政方式,西方至少从第二次世界大战以后,从20世纪50年代以后资本主义的黄金时期,一直到冷战结束,再到十年前都有这种自信心,这

---

* 王绍光,清华大学公共管理学院长江讲座教授。

就是政治学走上巅峰的时期。

但是，这个时代已经过去了，现在我们再来看西方政治学，如果不看细枝末节、只关注主流刊物，看他们认为什么是最重要的问题，很多人说大问题可能并没解决，什么是最好的政治体制可能没解决，什么是最好的治国方式可能没解决。我最近对治理做了思想史探究，冷战结束前不久，有人开始注意这个词，当时有一些右翼知识分子想脱离当时占主导地位的左翼影响，他们想走另一条路，所以治理实际上是在新自由主义条件下复活起来。2017 年世界银行报告的前三章重新反思政体问题，虽然不太深刻，但至少认识到只关注政体形式是不够的。西方曾经信心满满，认为大问题已经解决了，只关注细枝末节的问题，但是，这个时代可能正在过去。

中国有更重要的理由挑战第二次世界大战以来政治学的主流话语、思维方式、概念体系和方式方法，所以我觉得讲新政治学应该是回到源生性的问题上，探究什么是治理国家的比较好的形式、比较好的途径，这个问题其实没有解决。西方有一段时间非常自信，忽略了这个问题，反倒把很多问题积累到现在，比如移民问题、福利国家问题。现在，我们可以在同一个起跑线思考新的政治学，重新思考什么是好的治国方式方法这种问题。因此，不仅仅中国需要新政治学，西方和全球各个地方也都需要。20 世纪五六十年代以来发展起来的政治学，假设政治世界是非意识形态化的，只解释世界不改造世界，这是一厢情愿的不切实际。新政治学既要解释世界还要改造世界，找到治理某个小共同体乃至整个人类共同体的比较好的途径。提出新政治学，放在历史视野下来看，恰逢其时。

当然，思考新政治学有很多思路可以切入，从中国共产党切入也是很好的，所以我讲的第二个关键词就是党。中国共产党确实符合教科书上的政党定义，但是中国共产党和其他国家的党不一样，各个国家和地区的党也都不一样。中国香港所有党员加起来可能只有几千人，和我们通常理解的党不是一回事儿。美国政党是"三无政党"，欧洲研究政党的人不研究美国政党，因为它根本不符合欧洲人理解的党，美国没有固定的党员，没有党纲，不交党费，它只有竞选筹款功能，你投哪个党的票，就是哪个党。日本政党内部有很多派系。欧盟有五亿人，有党员、组织、党的纪律、党费、党纲，但这种党政正在瓦解，现在几乎所有数据，除了东欧国家的数据有些不一样，其他的都已经不再是第二次世界大战后出现的那种大众党结构了。因此，所有政党都是特殊的，并不是说中国共产党就特殊，大家都很特殊，都不一样。

大家都很熟悉"党国"这个词的历史，近现代中国一盘散沙，输掉了每一场对外战争，国内民众无法整合在一起，碰到一小群武器比较高级的人，就败下阵来，所以中国人想到要借助苏联列宁主义政党的方式，用"政党国家方式"解决一盘散沙问题。这其中的机制究竟是什么？为什么不用国家的机制，用国家的结构解决所谓的党，苏联列宁主义性质的党所解决的问题，会有什么不同。不同之处很可能是，国家机构最多只能提供一个躯干，但是不能提供灵与肉，列宁主义的党可以提供灵和肉，有灵魂和肉可以填满躯干。中国在所有方面都追求最小化，国家机构非常小，没有能力渗透方方面面，有了政党也许就可以。

但是，国民党的"党国"从历史角度来评价的话，在一定意义上有助于在当代中国形成一个现代国家架构，也就是黄仁宇讲的上层结构。但是，因为它的基层党员、党的基层干部和土豪劣绅是一回事儿，没有办法渗透到底层，所以它最终失败了。

新中国成立以后，我们也可以说有某种政党国家体制，但是梳理一下会发现毛泽东的党国关系非常不一样，新中国成立前叫"以党建国"，以前没有国，先有党先有军队，然后新中国成立才有国家。新中国成立以后，在很大程度上是"以党统政"，党的机构跟政府部门几乎——对应，这些机构现在没有了，党可以管理所有事情，跟国家机构一起管理，这种状态可能一直延续到改革开放之前。这个时候称之为政党国家体制是比较恰当的。

邓小平多次讲党政分开，当时想方设法把党政分开，但是分了很长时间之后，碰到两种可能性，一个是分不开，另一个是如果分开危险极大。所以20世纪70年代末到90年代一直讲党政分开，最后发现没法分开，所以现在讲最多是党政分工，不会有党政分开。

但是，现在和毛泽东时代不一样，以前党有农村工作办公室、农村部，现在某些地区恢复了，以前党有交通办，现在党的机构里面都不涉及这些方面。所以现在更像一个"国党"，而不像一个"党国"，因为国家本身在很大程度上可以克服一盘散沙的问题，但还有一些问题不能处理，比如动员问题靠国家机器不一定完成，所以还靠政党机制。但是大量的事情，刚才黄嘉树讲得很好，公检法已经开始垂直管理，国家机构在垂直管理，国家机构很大程度上已经可以解决。党在国家机构以外来解决一盘散沙和动员问题，这是某个时代情况下不得已和必须做的事情。但是，每个时期不一定是同样的比重、同样的方式，现在更多是靠国家机器。

现在共产党的定位叫作"总揽全局、协调四方"，这个概括相当不错，这也在很大程度上表明，党其实可以依靠国家机构管理绝大多数事情，具体就是两件事，一个是总览全局，一个是协调四方。打个比方，现在国家机器是木板，党是木箍，把木桶保持在一起，需要动员的时候能够很快动员，这是党委、组织部、宣传部、统战部等党的部门的主要功能。

最近一两年出现了一些与前 30 年不太一样的地方，中央一竿子插到底的现象多起来了，前 30 年很少看到巡视，现在督查在很多地方都常态化了，还有新的巡查方式，它的好处坏处可能过一段时间再评估会更加客观。但是，至少做法跟以前有点不一样，以前放得很多，中央一级的垂直管理、省以下的垂直管理等方面在 1993 年税制改革以后尤其是 2000 年以后慢慢出现，这些方面都发生了很大的变化。

最后，我们要探究的大问题就是，政党国家体制到底是不是一种一劳永逸、一成不变的好的治国理政方式？如果是，我们要说清楚理由。如果不是，我们回答什么情况下是？什么情况下慢慢变成不是？还有更重要的问题，这样的体制有很多好处。我们现在强调比较多的是集中力量办大事，最大优势是集中力量办大事。但是什么情况下慢慢不必要？或者成本比较高？我们也要讨论实证性的问题，方向性的问题，包括政治继承问题，内容非常丰富，希望年轻人做出更多努力。谢谢各位！

中国道路与新政治学理论
庙堂的结构

潘 维*

　　说到新政治学或者新政治科学，我可能也有跟绍光类似的想法，如果说到科学，在最通常的意义上，也就是我们问"为什么"，然后给一个因果答案。今天我们很多人做不到，比如房宁说到处都是政治哲学，而不是政治科学，但实际上，"是什么"和"应该是什么"是分不开的，正因如此，在最绝对的意义上，我们可能还可以在一致性上讲政治哲学和政治科学。新还是不新？关键是你拿什么标准说新，什么标准说不新？如果我们说主要就是挑战现有的西方话语体系，这就意味着很多话语和概念都不能说，包括合法性、传统与现代、民主与专制、封建时代，也可能包括马克思主义常用的，比如阶级分析、阶级斗争。当然还包括法治与人治、党国和国党，这些挑战不挑战，恐怕不是一时半会儿的事情。

　　我有一种感觉，谈理论自信，你得有理论才能自信。我觉得新也好，好在哪儿？我们这是新时代，新时代新情况，情况变迁了，所以我们确实需要新理论。道理也蛮简单，也就是说，没有理论的实践是盲目的，没有实践的理论是空洞的。所以新的实践要求我们做新的理论，这个意义上我觉得对于政治学者来说，学者不能实践政治是个大问题。反正我觉得在阳明洞里说的知行合一很有启发，问题是怎么合一？我觉得我们还得从实践中出理论。实践中是什么理论？我认为是问题中间出理论，也就是说出什么问题，然后从这里往深了琢磨。这些年，我看到我们国家遇到的很多很多问题，当然你说我去参加理论会议，在国际场域进行辩论，一比较，我觉得我们做得还行，如果我了解对方那儿的情况的话，有理有据，

---
* 潘维，北京大学国际关系学院教授。

当然可以做辩论和辩护，这是一种什么样的工作？我觉得可能是理论战场的工作。

但是在国内自己说自己的事儿，我们就得想想了。我觉得有几个重大的问题是我们理论突破的方向，总之我们缺少理论供给，缺一个理论大庙，我们自己的精神，我们的党，我们的政治有什么归属？光说为人民服务，怎么为人民服务？所以这里第一个问题是我们的社会变成什么样，核心问题，最大的问题不是党，可能最大问题是我们自己的社会。我们想变成什么样的社会？我们的人民应该怎样组织起来？当然你往党那块说，我觉得我这一两年来坚持一个论断，就是执政权就是组织人民的权力。如果你丧失了组织人民的权力，你就没有执政权，全世界都一样。这是政治学新道理吗？但是至少很多人忘记了，如果前面没有人说过，就是我先创造的。什么叫执政权，执政权就是实践组织老百姓的权力，组织社会的权力。

紧接着我要问的是，我们要什么样的社会，这样的社会是什么样的美好社会，人民应该怎样地活着是一个好的社会？共产党是达成美好社会的手段，是让人民在这个社会中更好生活的手段。所以你得说一说我们想组成什么样的社会？什么样的社会是好社会？一般地讲，有秩序、大家安居乐业的是好社会，具体我们还要追问的是，什么是社会主义好社会？

我们说社会主义是好社会，你说一下什么是社会主义？怎么着都是干社会主义，那不行，这个社会主义不能不断地把内容掏空了。

所以第一个问题就是我们要做一个社会建设的理论，第二个问题可能是你得澄清下，我们认为好的社会是社会主义的社会，那么，什么是社会主义？平等、团结，如果你重新定义一下社会主义，你会发现整个社会主义运动，在全世界的社会主义运动如火如荼，一直在进步，渗透到全世界的每一个国家，其中有一些是暂时的挫折。全世界都是这样，男女平等、就业平等、知识高和知识低平等，等等这些事情。那么我认为，有必要的是，给社会主义一个定义，做个研究，什么是社会主义？

领导我们事业的核心力量是中国共产党，于是第三个问题就是党的建设的问题。说到党的建设，那么共产党怎么才能不腐败？怎么才能不腐朽？我们看到腐败问题了，找找根源，说党的建设怎么才能让这个党坚持走在这儿？今天我们看到，比如刚才说了，党好像就是协调各个方面，我觉得只这样讲还不行。行政事情就是官僚行政吗，因为搞市场经济，所以越来越官僚化、法治化、理性化，一点一点做事儿，按规矩做事儿，因此一天在办公室工作，不是做一件事儿，而是把规矩熟起来，看完了写一堆文件。于是会议落实文件，文件落实规矩，效率越来越低，成本越来越高。

最后你发现共产党又变成政府，党就是政府，政府就是党，党政不分这个事儿，问题大了。所以我们一方面觉得党政有区分，另一方面发现党政不能分。今天我们的党高度讲究一元化领导，那么一切听党的。党政合一，为什么党跟着政府管事儿？管钱管人管事儿，而且我们的党还有那么一套系统，有那么一个人管着呢，所以能够令行禁止。政府有各种层级，所以可以让政府听党的，党愿意管这些重大的事儿。什么叫党？我们刚才讲各国的党不一样，我们这是一个特殊的党，所有的其他国家呢，最后一看也是很特殊的党，大家都很特殊，那么党的共性在哪儿，党是干什么的？我认为党不仅仅作为执政党有科层体系，作为党本身，它的基本概念是一个扁平组织。如果我们这个党完全变成政府了，党就没有了，因为它组织社会的功能没有了，组织社会的功能没有了的时候，党就成为科层机构，成为空中楼阁。

所以我们号称九千万党员，只有一千万党员在科层机构，或者科层机构的一千万都是党员，这是一回事儿。还有八千万党员在哪儿？是否让他们去组织基层老百姓去了？还是组织基层老百姓的事，比如社区居民的事，主要外包给公司了？你别说国民党掌握财权和兵权然后就自然执政，每个村都归共产党，你国民党到哪儿执政？所以国民党的政权是1949年10月1号丢的吗？显然不是。问题是国民党曾经有过完全的执政权吗？这个事儿变成一个问题。所以对于党来说，要想不腐败，你跟老百姓在一起，你可以做到吗？这变成一个党建的核心问题，理论的核心问题。

所以我说如果我们做到了，全世界的党都做不到，那么我们厉害啊！如果我们的党天天为老百姓，为每个城市社区，每个单元，每个自然村的老百姓办事，大家说这个事儿找共产党，找党员，那共产党的声望得多高，这样全世界谁可以抵御这样的国家？那当然我们是最好。问题你现在的组织网络不是越来越扁平化，而是越来越科层化，这是怎么回事儿？

所以中央和地方关系，谁的权大一点谁的权小一点，争的都是行政权，每个人想，我做这个事儿为了老百姓，所以老百姓不用参与，只不过是谁做得更好，中央做得更好还是地方做得更好，地方说我做得更好，中央说你胡作非为，所以现在条条框框就得给你加上，地方说你这么干，我不干了，我们都是为老百姓，可是，你认为应该给老百姓做的事儿，不是老百姓自己真关心想做的事儿。如此看来，大事儿和小事儿得合起来，所以除了搞官僚科层化、体制化，还得采取其他措施，如果觉得不能把选举当教条，我们就得用一个更高明的办法来发挥深入群众、组织社会的作用，党没有了这个功能，就全官僚化了。所以中央和地方争来争去，只能导致你们双方更加官僚化，你们都认为自己为老百姓做事情，可是老百姓真的认这个账吗？不认，可麻烦了。所以党的建设是第三个问题。

第四，我们说一下民主，什么叫民主？西方人说我们这个选举民主好，然后绍光他最近的抽签研究批评"选主"，谁说研究基层不重要，研究基层不是政治学，我认为恰恰是最核心的问题。问题在于说，得民心者得天下，我们自古就知道民心，民心在基层。那么问题是我们的民主是什么民主？我们的民主凭什么比他们高明？当年我们的人民民主就是比他们高明，这个事儿大家都认，这个账大家认，你是资产阶级民主，我这是人民的民主。但是这个不能丢，丢了就真的变成专制，这个事儿我们得说道说道。所以，民主这个理论上面我们也是大有可为的。

第五，文化。我们说到文化的理论，今天你看到这个文化状况不担心吗？你觉得我们中国今天的文化氛围有问题没有？那么这样的一个国家的文化政策，应该是什么样的？我们基于什么样的文化理念来促进我们的文化？这可能又是一个大问题，我觉得这都是理论问题。如果你在这些理论上面做出突破，那么我们的大庙，我们全党全人民的庙就有归属了，这个理论工作是非常重要的。

那么其他的东西还有吗？我归纳了九条，我刚才讲了五条，我觉得还有重要的事情，包括民族怎么理解？人家说你那个必须是一个 Nation，但是我没办法变成光这一个 Nation 的，我们合在一起，还是现在容忍各个地方的不同？有大国叫作单一民族国家的吗？所以这个时候我们可能要好好考虑一下。

还有就是宗教问题，面对宗教，我们该采取什么样的战略？这个问题我们在理论上得想想。

还有统一战线，我们统一战线打谁？怎么统？谁跟谁统？统完了以后这个对象是谁？所以今天我们在说这个统一战线是我们革命的第一大法宝，第二是武装斗争，第三是党的建设。统一战线，国内跟谁统？

国际上和谁统，跟谁打？过去我们说资产阶级阵营、无产阶级阵营，今天我们怎么看这个世界？弱肉强食的世界，我们是弱的还是强的？所以这里有世界观、国际观的问题。今天要跟更可能是对手一方结盟的糊涂人很多，如果一旦出了战争，那这个国家就危险了。这个时候是不是得建立一套理论系统，这样一来我说了九条。

关于社会的理论，关于社会主义的理论，关于党的建设的理论，关于民主的理论，关于文化的理论，还可能有民族的理论，宗教的理论，统战的理论，国际的理论，加起来九个，这九个构成一个中华民族关于政治的理论大庙，所有这些东西都是我们理论研究的方向。

建国历程的新政治学：政党中心主义、
政治秩序与"好政治"三要素

杨光斌[*]

这个讨论有两个方面。一方面国家走到今天，我们确实需要新政治学，另一方面，其实我们的国家还有很多问题需要解决，这个起点可能跟美国当时建立新政治科学的时候不太一样。因为第二次世界大战以后的 20 世纪 50 年代 60 年代，西方人空前自信，尤其是 50 年代空前自信，因此他们说搞学术共同体，讲学术共同体，搞出一个个的范式，最终成为一个面向全球的思想供货商。我们觉得西方政治学不行、不能解释中国，但是怎么建构我们自己的学科呢？必须承认，一些学者似乎反对这种做法，因为他们相信"历史终结论"。我的发言主要围绕对共产党的理解来看新政治学或者新政治科学。

1. 政党中心主义

首先关于政党的研究情况。党的研究，第一个方面大家都熟悉了，第一个现代意义的政党，出现在选举政治中，是 1800 年，那是在纽约，在美国实际上是一个利益集团政党，谈不上阶级政党。而欧洲的政党都是阶级政党，都是从工人政党出现，是一个阶级政党。无论是利益集团还是阶级政党，其实政治学原理上都是社会性质的党，这是第一类。

第二类就是革命党。革命党就是列宁式的，它的主要任务是夺权。共产党首先是夺权，但是我理解不单纯是夺权，还有建国运动，革命运动是建国运动。为什么这样讲？按照社会形态理论，封建主义、资本主义、社会主义，辛亥革命以后就是资本主义，这是一个自然的演变。但是二十八年的革命过程确实是重组国

* 杨光斌，中国人民大学国际关系学院院长、教授。

家的过程。因此这个过程中二十八年完全是一个新的建国历史，建立什么样的国家的过程，不单纯是夺权。既有的政党理论不能解释共产党的建国性质，这是一个问题意识。

围绕这个问题意识，第二个问题就是政党建国过程给我们的社会科学理论什么启示？我在 2007 年的研究中提出政党中心主义。社会科学理论体系基本上是政治发展的产物，第一个主义就是个人中心主义或社会中心主义，因为社会中心主义和个人中心主义是与英美国家的建国历程相辅相成，虽然他们都先有宪法，但是我们看它的成长历程，社会力量、商业集团的力量起着决定性作用。因此 18 世纪以后，我们说到苏格兰启蒙运动，无论是哲学还是经济学，伴随这个成长过程产生了铺天盖地的说法，都是为商业利益服务的社会中心主义。

第二套路径不同于英国和美国，是非常典型的德国式道路，尽管德国失败了，但是对于后来国家来说，国家中心主义依然是离不开的一条道路。围绕这个国家中心主义，从黑格尔到马克斯·韦伯，这些都是国家中心主义的套路。另外，法国的思想界奉行的是社会中心主义，但是国家成长过程却是国家中心主义的，即官僚制的作用很强大。这个很有意思，是一个悖论，法国历来充满悖论。和德国、法国相似的还有日本，一个非常典型的案例。

无论是社会中心主义还是国家中心主义，都不能解决国家建设问题。比如辛亥革命以后谁组织国家？法国学者研究 18 世纪的中国荒政，国家抗震救灾对付自然灾害以防止流民泛滥的做法非常有效，但是 18 世纪末 19 世纪初国家机能开始衰败以后，对付这些东西完全无能为力，这就是 19 世纪中后期为什么晚清的民变如此之多。这告诉我们，一些公民社会理论家强调商会的活动，认为民间商会的作用多么重要，其实是一个神话。

辛亥革命以后商业力量不能救国，国家力量也失败了，这才出现了国家的新组织者——政党。后发国家的成长问题，使命是共产党完成的，因此需要提出政党中心主义这样一个概念。这是第二个问题，要重视社会科学意义上的建国历程，由此而形成社会科学的脉络体系。

2. 政治秩序问题

下一个问题就是建国历程在中国到底怎么样体现？我最近写《中国政治认识论》，就是中国政治的表述问题，怎么来表述、如何看待中国政治。我观察到很多概念都似是而非，比如村民自治，村民怎么可能自治？可能一些发达地方可以实现自治，但是放眼中西部，越自治越贫困。所以一些似是而非的观念，到处流行。那么人民主权靠什么来实现？这里面有两条道路，一个是市场秩序，市场经济催生社会结构多元化，社会结构多元化之上产生政党，政党竞争产生代议制，最后产生寡头政治。

一般人会说，寡头政治不是也不错吗？英国、美国、欧洲还不错。其实它的先发性掩盖了制度本身带来的问题，这个先发性跟制度本身无关，战争、掠夺，什么都掠夺，这是一条道路，简称"自发秩序"，因为先发而掩盖了很多问题。但是问题来了，比如世界走到今天，后来者强大起来以后怎么做蛋糕？谁分市场？它的问题就来了。过去西方国家靠"一进一出"，"一进"就是掠夺，"一出"是什么？就是工业化产生了阶级矛盾，催生了民族矛盾。阶级矛盾、就业问题怎么办？我在英国爱丁堡博物馆看到几个数字很惊讶。1800年以来，当地人移民多少？85%以上，有矛盾，我走人。所以说到19世纪中叶的时候，很多爱尔兰人、苏格兰人移民到美国，大规模地走人。另外一个数据是什么？从1910年到1930年这20年，意大利人口共三千万人，走了多少？移民了五百万人，就是这样还产生了法西斯。"一进一出"可以化解很多矛盾。它的自发性结果必然是寡头性质，弱肉强食，但它的先发性掩盖了这样一个寡头性带来的问题。

中国如果按照自发秩序来，市场经济来了，社会结构多元化，多党制，然后代议制民主，结果人民民主没有了，那时还有人民主权吗？中国政体和世界上大多数国家不一样，就是因为中国的规模问题，即使不一样也得扛住，扛多久我们不知道，但是如果共产党不扛住，其实历史就终结了。历史终结论说到底都是美国模式，但是我们看看发展中国家，我称之为1：150，150是什么？就是第二次世界大战以后新兴的发展中国家有150个，基本上是代议制民主了，结果如何呢？另外一个1：8，发展中国家人口过亿的国家有9个，中国是其中1个，其他8个是代议制民主，在治理上面这些国家没法和中国相比。

所以我说大多数国家看起来走美国的那套道路，我们建立的是"人为秩序"。无论是"自发秩序"还是"人为秩序"，凡是政治都有成本与收益，问题是谁付出成本、谁享受收益。在"自发秩序"中，"收益"环节在多元化社会结构与多党制之间，其所谓"自发"，但成本则是结构上的，大多数人承担代价。在"人为秩序"中，从社会结构到政党制度，不是说谁有钱就可以成立一个党，所以一些人总是在这个环节不满，但最大的收益在于结果上，比如2020年全面消灭贫困，这就是人民主权。另外，任何秩序下的政治都会存在无穷多的现实性问题，关键是如何解决问题，你怎么完善？怎么坚持？这是一个大问号，坚持不了，你需要退出。这是一个开放性问题，但是我想没有这个秩序会是什么样？这是一个问题。我们的一些说法其实很多，比如党性和人民性一致性问题，不一致的时候，人民民主也没有了，党性也没有了。

不同的秩序有不同的政治制度即政体问题。世界上的政体主要有两大类型，一个人民为主，一个资本为主，分别叫民主集中制和代议制民主。代议政治在非洲、拉丁美洲、东南亚、南亚的运行状况众所周知，代议制民主或者选举式民主的结果，只是强化固有的社会阶层而已。而民主集中制在中国，不光体现在人民代表大会制度，也不单单体现在中央和地方的关系上，还有另外两个维度，一个是政治经济关系，是民主集中制的，其实就是有计划、有国有企业、也有市场，市场这块主要是自由，实际就是民主这块。另外国家社会关系，我们国家的国家社会关系对社团组织是分类控制，比如社会组织不能乱搞，法律组织、政治组织、宗教、民族这四类是严格控制的，四类组织之外其实有自由度，尤其是教育类、文化类、经济类。因此说民主集中制体现在中国四个维度的框架中。它的决策过程也是民主集中制，但是如果用民主集中制来形容，可能很难理解，其实就是共识性民主。

3. 什么是"好政治"

谈到秩序和政体，其实就是在探究什么是"好政治"问题，我们需要思考什么是好政治。现在最核心的概念毫无疑问是民主。关于民主的概念，我相信从孙中山到毛泽东到现在，经过一百多年的传播，民主观念在中国比世界任何国家都深入人心。民主权利我们要讲，但是民主是近代、现代的事儿，人类自古以来生活在什么地方？权威性秩序，这是人类一开始诞生，有人类社会组织以来，慢慢积累而来的，怎么把人类组织起来？权威性秩序。

因此第一个是权威。这并不是迎合什么政治需要，其实我们看比较政治，民主化以后各国政治中出现政治强人不是偶然的，无论是俄罗斯还是菲律宾，甚至是日本，安倍也很强势，现在美国来一个特朗普。我们要民主毫无疑问，但是我们一定不要忘记了人类所以为人类，依赖权威性秩序，这是最基本的框架。但是，无论是民主还是权威，都会干坏事儿，我们过去知道权威干坏事多，但是民主干的坏事，我们也越来越能意识到。我在《民主与世界政治冲突》一文中讲到，大家都叫自己是民主国家，有美国的自由主义民主，中国的民本主义民主，大中东的伊斯兰主义民主，"民主"之间会打架，导致冲突乃至国家分裂，轻者也是无效治理。

因此第三个要素就是法治，就是依法治国，"好政治"就是三者的共同平衡。我们平常说的党的领导、人民当家做主、依法治国，三位一体。这些政治语言在理论上总结为权威—民主—法治的动态平衡。这是我理解的共产党建国历程的故事。

学科议程

政治学研究范式的转型：从"求变"到"求治"
——政治学学科史的视角

杨光斌[*]

[**内容提要**] 政治思想史是政治学研究范式的重要资源，比较而言，西方研究范式因西方思想多变性而不断变化，"求变"是其不变的特征。作为资产阶级革命成果的近代政治学，总结的是既定秩序之治；作为既定秩序下的"治国策"招致很多社会难题，马克思主义政治学自然成为替代性范式。冷战时期，西方政治学把自己的"治国策"建构成普世价值，"历史终结论"应运而生。改革开放之后，"求变"的自由主义民主一度成为中国政治学的一种重要范式，但是世界秩序让自由主义民主处于不堪之中，中国学人开始致力于建构民主和治理方面的自主性话语权，并以国家治理作为主要的研究范式和研究方法。经过百年喧嚣，政治学研究有望回到常识。

[**关键词**] 政治学学科史　研究范式　自主性话语权　马克思主义政治学
自由主义民主　国家治理

政治思想史是政治学的重要资源，而东西方政治思想史的性质差别就决定了东西方政治理论的不同特点。西方思想史因西方社会性质的不断变革而变化，反过来，思想观念的变化也不断改变着政治共同体，尤其是中世纪神权政治时代的欧洲，本尼迪克特·安德森"想象的共同体"概念实际上也适用于民族国家形成之前的欧洲。至于民族国家的出现，比如德国，确实是"狂飙运动"中一批知识分子"想象"的产物，德国思想因此才不断地发生变化；中国思想史则因其历史的一脉相承性而基本不变，一个民本思想管两千年，这是因为其背后是大一统国

* 杨光斌，中国人民大学特聘教授、国际关系学院院长，教育部长江学者特聘教授。

家、官僚制制度和宗法社会结构、连续性的语言和文字等"文明基体"——中国是一个文明的连续体。① 但是，即使是在"想象"中"求变"的西方政治思想史及其政治学，"变"也有其时间上的周期性，比如，资产阶级革命之后的几百年，政治学的主要使命就是论证资本主义政治的合法性及其运转机制，是"变"后求"治"。但是，由于"冷战"的需要，论述特定政治即西方政治的学说，被建构成"普世价值"并被用来改变对手乃至整个非西方国家的政治，因此论证"治"的政治学，又再度成为"求变"亦即改造他国的学说。应该说，这已经不再是学术学科活动，而是政治斗争、国家间政治的一个重要组成部分了。政治学的政治实践功能被发挥到极致，社会主义阵营乃至很多非西方国家的精英阶层也确实被改变了，这才有苏联的解体和"第三波民主化"以及后来的"阿拉伯之春""乌克兰事变"。

中国自然也不会置身于世界政治之外。早在新中国成立之前，中国知识分子就开始向西方诸神取经，意图按照西方模式改造中国，最后马克思主义赢得了中国。新中国成立之后，阶级斗争思维最终的结果就是灾难性的"文革"；"文革"之后的"改革开放"实际上是第二次的取经运动，这一次的取经对象是被建构成既"自由"又"民主"的自由主义民主理论及其制度，其实质还是以西方政治学的基本理论来改造中国，结果中国非但没有像其他非西方国家去变，而是在固本革新中独树一帜，进而产生了让西方人着迷的"中国模式""中国道路"或"韧性威权主义"这样的概念与显学。中国的成就必须得到正面的解释，不能解释中国的理论不能算是好的社会科学理论，理论必须直面基于中国历史文化和经验所成长起来的成就，它们必须上升为概念、理论乃至范式。中国道路可以有很多层面的解释，但我认为其中有一个重要的逻辑，那就是：用基于两千年不变的、以"致治"为核心的民本思想来包容并吸纳世界优秀文明成果。因此，"致治"是以中国经验为基础的新政治学必须重视的核心概念与范式。

本文首先简单梳理西方政治思想史之"多变"及其缘由，然后阐述冷战时期论证西式民主政体合法性的西方政治学如何变成了"改变"他国的政治学，并制造了旨在"改变"的范式，接着研讨百年来"求变"的中国政治学的得与失，最后总结改革开放以来中国政治学研究的主要取向，建制性的国家治理研究是中国

---

① 杨光斌：《中华文明基体论：理解中国前途的认识论》，《人民论坛》2016 年第 15 期，第 58—61 页。

政治学的主流。

为了更深入地研究国家治理，就需要重新认识社会，国家来自社会，但是当代政治学却只流行一种社会理论，那就是"公民社会"。本研究认为，"公民社会"概念实际上无法与任何社会的现实相符，因此基于"公民社会"而产生的治理理论必定只能"中看不中用"。

一　中—西政治思想史："恒常"与"多变"

最直观地说，中西方政治思想史的一个重大差异就是：中国"恒常"，西方"多变"。因为传统中国社会与中国思想都超乎寻常的稳定，以至于黑格尔竟然能说出"中国没有历史"这样的话。但是我认为，这种恒常性不是没有历史，而是一种历史的延续性，西方人只不过习惯了自己之多变而将这种延续性视为停滞。①这个新认识很重要，因为这涉及如何认识"历史"这个根本问题。"没有历史"与"历史的延续性"有着根本的区别。在"没有历史"的观点看来，中国的"不变"其实是落后的表征；而在"历史的延续性"看来，中国历史一开始就与西方不同，并且这个不同就在于中国的"早熟"或者说早发的现代性。还如王国斌教授所言，在 1400 年，"形成鲜明对照的是，欧洲在政治组织方式上杂乱无章，众多的小型政治单位（包括城邦、主教领地、公国和王国等）并存。而此时的中国却是一个幅员辽阔的帝国，基本上不存在欧洲式的贵族、宗教机构和政治传统"。② 换句话说，按照欧洲的标准，中国早已经进入"近代"社会，具有了"现代性"。既然已经具有了现代性特征，中国历史还要往哪里变呢？以西方人提出的现代性标准，比如德国历史学派创始人兰克所说，到 15—16 世纪，欧洲才开始有了"近代"特征，出现了民族国家、官僚政治、政治事务的世俗化、常备军等，③还有其他近代现象诸如以文艺复兴为标志而产生的个人自由。

如果这些就是现代性特征，则中国的先秦政制就已具有西方人所说的现代性，

---

① ［美］王国斌：《转变的中国：历史变迁与欧洲经验的局限》，李伯重、连玲玲译，江苏人民出版社 2016 年版，第 86 页。

② 同上书，第 77 页。

③ 波特编：《新编剑桥世界近代史：文艺复兴 1493—1520》（第一卷），中国社会科学出版社 1999 年版，第 1 页。

最突出的表现是非世袭的官僚制和郡县制；至于自由，中国先秦时期就是一个无神论的国度，正如孔子说"敬鬼神而远之"，这是自由的基本前提，人的自由在"黄老思想"主导的西汉政治中也不是问题，甚至可以说黄老哲学是自由主义的故乡，在奥地利经济学派看来，"道家是世界上第一个自由主义者，他们绝对信仰国家对于经济和社会的完全不干预"，[①] 因此中国人并不像西方人历经千年神权政治的蒙昧之后才通过启蒙运动而获得人的解放与自由的基本前提。鉴于中国历史不可思议的"延续性"，在中国管用两千多年的思想，即儒家的民本思想，即使到今天也仍然应当是中国政治思想的核心。

此外，我认为现代性政治的一个重大课题是回答现代国家为何而存在这个基本问题，而这个问题又必然回到国家存在这个现代性的本体论问题上。这样，虽然亚里士多德也提出城邦的目的在于"最高的善"，但西方现代性国家来得很晚，顶多也就是《威斯特法利亚条约》签订之后的事，这是两千年"巨变"的结果。而中国在周朝其实就已经是一个统一的封建制国家，并且在这个时期就已经有了"民惟邦本"的说法。欧洲历史上，无论是城邦、帝国还是封建制庄园领主，有几个共同体是以"民惟邦本"为宗旨的？我们只知道，"太阳王"路易十四奉行的"民众就是骡子"的国策。根据芬纳《统治史》中的梳理，除中国之外，几乎所有其他国家统治者的征税都是出于维护统治者权力的需要，比如豢养禁卫军和供朝廷开支。因此，需要对中国古代历史即国家史的性质重新认识，与西人所说的现代性标准加以对照。

相反，一直在"变"的西方政治思想，历史上的很多思想在当今的西方已经找不到踪影，它们的存在仅剩思想史或学说史的意义。其中的逻辑并不复杂，思想是时代的产物，西方社会历经多次革命性的制度变迁，这一方面催生了时代性的新思想，同时也颠覆和否定了曾经"新"过的"旧思想"。思想是特定时代所产生的特定社会制度的产物，这意味着不同的社会制度（更别说不同的文明背景），就应该具有完全不同的思想。为了论述上的便利，下面主要以西方政治思想史为线索，简要地看看时代光谱中最有范式意义的政体思想。

城邦—帝国时期的政体思想。古希腊城邦时期的代表是柏拉图和亚里士多德，

---

① ［美］巴斯罗德：《亚当·斯密以前的经济思想：奥地利学派视角下的经济思想史》（第一卷），张凤林等译，商务印书馆 2016 年版，第 37 页。

他们的政体思想无疑都受到苏格拉底命运的影响，都从心底里反对民主政治，但柏拉图对此事的回应是提出了"哲人—王"思想，比较类似于今天意义上的意识形态家，而亚里士多德则类似于当今的政治科学家，他对当时的 158 个城邦国家进行了比较研究，并进行了政体分类，因此，在政体思想上，影响更大的是亚里士多德的遗产而非柏拉图——尽管"哲人—王"理想仍被一些特殊的保守主义者如施特劳斯学派及其追随者所信仰。亚里士多德的政体观认为，城邦是基于自然而存在的。男女之间自然地组成家庭，家庭构成村庄，村庄联合成城邦，因此城邦是人类联合的自然形式。在自然性的城邦中，"人类本性上是一个政治（城邦）的动物"，而且城邦在本性上先于个人，即整体必然大于部分，因为一旦整体被毁灭，如同身体被破坏而手足不再是手足，部分也就不复存在。在今天的很多西方人看来，和柏拉图一样，这一自然主义政体观颇有极权主义的味道。但是，作为第一个政治科学家的亚里士多德，在细分人口结构、职业性质、劳动分工的基础上，提出了相应的政体类型，即众所周知的三正宗三变态六种政体，其中也包括了作为理想政体的混合政体，亦即"共和政体"；而人口、职业、分工的变化，势必导致政体变迁。

"希腊化的罗马人"虽然从城邦走向帝国，罗马共和国最鼎盛时期的人口也达到了 800 万—1000 万的规模，但在政体理论即统治理论上却没有什么创新，至多是波利比乌斯贡献出"政体循环说"：王制—僭主制—贵族制—寡头制—民主制—暴民统治—君主制。这是一种典型的生物学政体观，即出生、成长、繁荣和衰落的自然主义过程，兴盛和衰落都是不可避免的。[①]

同一时期的中西政治思想呈现出与生俱来的差异，这种差异意味着中国早已经是后来西方人所说的"现代性"政制。第一，关于自由。自然主义政体观也是一种整体主义观念，在古代自由中，即使是所谓的民主制，也绝不可能有今天意义上的个人自由和权利，更何况希腊与罗马在经济制度上一直都奉行奴隶制，而欧洲中世纪 1000 年，更是神权政治下的精神奴隶制，所以，欧洲人渴望个人解放之热切心情是可以理解的。比较而言，同一时期的中国，没有制度上的奴隶制，也没有精神奴役，从先秦到汉初，无为而治下的汉民享有了希腊人与罗马人完全

[①] ［英］罗和斯科菲尔德主编：《剑桥希腊罗马政治思想史》，晏绍祥译，商务印书馆 2016 年版，第445 页。

不能比拟的个人自由。可以说，中国人拥有的个人自由，西方人直到文艺复兴时期才基本享有，中国的个人自由比西方早了 2000 年。

第二，关于政体与治理。先秦—秦汉中国与希腊—罗马的第二个重大不同是，西方人关注的焦点是小共同体的内部秩序，亚里士多德笔下仅为弹丸之地的希腊地区就有 158 个城邦，因此政体理论特别发达；而中国人则似乎天生就追求大一统，中国也自古就是一统天下，诸国并存的时代都被定性为非常时期，无一例外。大一统国家的统治形式就是王制，这一点一开始就毋庸置疑，只是谁做王以及怎样做王的问题，在此之下，中国先贤所关注的焦点就是"致治"。早在公元前 8 世纪、7 世纪，管仲治齐，运用的就是今天意义上的政治经济学思想，被后人描述为"政策决定论"。比较而言，希腊—罗马几乎没有关于治理的思想，最高的经济思想就是亚里士多德关于分工的观察（谈不上思想），亚里士多德之后直至 17 世纪的西方经济思想一直呈衰败之势。正如奥地利经济学派的研究所说，古希腊"基本上都是一片经济思想的荒漠"，"在亚里士多德去世以后，经济理论发展走向衰退，到了后来的公元前 4 世纪至公元前 1 世纪时期的希腊化（Hellenistic）和罗马时代，经济思想差不多成为空白"。[①] 至于说欧洲的政治经济学，即古典政治经济学，整整比中国晚了 2000 年。

第三，如何组织国家。古希腊城邦都是蕞尔小邦，政体即国家的组织形式；到了罗马时代，疆域广袤无垠了，但并没有发展出把帝国组织起来的今天中央—地方关系理论所讨论的完整体系，充其量只是个人化的代理体制。但是，中国在先秦时期，一些邦国就实行了郡县制，这是对原始血亲政制的革命，以军功制代替带有原始社会印记的血亲氏族制。就此而言，西方直到美国独立后才出现作为国家结构样态之一的联邦制。这一制度，中国比西方早了 2000 年以上。

神权政治时期的政体思想。野蛮人灭亡了罗马帝国之后，欧洲进入了"中世纪"（公元 5—15 世纪），中世纪的前半叶是神权政治时代，是神权与王权的势不两立的政治史（二元对立政治）。

野蛮人血洗罗马城，这使得刚刚流行起来的基督教遭到重创，被认为是对基

---

① ［美］巴斯罗德：《亚当·斯密以前的经济思想：奥地利学派视角下的经济思想史》（第一卷），张凤林等译，商务印书馆 2016 年版，第 29 页、第 31—32 页。

督教的惩罚，因此基督教需要新论述。在新柏拉图主义的拯救人的灵魂的基础上，奥古斯丁发明了"上帝之城"和"世人之城"，前者的代表是基督教大公教会，后者的代表是"新巴比伦"罗马，上帝之城最终战胜世人之城。为了抵达彼岸的"上帝之城"，奥古斯丁创造了"原罪"说，将人世间所有的堕落、邪恶都归咎于人的"原罪"，并且原罪是人无法凭借自己的力量洗清的，只有皈依大公教会才能得到救赎。这样，教权高于王权，教会政体高于王制。奥古斯丁将古典世俗政治学说转化为神权政治理论。到中世纪下半叶，即到11—13世纪时期，不但王权在与教权的博弈中逐渐壮大，城市市民阶级也开始成长起来，"世人之城"服膺于"上帝之城"的信念开始动摇，为拯救神权政治学说，阿奎那适时地将自然主义的亚里士多德学说引入神权政治理论，为已经发生根本变化的社会结构寻找新论述，自然状态也是神授的秩序。也就是说，壮大的王权、新兴的市民阶级，是神权下的新秩序。

绝对主义国家（早期民族国家）的政体思想。中世纪的后几百年是西方人所说的"绝对主义国家"时期，这一时期教权开始衰落，欧洲政治史的主题变成了"斗争"：王权与教权之间、王权与各封建贵族之间以及王权与城市市民阶级（商业力量）之间的斗争。

绝对主义国家的兴起与封建制经济有关联，而后者的产生具有一定的偶然性，那就是长达近一个世纪的、消灭了四分之一欧洲人口的"黑死病"，既重创了教会政体，也催生了包含着个人自由的封建制经济，因为人口的稀缺使得农奴变为自由民，比较自由地选择那些报酬更好的封建庄园去劳动。壮大的封建庄园领主则演变为更有势力的古希腊城邦式的国家，它们彼此之间的战争最终催生了一些有代表性的基于民族身份认同的政治共同体，即早期的民族国家雏形。在依然存在教会政体的局势下，阿奎那改造后的包含了亚里士多德主义的神权理论为"世人之城"所用，也就是所谓的"君权神圣"理论——君主统治国家，正如上帝统治宇宙。欧洲的君主制有了教会之外的合法性来源。和教会政体的斗争以及各封建领主之间的斗争所催生的早期民族国家之所以被称为"绝对主义国家"，是因为这些共同体的权力还非常有限，绝对主义权力只是一种斗争的目标。在这种情势下，最终催生了中世纪之交的马基雅维利的君主论和布丹的国家主权思想。

资本主义时期的政体思想。文艺复兴"复兴"的是西塞罗式的共和主义与亚里士多德式的自然主义，这为自然法、自然权利、社会契约等思想的兴起创造了条件，君权、教权以及贵族权力则渐渐失去了思想与理论上的依据，这一重要变化的最终结果是资本主义政体的诞生。资本主义有两个"母体"，一个是众所周知的封建制"社会母体"，一个是容易被忽视的基督教文明这个"文明母体"，资本主义政治制度其实是基督教文明的现代政治转化，或者说是政治的基督教。① 因此资本主义政体理论的核心只能是洛克讲的生命权、财产权和自由权，即洛克式自由主义，其实现形式就是洛克在《政府论》中所阐述的议会主权。

资本主义政体似乎符合"自发秩序原理"。在资产阶级兴起时期，休谟提出了描述资产阶级成长的所谓的"自动均衡"思想，在此基础上又产生了亚当·斯密的自由贸易理论，这都是经典的自由资本主义的市场经济学说。在此基础上，经过两百年的政治发展，资本主义政体才基本定型。18世纪中期，有了以英国政制为基础的孟德斯鸠的三权制衡思想，并被作为蓝图而设计美国的复合共和政体；发明了成文宪法的美国，还在1800年发明了现代性的政党制度，政党作为代议制的选举机器角色得到承认；到19世纪中后期，先是出现了肯定议会主权的密尔的代议制政府理论，接着便是白芝浩的议会制和总统制的比较政治学，以及20世纪初威尔逊的美国国会政体论。

资本主义政体的成长似乎验证了自然法下的"自发秩序"原理，即市场经济—社会结构分化—代议制民主—多党制—竞争性选举—资本民主即资本权力控制下的民主政治。"自发秩序"必然是强者的逻辑，并且，在这个逻辑之下，强者会越来越强，弱者则会越来越弱，这是我们讲资本主义民主就是资本民主的原因。当洛克呼唤财产权的时候，他正在贩奴；当白人去新大陆驱赶印第安人的时候，合法性也是来自洛克，即所谓的劳动创造财富，印第安人不劳动，财富就不是印第安人的，该是白人的。这就是自发秩序原理的真正逻辑。民主本来是大众性的，但是被资本俘获之后，社会不平等就是必然的结果，社会主义运动也势在必然。

社会主义运动的政体思想。社会主义思想源远流长，但作为一种自觉的社会运动，还是产生于第二次工业革命高峰时期的19世纪中叶。社会主义以平等权为

---

① 杨光斌：《自由主义民主"普世价值说"是西方文明的傲慢》，《求是》2016年第19期，第56—58页。

基本诉求，因此社会主义民主其实是一种相对于资本民主的社会民主。马克思等经典作家以及其后的德国社会民主主义者伯恩施坦和考茨基、英国费边社，都是社会主义家族的重要成员。在资本权力主宰的政治制度中搞社会民主，也只能是改良主义的修修补补，没有办法从根本上改变资本主义政治，因此才有革命的马克思主义和改良的马克思主义之分野。

小结：研究欧洲思想史之变，我们有如下发现：

第一，总的来讲，"变"是欧洲思想史的常态，一方面是制度变迁导致花样翻新的各种政体思想，另一方面西方人思想中的"求变"意识也变得越来越强烈。与其他文明相比，欧洲的政体之所以多变，在某种意义上是由"观念塑造世界"这一模式造成的，欧洲的共同体都是"想象出来的共同体"，比如中世纪初奥古斯丁制造的"上帝之城"观念，塑造了近千年的神权政制；而在中世纪的后期几百年，"上帝之城"转化为俗世的"君权神圣"观念并为绝对君主制服务。可以说，西方社会最初的状况产生了最初的理论，这些理论一经产生便反过来改变西方的社会现实，从此西方的观念变迁与制度变迁之间就变成了"鸡与蛋"的关系，既难分先后，也难以稳定。这是任何其他文明体所不曾有的。

第二，从研究方法上看，2000 年欧洲政治史就是社会制度和政治制度剧烈变革的历史，不从比较历史即比较政治学的角度研究西方政治思想史或者政治哲学史，这个领域的研究就不会有什么重大进展。

第三，应该看到，尽管在西方"变"是常态，但每一次"变"产生的新思想至少能管若干世纪，比如整个希腊—罗马时期都是自然主义政体观，"上帝之城"统治欧洲近千年；"君权神圣"主导着中世纪后期；"国家主权"之后兴起的资本主义政体，也将近 400 年；伴随着资本主义的社会主义已经有 200 年的历史，社会主义所追求的社会民主也是人类未来的基本方向。因此，这样一个大历史的轨迹告诉我们，思想之变，其根本目的其实也还是为了"治"，否则革新后的思想也无法有效支配社会几百年。

第四，西方的"变"中也仍然包含着历史连续性的方面。在自然主义的政制遭遇危机后，处于危机中的人们选择了期望能拯救他们的基督教，神权政治统治了欧洲；但是神权不但可以为教会政体所用，也可以为俗世政体使用，这便是"君权神圣"之后新兴国家的"国家主权"，这些都是基督教借助于亚里士多德自然主义理论改造的结果；一度中断了近千年的自然主义在被基督教改造而得以复兴后，演变为近代自然法和自然权利，进而催生了基于个体权利的"天赋人权"和资本主义；资本主义的不平等性招致追求平等权的社会主义思想和社会主义运动，在某种意义上也是一种"天赋"权利的追求。因此，欧洲思想史中一个重大线索就是自然主义和自然法。

第五，政体变迁有着内在的历史逻辑，而这个"历史逻辑"其实就是作为政体基因的社会条件。政体条件论一直是欧洲政体思想的核心，比如亚里士多德就从未忽视对各种政体所需的各种具体条件的分析；到了近代，世界被航海技术联系起来之后，思想家们看到各族群的差异，开始强调政体的民族性，比如孟德斯鸠在《论法的精神》中大讲民情，密尔在《代议制政府》中说作为最好政府形式的代议制并不适用所有民族；在当代，罗尔斯一反自由主义的普世主义的傲慢，在其最后一本著作《万民法》中建构了理解那些不具备西方社会条件的非西方社会的政体标准，即不能以西方政体合法性标准来衡量非西方社会政体。政体生长于社会之中，社会条件之重要性必要性本来就是常识，但是执迷于某种特定制度的学者、政治家往往会忘记这个再简单不过的常识，而盲目求"变"，结果总是适得其反。

二 兼具"建制派"与"革命派"二重性的西方政治学：从论述自己政体合理性到改变他国政体合法性

到 19 世纪中后期，西方政治思想史演变为学科规范意义上的政治学，而作为学科的政治学在其诞生之际，研究的对象都是制度现状，并且重点是问题，而不是制度自信。那时的西方各国不仅政治问题成堆，思想意识领域还有卡尔·马克思与卡尔·施密特这样差异巨大的批判者；但是，进入 20 世纪之后，世界政治演变为意识形态政治，大有回到中世纪神权政治的味道，于是，本来是论证自己合理性与合法性的理论，一下子转变为改变他国政治体制的工具。

1. 建制派：当下政治制度合理性的政治学说

西方政治学是伴随着欧洲民族国家的出现、经过几百年的成长而最终在 19 世纪中后期才成为今天学科意义上的政治学的。按照其基本内容，西方政治学的基本框架可以归纳如下。

国家论（国家学）。政治学长期被称为"国家学"，因为其起点是建设现代国家。西方近代的起点是文艺复兴时期，这一时期最重要的政治思想成就就是马基雅维利的《君主论》（《论李维》及其他著作的影响力都无法与之相比），其核心论题是如何把群雄割据、纷争不断的亚平宁半岛整合起来，并似乎有呼唤兼具狮子和狐狸性格专制君主的嫌疑。马基雅维利也因此被认为是将政治与伦理分置的第一人。欧陆的这一思想诉求在英国革命时期催生了同样也是呼唤秩序的霍布斯的《利维坦》，霍布斯创造了一种全新的主权构建模式。在霍布斯那里，任何秩序都比无秩序要好。这一思想影响深远，亨廷顿的保守主义思想显然与之有关联。虽然马基雅维利—霍布斯以建构秩序为其根本诉求，但这似乎并不妨碍个人解放和个人自由，所以他们也被认为是自由主义的先驱。经过几个世纪的发展，"国家学"在马克斯·韦伯这里得到集大成式总结，那就是韦伯著名的国家是在特定疆域合法地垄断暴力的论述，流行的国家四要素（领土、人口、政府、军队）说正是由此而来。

权利论（宪政论）。马基雅维利与霍布斯并没有真正巩固君主的主权，反而使得个人主义观念迅速兴起，自由宪政理论也由此而发展起来：自由对应的是个人权利，宪政约束的是国家权力。自由宪政理论的先驱无疑是洛克，《政府论》（下篇）最核心的主张无疑是财产权，因此洛克的主张被麦克弗森总结为"占有式个人主义"，是少数人的特权，因此其实质是寡头制。如果说洛克思想为资产阶级的统治奠定了理论基础，那么苏格兰启蒙运动和法国启蒙运动所完成的就是对这一统治模式的进一步巩固。以休谟、亚当·斯密为主将的苏格兰启蒙运动，为新兴资产阶级提供了更加系统的政治哲学和政治经济学说；法国启蒙运动则为资产阶级的统治创造出了道德上的正当性。唯有如此，"财产权"才能从"权利"最终演变为控制国家的"权力"——"国家只不过是资产阶级的管理委员会罢了"（马克思）。

政府论（代议制）。无论是洛克所主张的"议会主权"，还是孟德斯鸠以及美国建国者所倡导的"三权制衡"原则，都是代议制政府的具体形式，其实质都是资产阶级的统治。代议制的根本实现形式是多党制与选举制，无论是议会制还是总统制都是如此；竞争性选举必定使得政党与政客最终接受资本权力的控制，因此自由宪政理论最终变成了阶级统治的理论。

旧制度主义时期的政治学（19世纪后期至1945年）研究的基本上是上述各

类政治体系以及相应的宪法与法律。政治学的"法条主义"传统的基本前提是：合法律性（legal）的国家、政府、政党等政治组织，具有韦伯所说的合法性（legitimacy）。所以说，这一时期的政治学属于标准的"建制派"，其根本目的在于论证既定制度的合理性乃至神圣性。但是，资本主义政权并没有因为这些"建制派"理论而变得让人尊敬并服从，反而渐有风雨飘摇之势。

2. 批判政治学

如前所述，西方国家的政治实践以及制度变迁似乎很符合"自发秩序"逻辑，然而这一说法完全无视充斥欧洲近代历史的恃强凌弱、以众暴寡的事实。这种鸵鸟政策是不可能有助于问题的解决的，它只能坐视问题演化为危机。危机的根源就在于代议制民主的"名不副实"。作为寡头制的代议制民主有两个难以克服的难题，一是资本操控公共权力，二是民主共和逻辑本身的双重困境。

针对第一个难题，最著名的政治学说当然首推马克思的社会批判理论。马克思的唯物史观是分析资本主义社会绕不开的方法论。后世关于民主与不平等的研究，都是基于马克思的基本命题，即政治上一人一票的平等与经济上的不平等，必然使得政治与经济分裂的资本主义社会中的人陷入人格分裂，而走向"自由王国"的必经之路便是无产阶级革命，并建立巴黎公社那样的无产阶级共和国。尽管巴黎公社失败了，但马克思的革命理论却最终催生了一个新世界，帝国主义世界体系中建立起了一个社会主义阵营。受社会主义革命的鼓舞，民族解放运动至少是从政治上葬送了殖民体系。

第二个难题的具体表现一方面是托克维尔所讲的"多数的暴政"问题，著名保守主义者埃德蒙·柏克、意大利精英主义者如莫斯卡等人以及法国的勒庞等基本上持有相同观点；另一方面，"大众"本身就不符合"民主"的要求。德国著名宪法学家卡尔·施密特认为，民主的前提首先在于"同质性"。他说，"民主首先要求同质性，其次要求——假如有必要的话——消灭或根除异质性。"① 这才是真正的民主。果然，不顾条件推行代议制民主的魏玛共和国，根本无力"决断"异质性所带来的分裂与纷争，最后导致希特勒上台。对此，凡是能够认识到"大众"复杂性的学者，都会把大众民主放在社会经济条件中去考虑。

---

① ［德］卡尔·施米特：《当今议会制的思想史状况》，载卡尔·施米特著，冯克利、刘锋译：《政治的浪漫派》，上海人民出版社 2004 年版，第 165 页。

事实上，英国是在"同族"内搞的选举式民主，美国人则不但没有和印第安人分享选举权，甚至还对他们实施了种族灭绝——这成为后来希特勒政权灭绝犹太人的研究案例。① 基于魏玛共和国的教训和动荡不堪的法国政治，即使在冷战时期，将选举式民主论证为西式政治合法性基础的李普塞特，也特别强调"均质文化"这个前提性条件。② 成功的西式民主都发生在均质文化中，而且是经济水平达到一定程度之后才搞的大众选举式民主，比如英国第一次宪政改革是1832年，此时距"光荣革命"已有一个半世纪；美国大部分白人拥有选举权是19世纪30年代，此时已经是建国60年之后，而所有民族都获得选举权则发生在美国建国将近两个世纪之后的20世纪60年代。

但是，第二次世界大战，尤其是冷战之后，西方开始向非西方国家推行自己都从未实践过的制度：在经济落后、没有法治传统的异质文化社会强推选举式民主即党争民主。自大的《纽约时报》专栏作家弗里德曼这样"指点江山"，他认为，对中东地区恐怖主义和冲突的解决办法是"多种族化、多元化和自由市场民主"。③ 英美自己不但从来没有实行过这种社会条件下的民主，其推销的去国家化的自由市场经济，也早在100年前就被他们自己抛弃了。有学者一针见血地指出，"强加给非西方国家的目前的这种自由市场民主的方案，即放任自由的资本主义及普选制的双管齐下，是一种从没有任何西方国家在任何历史时期采用过的方案"。④

也就是说，代议制民主本身在西方内部就是问题的根源，而把这种带有结构性难题的方案带给社会条件完全不同的非西方社会，结果可想而知。我们要思考的是，曾经为"建制派"的西方政治学为何执意要以自己的成问题的方案改造他国？

3. 充当"革命派"的西方政治学：从"现代化"到"民主化"

政治学的古老使命就是为实现"最高的善"或"最可能的善"，即如何在一国之内实现良政。但是，冷战的爆发使得世界政治仿佛重新回到中世纪的神权政

① ［美］迈克尔·曼：《民主的阴暗面》，严春松译，中央编译出版社2015年版。

② ［美］李普塞特：《政治人：政治的社会基础》，张绍宗等译，上海世纪出版集团2011年版，第49—50页。

③ Thomas L. Friedman, "Today's new Quiz", *New York Times*, November 11, 2001, A21.

④ ［美］蔡美儿：《起火的世界：为何输出自由市场民主，却收获种族仇恨和全球动荡》，刘怀邵译，中国政法大学出版社2014年版，第227页。

治，中世纪的 7 次"十字军东征"就是意图消灭"异教"伊斯兰教的战争，把伊斯兰世界变成基督教世界。冷战时期，苏联在世界范围内搞"世界革命"，推广的是苏联式的共产主义；美国则是打着"自由民主"的旗帜，把世界变成"自由世界"，最后美国"打赢了一场没有硝烟的战争"。

美国赢在意识形态的战略与战术。意识形态领域是冷战的"主战场",[①] 因此冷战开始后美国就全力开启了意识形态机器，社会科学则成为其中最重要的组成部分，其"中立""客观"的"科学性"发挥了至关重要的作用。但是，这种所谓的"科学性"并没有改变冷战的性质，实际上，是意识形态战争反过来完全改变了社会科学的性质，社会"科学"几乎完全变成了"政治"。今天流行的诸多影响人们思维方式的概念，诸如自由、民主、宪政、公民社会、市场经济、合法性等，主流方法论如理性选择、制度主义等，基本上是冷战时期的产物。所以说，西方思想虽然源远流长，但是对当今人们的思想有着直接影响的却是冷战时期的社会科学家，而不是柏拉图、亚里士多德等的古典思想，他们只被用来作为陪衬或思想底色。

比较而言，中国的古典思想则一直不曾掉线，在今天中国人的生活中依然无处不在。在这个意义上，西方文明传统是断裂的而非连续的，不但有欧洲中世纪基督教文明与古典文明之间的断裂（这一点众所周知，虽然基督教文明把古典思想当作资源之一），还有现代思想与冷战思维造成的断层。也就是说，在政治理论上，不但古典思想只不过是冷战思想的陪衬，就是近代以来的自由主义寡头制思想，也被改造成政治理论上的自由主义民主制理论，把马克思、卡尔·施密特等人严厉批判的思想和制度，当作捍卫自己并改造他国的好思想、好制度。需要指出的是，断层的是政治理论传统，其经济基础并没有发生根本改变，500 年来都是典型的资本主义，只不过从 16—17 世纪的农业资本主义，演变为 18—19 世纪的工业资本主义，再到 20 世纪之后的金融资本主义。

关于冷战与美国现代社会科学学科发展的关系，已经有权威的研究表明，美国中央情报局的国家安全委员会指令要求以自由为核心而建构作为"心理战"的

---

① 杨光斌：《意识形态与冷战的起源》，《教学与研究》2000 年第 3 期，第 29—34 页。

社会科学。① 这样，社会科学变成了旨在影响各特定群体的思想和行为的"宣传战"。②

（1）研究现代化的结构功能主义范式

在这场宣传战中，先锋队就是美国政治学。1953年成立的社会科学委员会下属的比较政治学委员会，旨在推动当时美国社会科学委员会所追求的"行为研究"使命。阿尔蒙德说，在过去50年里，基于老欧洲形成的"政治科学的概念体系已经逐步丧失了它的能力，甚至无法应付西欧政治的现象"，因此必须寻求替代性术语，比如以"政治体系"代替"国家"，以"功能"代替"权力"，以"角色"代替"职责"，以"结构"代替"制度"，以"政治文化"和"政治社会化"代替"民意"和"公民训练"，而"当我们把新的术语和旧的术语加以比较时，就会有这种建立一个新的概念统一体（即范式——本文作者注）的冲动"。③

到1959年，"概念统一体"工作取得了预期效果，即以统一范式（一种共同的框架和一种相同的范畴）研究"国外政治体系"即非西方国家政治，这个"概念统一体"就是阿尔蒙德的结构功能主义。结构功能主义的7要素（输入项：政治录用—利益表达—利益综合—政治沟通；输出项：法规制定—法规实施—法规裁决）成为常识，阿尔蒙德等人认为所有政治体系都有这7项功能，因而都应该在这个框架和范畴中得到解释。果然，在《发展地区的政治》中，非西方国家的政治，包括东南亚地区、南亚地区、撒哈拉以南非洲地区、近东地区、拉丁美洲地区，都被套在结构功能主义的"统一概念体"中加以解释。

什么是教条主义的意识形态？比较政治学委员会让国际社会科学开了眼界，以一个范式解释所有地区、不同国家的政治问题。就是这样一个"概念统一体"，硬是影响了美国政治学将近30年，从20世纪50年代到70年代，结构功能主义统治着美国比较政治研究。换句话说，"现代化"是美国社会科学（乃至历史学）的研究主题，其内在逻辑是"发展带来民主"即现代化，而支撑这一逻辑的就是结构功能主义范式，相信只要按照这7个功能去解释并改造"国

---

① 弗朗西丝·桑德斯：《文化冷战与中央情报局》，国际文化出版公司2002年版，第5页、第105页。

② 西方人总是把自己的社会科学当成"科学"，以为中国的意识形态味因有"宣传部"而很浓，殊不知，美国的官方文件曾明确规定其社会科学就是"宣传战"的一部分。"宣称战"是第二次世界大战时期发展起来的行为科学，政治学家哈罗德·拉斯维尔是其奠基人。

③ ［美］阿尔蒙德等著：《发展中地区的政治》，任晓晋等译，上海人民出版社2012年版，第1—2页。

外政治体系",现代化的结构就指日可待。在"现代化"这个大主题下,现代化的性质是"民主现代化",因此在这一时期,民主化已经被包含在"现代化"之中,比如比较现代化的著名研究如巴林顿·摩尔的《民主与专制的社会起源》,其主题就是民主化道路问题。但是,事实上,发展不但没有带来现代化和民主,反而导致了亨廷顿所说的"政治衰败",这种残酷的现实对于乐观的自由主义者不啻当头一棒。"发展带来民主"的乐观主义方程式,完全是一种违背世界政治之历史与现实的假说,建立在这种假说基础上的结构功能主义范式必然逐渐式微而成为明日黄花。

一般认为,结构功能主义范式具有非历史性的西方中心主义特征。所谓的非历史性,就是不顾各国历史文化的差异,甚至不顾西方政治本身的历史进程而直接炮制理论,因为这 7 个功能并不是美国与生俱来的,美国政治即使存在这 7 个功能也是长期历史演化的结果,因此这 7 个功能是终端性的"模式",而非历史演化的"政治过程"。比如,美国独立后的七八十年,还不是一个现代国家,直到内战才打出一个现代国家,有了现代国家却还没有现代政府,现代政府的一系列建制如食品药品管理局等直到进步主义运动时期才出现。在政府功能上立什么法?谁去执法?美国有自己的国家史,非西方国家难道就能一步到位?

另外,和结构功能主义一样,很多西方理论的所谓的"西方中心主义"只是一种笼统的说法,更具体地说就是"美国模式"或者西方模式,以"美国模式""西方模式"解释并改造"国外政治体系"。比如,政治录用讲的是"公民文化"和"政治社会化",但问题是美国在建国、国家成长中的"公民文化"在哪里?"利益表达"不过是利益集团政治的另一种说法,其结果即使是在美国又如何呢?"利益综合"不过是多党竞争而已,在落后的发展中国家推行多党制的结果如何?"法规制定"和"法规执行"是典型的"政治—行政"二分法,如前所述,美国现代政府直到进步主义时期才形成,才有所谓的"法规执行"功能,而几乎所有非西方国家的立法—执法体系都一直是一体化的。凡此种种,结构功能主义其实就是以"美国模式"衡量"国外政治体系",其意图就是要把非西方国家改造成"美国模式"——其核心是公民社会、利益集团政治、多党政治、代议制政治。

因此,结构功能主义看上去是一套研究地区政治的路径,其实在推广一种政治模式。向非西方国家非历史地推行"美国模式",失败是必然的结局。道理很简单，如前所述，从古典时期到近代，所有的思想家理论家都要讲政体的社会条件。结构功能主义的"非历史性"特征就意味着，从冷战时期以及冷战之后，社会条件已经不是西方政治学者关注的重点。不讲条件地推广自己的政体，结果只能是从失败走向失败，步结构功能主义命运后尘的是推广民主化的转型学范式。

（2）推广民主化的转型学范式及其终结

"现代化"命题本身就包含了转型学的意向，"现代化"就是从传统社会向现代社会的转型，只不过现代化研究是一种类似国家建设一样涉及太多变量的研究，因而还谈不上所谓的转型学范式。在现代化研究衰落之际，美国政治学就开始设计非西方国家的转型研究，其中最有代表性的是威尔逊国际学术中心长达7年（1979—1986年）的专门针对南美的四卷本转型研究，最后一卷是理论总结性的《威权统治的转型：关于不确定民主的试探性结论》。在这个结论性研究中，作者奥唐奈和施密特将"转型"定义为一个制度向另一个制度的过渡，具体而言就是"转型是以威权主义制度开始解体而启动的，在另一端则是某种民主制度的建立、某种形式的威权统治的回归，或者革命的出现来界定的"。① 也就是说，各式各样的威权主义统治必然会转型，但既可能转向民主制度，也可能是其他制度诸如回归威权或者导致革命。应该说，这种结论还是相当审慎的，没有断定威权主义必然向民主制度转型。但是，民主转型的倾向是显然的，书中谈的都是自由化、民主化、社会平等化等民主转型的关键问题。但是，正如威尔逊国际学术中心主任在该书的序言中所言，这本书没有讨论制度巩固的过程，这是一个缺憾，因为只有成功的转型才是有意义的。② 其实，当这个转型项目研究结束时，被亨廷顿称为"第三波民主化"的大幕还没有拉开，当时还只有1974年伊利比亚半岛的转型案例。在"第三波民主化"之中，亨廷顿适时地给出了成功转型的标准，那就是"熊彼特式民主"的两次政党轮替。从此，民主转型与巩固研究铺天盖地，而研究路线图就是所有国家都将实行福山在《历史的终结与最后的人》中所说的代议制民主是"人类最后的，也是最好的政府形式"，不管其社会条件是什么，威权统治都将转型为竞争性选举及多党制民主。对此，美国卡内基国际和平研究所副总裁卡罗瑟斯（Thomas Carothers）总结为"转型范式"：所有威权主义国家都将转型

---

① ［美］奥唐奈、［意］施密特：《威权统治的转型》，景威、柴绍锦译，新星出版社2012年版，第5—6页。

② 同上书，"原版序言"，第5页。

为民主国家、转型是有序的、选举是决定性的、社会条件不再重要、最后民主巩固即社会团结国家正常运转。[①]

作为理想类型的转型范式很丰满，但是作为现实政治的民主转型却很残酷，残酷到就连当年开启民主转型研究的菲利普·施密特在 2010 年也不得不伤感地说："现实存在的民主都是令人失望的"，"过去二十五年来大多数的政体变迁确实导致了质量低下的政体，枉费了当年为此而付出的斗争和牺牲。""这种幻灭并不仅仅限于新的民主政体。在已经建立的民主社会里，类似病态征兆也是到处泛滥。"这些病态"确实预示民主制度和实践确有一些基因上的缺陷"。[②] 卡罗瑟斯也公开断言"转型范式的终结"。

确实，当年一些国家在民主转型中"拿来"了选举制度，但实行的却是"选举式威权主义"或"竞争性威权主义"，中国问题专家则把中国在这次转型浪潮中屹立不倒并越来越强大的原因总结为"韧性威权主义"。当初说选举式民主产生希特勒只是个案，这种说法纯粹是不懂历史，选举完全可以从一开始就与权威政治挂钩，比如拿破仑三世就是以选举政治来强化自己的权威统治，以全民公决的方式将共和国改制为第二帝国的。这一点在马克斯·韦伯的《经济与社会》中都有论述，韦伯认为这样的选举只不过是为了强化威权人格。这大概算是最早的有关"选举式威权主义"的论述了，但是后来的熊彼特、李普塞特、达尔以及萨托利等却非要说选举民主才是合法性政治，而当选举政治产生了大大小小的普京式政治家之后，人们又猛然发现，原来在第三波民主化之后，选举权竟然主要是被用来强化威权政治的。这就是选举式民主与威权政治的恩恩怨怨。由此不难推导出关于选举式民主的第一定律，选举式民主既可以用来论述所谓民主政治的合法性，同样可以用来增加威权政治的合法性。

如果施密特教授是在 2011 年的"阿拉伯之春"后再为其民主转型理论做回顾性总结，大概会更加突出包含了诸多"基因"的社会条件与民主政治的关系。作为现代性政治的大众民主形式可以是同一性的，诸如选举式民主，但是文化基因这个最为根深蒂固的社会条件（历史文化传统）则是难以改变的。选举式民主靠政党来组织，而政党背后是族群、教派和不平等的社会结构，这样选举式民主自

---

① ［美］卡罗瑟斯，《转型范式的终结》，载杨光斌主编《比较政治评论》（第二辑），中国社会科学出版社 2014 年版。

② 施密特：《二十五年时光，十五项发现》，见《威权统治的转型》，第 106—107 页。

然演化为"党争民主"。选举式民主要有序运转，需要一系列的同质化条件——国家认同、共享信念、大致平等的社会结构等，① 否则，"阿拉伯之春"也只能演变为"阿拉伯之冬"，乌克兰的"颜色革命"也只能导致内战和分裂。不仅如此，从长时段历史来看，近代以来的几轮世界政治冲突，都与民主化有着直接关系，而"第三波民主化"又刺激了"文明的冲突"。② 由此可以推导出关于选举式民主的第二定律：选举式民主可能增加单一文明国家特定政体的合法性，但却会刺激不同文明类型的政治体之间以及多元文明政治体内部的文明冲突。也就是说，选举式民主并不必然带来稳定与和谐。

无论是推动现代化研究的结构功能主义，还是推广民主转型的转型学，其根本问题都是自大地认为民主政体可以脱离特定的社会条件而独立、有序地运转，以这类理论为指导的实践必然只能从失败走向失败。如果说冷战政治学将自由主义寡头制改造为理论上的自由主义民主制，是一次为战争需要而人为制造的"文明断层"，则出于同样目的但罔顾自古以来的智识成就而将政体置于空气中，就是典型的"唯理主义"政体决定论了，这是对政治学经典传统的背叛，其结果必然是自欺欺人。这样的政治学没有为"最高善"做出什么贡献，而是把一个又一个国家带入了绝望的深渊。现实告诉我们，从威权主义走向"党争民主"的发展中国家是没法回头的，是良治无望的。原因很简单，发展中国家本来就落后，而党争民主却是用来"分蛋糕"的，"蛋糕"都没有，何来的"分蛋糕"？更重要的是，大多数发展中国家，尤其是大型国家，都是异质性文化，党争民主只会刺激并加剧国内的政治冲突。第二次世界大战以来，没有一个新兴的发展中国家因为实行党争民主而走向发达序列。非西方转型国家的实践，尤其是"普世价值"政治给欧洲带来的难民危机和特朗普当选美国总统，都事实性地终结了作为转型范式的"历史终结论"。如今的美国已经很难再扛起这杆大旗了，特朗普政府已经宣布放弃"价值观外交"，美国宣布退出应对全球气候变暖的《巴黎协定》，意味着人类价值或"普世价值"对美国而言不值一文，特朗普只不过比较"诚实"地说出来了而已。过去，美国总是按照自己的价值观给其他国家贴上所谓"流氓国家"（the rogue state）的标签，如今美国不顾人类共同价值和全球安全的行为已经让美

---

① 杨光斌：《几个流行的民主化理论命题的证伪》，《北京日报—理论周刊》2014 年 3 月 14 日。
② 杨光斌：《民主与世界政治冲突》，《学术界》2014 年第 8 期，第 5—25 页。

国主流经济学家和主流媒体也不得不承认美国自己才是"流氓国家"。[1]

改革开放之后，恢复了政治学学科的中国政治学基本上是按照美国政治学的路子发展起来的，美国政治学所产生的概念、研究范式、研究方法，都是很多中国学人膜拜的对象。然而，面对美国政治学的一次又一次的范式失败，面对美国政治学从最初的欧式"国家学"，到行为主义革命所引发的政治学的"社会学化"，再到今天沦为几乎已经与现实（包括美国的现实）脱节的学术游戏，[2] 中国政治学又将何去何从？作为一门最"入世"的社会科学，面对中国今日之世界政治地位，中国政治学难道不最应该有所贡献吗？从被"偶像"否定到"偶像"自己倒塌，中国的崛起彻底揭开了历史现实与理论之间的巨大落差，这也正是产生新理论的时间"窗口"与"风口"。

三 "世界时间"中的中国政治学：
百年之变的得与失

凭借工业革命的力量，西方列强在 19 世纪建立起了庞大的殖民体系，而对这一体系的"反向运动"则催生了 20 世纪由意识形态主导的世界政治。在不到一百年的时间内，人类见证了放任自由主义的失败以及由此而引发的法西斯主义、社会主义运动和民族民主解放运动，如此急剧的变化在人类文明史上前所未有。自 19 世纪中叶第二次工业革命以来，中国卷入世界政治程度不断加深，中国政治与世界政治同步性日益增强，因而世界政治的变局势必影响中国政治的发展，是为"世界时间"中的中国。

在这场世界性的巨变中，中国遭遇了"三千年未有之大变局"（李鸿章语）。在鸦片战争中失败的中国精英们，最初还是有文化自信的，张之洞提出了"中学为体，西学为用"用于指导"洋务运动"；但是，甲午战争彻底击碎了中国读书人的信心，泱泱大国居然败给了一直以自己为师的学生，慈禧太后对"义和团"

---

[1] Joseph Stiglitz, "Trump's reneging on Paris climate deal turns the US into a rogue state", *New York Times*, March 6, 2017.

[2] 爱出头露面的美国政治人物，唯独不参加美国政治学协会的任何活动，并且国会也取消了对政治学协会本来就少得可怜的预算支持。在美国政治家看来，美国政治学已经变成了纯粹的学术游戏，与现实毫无关系的量化模型游戏。

的支持以及《辛丑条约》的签订彻底让清政府声望破产，中华文明传统也遭到了深刻的质疑，民国初年兴起的新文化运动更是正式掀起了彻底抛弃中国文化、彻底倒向西方新文化的浪潮。这就是张灏先生所说的中国思想的"转型时代"："所谓转型时代是指 1895 年至 1925 年前后大约三十年的时间。这是由传统过渡到现代思潮承前启后的关键时期"。① 在这个持续了 30 年的"转型时代"，中国传统政治思想被彻底矮化甚至被妖魔化，西方各种政治思潮登陆中国，由此开启了中国思想界至今仍未消停的"西化"与"现代化"之辩。不仅中国思想界莫衷一是，"世界时间"中的中国更面临着向何处去、改良还是革命这样的现实政治道路之争；即使在革命一方，也还有关于革命主体的争论，是蒋介石所依靠的工商地主阶级，还是毛泽东所一直主张的农工阶级……政学各界一片混乱。从北洋政府到南京国民政府，派出去的留学生学的基本上都是欧美政治，或者经日本转手的欧美政治学说，民国时期的大学课堂上讲授的基本上都是欧美政治学。但是，人们都忽视了这套学说与中国政治局势格格不入的严重缺陷，当时不仅存在军阀之间、军阀与国民党之间、国共之间的斗争，更有日本入侵招致的亡国之危，来自欧美政治学的关于"国家"或"政府"的解释，只能成为一部分学者的"纯粹知识"。相反，不能在课堂上讲授的马克思主义革命政治学，其学说体系却落实在政治道路的实践中，并在最后赢得了政治道路之争。然而，革命胜利之后的"继续革命"之变又变成了自我伤害。

1. 追求巨变的革命政治学——马克思主义政治学及其学科命运

伴随着马克思主义在中国的传播，作为学科的马克思主义政治学说体系在中国也逐渐建立起来，20 世纪 20—30 年代，出版了五六本马克思主义政治学概论，② 其中最具代表性的是 1928 年出版的邓初民的《政治科学大纲》（昆仑书店出版）。邓初民建立了马克思主义政治学的"六论"体系：方法论—阶级论—国家论—政府论—政党论—革命论。难能可贵的是，其方法论不但讲唯物史观，还强调要在政治过程意义上认识国家的变化。每一部分的内容，都是对当时世界政治的理论化研究，比如在"政府论"部分，除了关于政府的一般原理，还讲了政府类型，如议会政府、法西斯独裁政府、苏维埃政府和中国政府；"政党论"部分

---

① 张灏：《中国近代转型时期的民主观念》，《二十一世纪》1993 年第 8 期，第 18 页。
② 王冠中：《中国马克思主义政治学学科初建探讨》，《政治学研究》2008 年第 3 期。

不但讲资产阶级政党、无产阶级政党和中国政党，还专门探讨政党的一般特性，尤其是政党斗争的方式；在"革命论"部分，既有资产阶级革命，也有社会主义革命，更有中国革命历史与前途的分析。因此，这本"新政治学"，完全不同于当时流行的围绕抽象的国家理论而展开的民国政治学，堪称"政治战略学"。正如邓初民在该书的"总结论"部分所言："科学不是单纯理论的游戏，政治科学亦然，所以专门研究客观世界运动法则的科学主要服务于我们对这世界的活动，服务于我们的实践……所以我对于这本政治学不是把它当作一般的政治学来处理，而是把它当作政治家、革命家的政治的战术战略或革命的战术战略来处理的。"① 这样写"新政治学"，体现了邓初民对于政治理论性质的深刻理解："政治理论对于我们的意义，不仅是一种思想、学说、真理、理论，而且是丝毫不必掩饰的社会运动、政治战斗的武器，政治的战略战术。"② 因此，可以说，邓初民的"新政治学"，虽然关于中国的阶级、国家、政府、政党和革命的分析是"以三民主义的最高原则为准绳"，③ 却最彻底地继承了马克思主义政治学说的使命，是一种"革命政治学"。

"革命政治学"在中国新民主主义革命胜利之后似乎就已经完成了它的使命。确实，在1952年的学科、院系大调整中，政治学、社会学、新闻学、法学都被废除了，原来意义上的社会科学为三大学科所取代，即马克思主义哲学、马克思主义政治经济学和科学社会主义，其中与政治学关联较大的科学社会主义，讲授的都是经典作家的著作和国际共产主义运动史，现实政治、经济都不再需要学科和学术上的研究，或者说只有政治活动和经济生活而无关于政治和经济的学术研究，意识形态完全替代了社会科学。但这并不意味着新中国不需要政治学理论，只是此时的政治学理论只能在执政集团内部进行讨论，比如阶级论，从列宁的生产资料占有论发展到思想信仰论和官僚阶级论，从而总结出一个"党内走资本主义道路的当权派"，这使得"继续革命"成了理所当然的结论。伴随着一场又一场的政治运动，在"革命政治学"的基础上，政治理论上发展出一个"无产阶级专政下的继续革命"理论，这事实上是"文革"的指导思想，而这个思想就是基于前述的"新阶级论"。

---

① 邓初民：《新政治学大纲》，商务印书馆2011年版，第402—403页。
② 同上书，自序，第2页。
③ 同上书，第402页。

1980 年中国恢复政治学以及其他社会科学学科。但由于在 30 年的时间里只有意识形态而无社会科学，有轰轰烈烈的政治运动而无政治学研究，恢复建制的政治学概论也只能在民国时期马克思主义政治学教科书的基础上书写，所以由北京大学组织的、有 25 所大学参加编写的中国大陆第一本《政治学概论》（1983 年）①就是在邓初民的"五论"基础上加上了一个"民族论"，简称"六论"。这本教材是整个 80 年代的"统编教材"，其主体内容的阐述基本上来自经典著作。

马克思主义政治学的主要原则是坚持人民的主体地位，因而是与"资本政治学"相对应的"人民政治学"，这是马克思主义政治学生命力之所在，是时代的最强音。但是，人民主体地位的维护，说到底要通过经济发展而让民众获得"自由"（各种实质性权利），因此"人民政治学"在不同的时期必然有不同的旋律，"革命政治学"在制度上奠定了人民的主体地位，但是人民主体地位的个体化体验则需要"建设政治学"，这就要求建设出一个现代化的中国。因此，在整个 80 年代，政治学和其他社会科学的主旋律事实上是现代化理论。

2. 国家建设的政治学：现代化理论的传播与研究

洋务运动启动了中国实质性的现代化进程，1974 年中国政府又明确提出"四个现代化"，因此"现代化"是中国人不懈追求的中国梦。1978 年的改革开放掀起了新一轮的现代化大讨论，这时候的"现代化"就是物质上富裕、发达的代名词，其政治维度远远不是关注的焦点。打开国门的中国突然发现中国相对于西方世界是如此落后，因此不但是刚刚恢复的政治学热衷于此，全社会都渴求现代化理论。80 年代的研究主题是"如何实现现代化"，而"现代化"恰好是西方政治学 19 世纪 50—70 年代的研究主题，其中大量的理论成果对于理论匮乏的中国思想界而言无疑极具诱惑力。

在传播现代化理论方面，有几套丛书的贡献不能不提。首先是四川人民出版社的由金观涛主编的《走向未来》丛书，1984—1988 年共出版了 74 本书，涉及社会科学和自然科学，其中有中国作者的著作，也有译作。有不少现代化与发展理论的经典作品被翻译过来，比如罗马俱乐部的《增长的极限》、布莱克的《现代化的动力》、英格尔斯的《人的现代化》、森岛通夫的《日本为什么成功》。中国学人的现代化研究的初步成果主要有钱乘旦的《走向现代国家之路》和《第一

---

① 编写组：《政治学概论》，北京大学出版社 1983 年版。

个工业化社会》、杨百揆等人的《西方文官系统》、金观涛的《西方社会结构的演变》、李平晔的《人的发现》、周其仁等人的《发展的主题》等。应该说，这一套大型书系启动了人们关于未来的即现代化的想象和观念，但还没有系统的现代化理论。

第二套丛书是华夏出版社出版的一套"黄皮书"（二十世纪文库），主要是西方现代化研究的成果，让广大中国学人第一次接触到了西方现代化研究的路径或者范式，其中影响最大的有摩尔的《民主与专制的社会起源》、亨廷顿的《变革社会中的政治秩序》、亨廷顿和威尔逊的《艰难的选择：发展中国家的政治参与》、伊斯顿的《政治生活的系统分析》、迪韦尔热的《政治社会学》、古德诺的《政治与行政》等。这让中国学人第一次感受到中国政治学与西方政治学之间在学科化水平上的距离。

第三套书是上海译文出版社出版的一套"黄皮书"（当代学术思潮译丛），其中一些现代化研究的经典作品，对中国政治学产生了巨大的影响。其中有影响了整个 20 世纪 90 年代并使得结构—功能主义范式在中国也流行起来的阿尔蒙德和鲍威尔《比较政治学：体系、过程和政策》，达尔的《现代政治分析》则开启了中国学者对政体类型的思考。这套丛书在 90 年代依然在出版现代化研究的经典作品，比如布莱克的《比较现代化》和亨廷顿等人的《现代化：理论与实践经验的再探讨》。

应该说，20 世纪 80 年代以现代化为主题的研究议程所结出的硕果主要不在政治学界，而是在史学界，比如北京大学现代化与世界史研究中心罗荣渠教授在其《现代化新论》中提出的"一元多线"现代化历史观，以及北京大学历史学系钱乘旦教授现代化研究的一系列重要成果。中国政治学界在接受了现代西方研究范式之后并未过多纠缠中国的政治史问题，而是本着传统儒家士大夫"经世致用"的传统，将研究重点放在了改革开放后的中国政治上，这一时期研究的主要对象包括"一国两制"、政府职能、党政分开和政治民主化等问题，其中一些重要研究得到了决策层的重视，并最终成为实际的政策，例如有关干部制度改革等问题的相关研究。[①] 中国政治学的政治意义也慢慢得到承认，这一时期的杰出学者王沪宁教授在 90 年代中期进入中南海并成为今天党和国家的领导人。

---

① 王沪宁：《中国政治学研究的新趋势（1980—1986）》，《政治学研究》1987 年第 2 期。

3. 多元化研究方向中的政体变迁学说——自由主义民主政治学

80 年代之后的 30 年，中西方政治学界在研究主题上已经实现了同步，只不过中国政治学还没达到"输出"阶段。苏联东欧社会主义阵营的崩溃一度让福山的"历史终结论"获得了一时无两的风头，直到今天仍有很多人相信，代议制民主就是人类最好的也是最终的政府形式。1990 年之后，尽管中国政治学逐渐呈现出以"治"为本的多元化发展趋势，但其中一个不容忽视的倾向就是对自由主义民主基本理论的笃信。在这一基本倾向的影响下，现代化理论框架下重要而复杂的国家建构内容往往反而变成了简单的政体之变的次要方面，似乎只要改变了政体即走向自由主义民主，一切问题就都会迎刃而解。这股强大的思潮与国际政治思潮具有同步性与同构性。

1990 年之后的中国政治学态度更加开放。80 年代中国已经基本完成了古典自由主义政治学名著的汉译工作，① 到 90 年代以后，"民主"研究成为显学，而自由主义民主研究更是占据了中国政治学界的主导地位（如表 1 所示）。

表 1　1990—2015 年国内学术期刊的论文发表主题　（单位：篇）

	1990—1995 年	1996—2000 年	2001—2005 年	2006—2010 年	2011—2015 年	合计
民主	12742	16599	28159	47890	53498	158888
民主化	658	1047	2788	4303	4516	13312
公民社会	27	62	568	2580	2663	5900
自由民主	140	113	283	589	835	1960
选举民主	10	90	139	401	555	1195
民主转型	2	13	33	168	351	567
民主巩固	2	3	10	54	82	151
人民民主	981	943	2140	3206	3001	10271
社会主义民主	2419	4718	6538	7722	6127	27514

---

① 到 80 年代中期，商务印书馆的"汉译世界名著丛书"，中文版的洛克、霍布斯、孟德斯鸠、卢梭、美国联邦党人、小密尔等人的代表作全都问世了，对处于刚打开国门而国内知识极度匮乏的成长于 80 年代的那一代人而言，其世界观价值观所受到的影响是不言而喻的，以至于有些人的知识结构乃至观念至今依然停留在"80 年代"。

续表

	1990—1995 年	1996—2000 年	2001—2005 年	2006—2010 年	2011—2015 年	合计
中国特色社会主义民主	107	180	222	629	803	1941
中国式民主	5	11	23	181	220	440
协商民主	72	241	257	1169	3978	5717
基层民主	74	661	1145	2478	2407	6765
党内民主	470	1157	1687	4847	3132	11293
治理民主	0	0	2	19	71	92

注：检索来源：中国知网学术期刊数据库 http：//kns. cnki. net；检索方法：主题检索（发表时间＝1990年1月1日至2015年12月31日；专辑导航＝社会科学I辑、社会科学II辑）；检索时间：2017年6月5日。

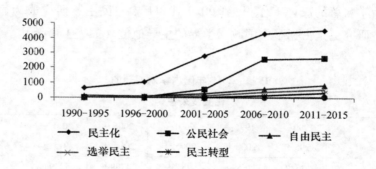

图 1 1990—2015 年自由主义民主政治学论文主题发表数量趋势

20 世纪 90 年代以来，国内几大出版社对冷战时期形成的新自由主义即自由主义民主学说保持了长久的热情，没有其他任何关键词可与"民主"相提并论，关于民主的译著至少有 300 本，几乎是见到标题中有"民主"的书都翻译。这也使得熊彼特、达尔、萨托利等人的相关理论几乎主宰了中国关于民主的讨论（如表 2 所示），竞争性选举即党争被认为是民主的本质所在，换句话说，民主只有一个模式，那就是竞争性选举或者说党争民主。相应地，国内政治学界的研究议程也很国际化，"民主转型""民主巩固""公民社会""宪政民主"等关键词，成为民主研究的时髦词汇，这使得自由、民主等概念牢牢占据了道德的制高点，对之进行反思（更别说批判）的研究，往往直接就被贴上不道德的标签。

表2　　　　　　　　　1990—2015 年国内学术期刊对熊彼特、
达尔、萨托利的引用率　　　　　　（单位：篇）

	1990—1995 年	1996—2000 年	2001—2005 年	2006—2010 年	2011—2015 年	合计
熊彼特	96	409	1493	3089	3218	8305
罗伯特·达尔	11	43	351	335	539	1279
萨托利	8	78	558	1202	1258	3104

注：检索来源：中国知网学术期刊数据库 http：//kns. cnki. net；检索方法：参考文献检索（发表时间＝1990 年 1 月 1 日至 2015 年 12 月 31 日）；检索时间：2017 年 6 月 5 日。

今天人们终于不得不承认，按照推广自由民主的"自由之家"的指数去转型，国家只能走向万劫不复的深渊。国家建设所涉及的权力关系如此复杂，怎么可能有了"个人自由"和"竞争性选举"就万事大吉呢？何况，作为一种"存在"的国家，和人的成长一样，有"时间性"即时序问题，不可能忽视时间性而"一刀切"地按照一种政治方案去解决所有国家的难题。中国历史悠久的求实态度告诉我们，"自由之家"实际上无异于政治上的"邪教组织"。类似地，和"自由之家"一样，"经济学人指数""政体指数"，都是以数据化的形式传播自由主义民主的手段。

2010 年左右，国内的民主观念终于开始复杂起来，或者说成熟起来。主导中国思想界 30 年左右（1980—2010 年）的"选举式民主"（形式民主），大有被"实质民主"（以治理、民生为标准）与"协商民主"取代的趋势①（参见表 1 中的"选举民主"和"协商民主"的数据）。对民主观念与民主形式多样化的认识，标志着中国人对于民主的认知正在走向成熟。②

不仅如此，中国政治学的主流并没有停留在"民主"这个关键词上，而是开始回归中国固有且一直在发挥重要作用的"致治"传统，这一路向的研究已取得不菲成就——这是其他国家政治学人不可能有的幸运。中国"治"学传统为中国政治发展和政治建设做出了历史性贡献，过去这一点一直被忽视，现在是反思总

---

① 黄晨：《从"人民民主"到"中国模式"：当代中国民主观念的演变（1978—2008）》，博士学位论文，中国人民大学，2016 年。

② 杨光斌等著：《中国民主：轨迹与走向（1978—2020）》，中国社会科学出版社 2015 年版。

结的时候了。

四 找回"致治"传统:以国家治理
研究为核心的中国政治学

如本文一开始所言,中国人是与生俱来的"治理主义者",公元前 8 世纪,中国就有了专门用于国家治理的政治经济学,卷帙浩繁的二十四史,绝大部分内容是国家治理,不但有治理实践的记录,还有丰富的治理思想。端赖于此,中国才有一代又一代、一个又一个的"盛世",才有 5000 年不绝的中华文明体。正因为中华文明基因中蕴含了无比丰富且经得起考验的治国理政理念,比如"大一统""官天下""大同世""小康世""重农抑商""贤能理政""以民为本"等,这个文明共同体才得以历经磨难而"其命维新"。这是许多西方理论家无法理解的经验,"传统—现代"的二分法根本无法处理中国的历史,但遗憾的是今天仍然还有不少人沉迷于这种过时的方法。

秉承了"致治"文明基因的当代中国政治学,虽然"拿来主义"思潮一度咄咄逼人,但中国大学中政治学专业的研究,其主流事实上还是在"国家治理"这个主题词之下开展的关于各个层次实际治理情况的研究。这体现的是中国人早已融化在血液中的求真务实态度。治理研究的前提是对流行的概念与观念保持理性的警惕与怀疑,决不迷信盲从。

1. 探索自主性政治学话语体系

20 世纪 80 年代到 90 年代是中国政治学必要的学习阶段,否则我们根本听不懂西方同人在讲什么。但是,社会科学的性质决定了,中国政治学不能永远满足于"学徒期"。社会科学是特定国家特定历史阶段的特定经验的理论化工作,在本质上是一种地方知识,用一种地方知识指导另一个地方的政治发展,灾难性的案例处处可见。因此,从 20 世纪 90 年代开始,中国政治学在学习西方的同时,一些学者就开始批判、反思西方政治学中的流行话语了,这样的反思最终汇成了一个不可忽视的思潮,其终极诉求乃是建立具有自主性与自觉性的理论话语体系。

90 年代中期,潘维就开始批判"民主迷信",这在当时简直就是冒天下之大不韪之举;① 王绍光则以比较政治研究的视角,全面介绍了西方民主研究中的问题。② 到 2010 年之后,中国的民主观念逐渐走向成熟,这一时期出现了一系列关于选举式民主的新认识,笔者的相关研究试图展示出社会条件的根本重要性,它包括一系列的"同质化条件"如国家认同、共享信念和基本平等的社会结构。与民主相关的其他基本概念包括公民社会、合法性等,也在此基础上得到"重述",例如"公民社会"这个概念,它在不同的"民情"中具有完全不同的意义和政治效果;③ 把选举授权视为民主合法性的基础,既不符合历史,也不符合现实,否则就不会有什么"选举式威权主义""竞争性威权主义"的概念了。④ 张飞岸的研究试图证明的则是,以选举授权为核心的自由主义民主其实是以自由取代了民主,自由民主理论其实是一种去社会主义化的政治思潮。⑤

在这一反思浪潮的推动下,中国人在民主观念上逐渐回归中国自有的求实传统,并开始寻求建制性理论以替代否定性理论,其中最重要的变化是协商民主理论转向,协商民主也成为官方青睐的政治建设路径。这推动了协商民主理论的研究热潮,相关论文的发表量迅速超过了自由主义民主(参见表 1 数据)。其中,林尚立的研究最为系统,他认为,协商政治是中国政治传统中最根深蒂固的形式,因此协商民主有着强大的生命力。⑥ 在对中国政治决策过程的研究中,王绍光发现了一种共识型的决策模式,⑦ 而这实际上就是政治过程中以协商的方式达成共识的"共识型民主"。⑧ 我认为,基于协商—共识的民主模式,是一种替代以党争为核心、不可治理的自由主义民主的"可治理的民主",只有可治理的民主才是可欲求的;⑨ "可治理的民主"实现的是效果导向的"民本主义民主",正如作为实践模

---

① 潘维:《法治与"民主迷信"》,香港社会出版社有限公司 2003 年版。

② 王绍光:《民主四讲》,生活·读书·新知三联书店 2008 年版。

③ 杨光斌、李楠龙:《公民社会的"民情"与民主政治的质量》,《河南大学学报》(哲学社会科学版) 2014 年第 3 期;王绍光:《"公民社会"祛魅》,《绿叶》2009 年第 7 期。

④ 杨光斌:《合法性概念的滥用与重述》,《政治学研究》2016 年第 2 期,第 2—19 页。

⑤ 张飞岸:《被自由消解的民主》,中国社会科学出版社 2015 年版。

⑥ 林尚立:《协商政治:对中国民主政治发展的一种思考》,《学术月刊》2003 年第 4 期,第 19—25 页;林尚立:《协商政治:中国特色民主政治的基本形态》,《毛泽东邓小平理论研究》2007 年第 9 期,第 17—26 页;林尚立:《协商民主:中国的创造与实践》,重庆出版社 2014 年版。

⑦ 王绍光:《中国式共识型决策》,中国人民大学出版社 2013 年版。

⑧ 杨光斌:《中国政策过程的共识型民主》,《社会科学研究》2017 年第 2 期。

⑨ 杨光斌:《超越自由民主:治理民主通论》,《国外社会科学》2013 年第 4 期。

式的选举式民主实现的只是价值导向的自由主义民主。① 王绍光将"民本主义民主"称为"代表型民主",② 其中的关键是作为"逆向政治参与"的群众路线。③

民主模式之争的背后是思维方式问题,西方人注重政体的形式,而中国人则注重政道与治道,④ 基于治道的思想和思维方式讲究的必然是实质民主而非政体意义上的程序民主。房宁在对亚洲多个国家的比较政治研究中发现,民主政治进展的一般规律都是以开放权利折冲政治权力,在这个意义上,中国民主已经取得了实质性进步。⑤ 至此,相当一部分中国政治学者已经从思维方式上摆脱了西方"冷战政治学"的藩篱,并初步建构起具有自主性的民主话语体系。

与"民主"相联系,中国思想界也基本上形成了自主性治理话语体系。作为天然的治理主义者的中国人,对"治理"理论有着天然的敏感性。20 世纪 90 年代初"治理"概念被世界银行经济学家们发现之后也迅速地成为中国思想界的流行词。但是,西方人讲的治理,仍然只是当时思潮的一部分,它事实上不过是"民主化"或"公民社会"的另一种表述,其核心仍然是"去国家化",丝毫没有逃脱社会中心主义的理论脉络。而中国人骨子里认同的却是"国家治理",在2013 年十八届三中全会提出"国家治理体系和治理能力的现代化"之前,包括徐湘林和我本人在内的很多学人研究的事实上也都是国家治理,⑥ 徐湘林提出了作为研究范式的"国家治理范式",其中包括价值、政治认同、公共政策、社会治理等几个方面。⑦ 当"国家治理"成为官方术语之后,国家治理与西方治理的区别被明确下来。王浦劬敏锐地指出,"社会主义国家的国家治理,本质上既是政治统治之'治'与政治管理之'理'的有机结合,也是政治管理之'治'与'理'的

---

① 任锋、杨光斌、姚中秋、田飞龙:《民主与民本:当代中国政治学的话语重构》,《天府新论》2015年第 6 期,第 55—65 页;杨光斌:《民主的价值模式与实践模式》,中国人民大学报刊复印资料《政治学》2015 年第 8 期。

② 王绍光:《代议制民主与代表型民主》,《开放时代》2014 年第 2 期。

③ 王绍光:《超越"代议制"的民主四轮驱动》,《社会观察》2012 年第 8 期,第 20—24 页。

④ 王绍光:《中式政道思维还是西式政体思维》,《人民论坛》2012 年第 12 期,第 64—66 页。

⑤ 房宁:《亚洲政治发展比较研究的理论性发现》,《中国社会科学》2014 年第 2 期,第 62—78 页。

⑥ 比如,作者本人的《制度变迁与国家治理:中国政治发展的理论与经验研究》,人民出版社 2006 年版;杨光斌、郑伟铭:《国家形态与国家治理:苏联—俄罗斯转型的经验研究》,《中国社会科学》2007 年第 4 期,第 31—44 页。

⑦ 徐湘林:《转型危机与国家治理:中国的经验》,《经济社会体制比较》2010 年第 5 期,第 1—14页;徐湘林:《中国的转型危机与国家治理:历史比较的视角》,《复旦政治学评论》2011 年第 1 期。

有机结合。因此，在马克思主义国家理论话语体系中，'治理'是社会主义国家政治统治与政治管理的有机结合"。同时提醒我们，对国家治理的认识需要注意避免两种认识偏差：一是不可简单运用西方"治理"概念来套我国全面深化改革的目标；二是不可简单认为"治理"概念只是西方当代政治理论和管理理论的专利。[1]在中国的传统语境中，政治统治一直都是治理的前提。因此笔者提出，国家治理体系的核心是处理好国家各项权力之间的关系，具体而言，就是要认识并在战略上把握经济权力、军事权力、意识形态权力和政治权力的关系；在此基础上笔者提出了"关于国家治理能力的一般理论"，笔者把国家治理能力分为体制吸纳力、制度整合力和政策执行力三个方面，这是一种基于比较政治研究而建构的具有去价值化、系统性、层次性、非对称性等特点的治理理论。[2]目前，中国的治理研究已呈现规模化的发展趋势，国内很多大学都成立了以"国家治理"为主题的研究机构，比如北京大学、人民大学、清华大学、华中科技大学等都设立了国家治理研究中心或者研究院，并出版了《国家治理研究》书刊。[3]

当前的建制性政治理论探索是以中国的历史与实践经验为出发点的思想活动，是在与"拿来主义"思潮的对话中逐渐发展起来的思想运动，因此也可以说是当代中国走向"政治成熟"的一个象征。也许有人会说，建制性理论必然会为现实政治辩护。对于此种论调，笔者想说的是，如果一个国家的主流政治理论和政治精英对本国已经取得巨大治理成就并且仍然在持续向好的政体都持否定态度，非要削足适履一般走上早已有无数血的教训的以西式民主为目标的转型道路，除了疯狂与自卑，笔者不知道还可以怎样描述这样的情景。在过去30年中，很多国家的精英阶层误将凭空建构起来的概念与判断当作政治信念，结果导致本国陷入无效的治理并最终掉进危机的深渊。近30年的世界政治已经证明，中国的经验乃是具有世界历史意义的巨大贡献，中国的制度与实践正受到来自世界各国越来越多的羡慕与嫉妒。

当前建制性理论探索中的核心问题毫无疑问是中国道路或者"中国模式"问

① 王浦劬：《全面准确深入把握全面深化改革的总目标》，《中国高校社会科学》2014 年第 1 期，第4—18 页。

② 杨光斌：《关于国家治理能力的一般理论》，《教学与研究》2017 年第 1 期，第 3—22 页。

③ 杨光斌主编：《国家治理研究》（半年刊），中国社会科学出版社。

题。21 世纪初，伴随着"北京共识"，一批中国学者开始提出"中国模式"命题,[1] 有学者认为中国模式的核心就是混合型的民主集中制政体，将近百年的民主集中制原则和制度，历经革命时期的 1.0 版，新中国前 30 年的 2.0 版和改革开放以来的 3.0 版，民主和集中之间正在趋于均衡。[2]

2. 以"治理"研究为核心的中国政治学

治理研究热潮。如前所述，治理研究一直是中国政治学的重要组成部分，近年来已经迅速形成热潮。就治理、国家治理、政府治理、地方治理、社会治理、基层治理等关键词而言，有关治理的论文数量堪比民主的论文数量（参见表 3 数据），足见"民主"和"治理"是这个时代的最强音。

表3　　　　　　　　　　1990—2015 年国内学术期刊的

论文发表主题　　　　　　　　　　（单位：篇）

	1990—1995 年	1996—2000 年	2001—2005 年	2006—2010 年	2011—2015 年	合计
治理	2731	4364	13159	37329	76301	133884
国家治理	14	34	288	635	8873	9844
政府治理	3	23	481	1755	3530	5792
社会治理	10	24	357	1582	10709	12682
地方治理	4	5	79	460	1002	1550
基层治理	0	5	54	527	3265	3851

注：检索来源：中国知网学术期刊数据库 http：//kns. cnki. net；检索方法：主题检索（发表时间 = 1990 年 1 月 1 日至 2015 年 12 月 31 日；专辑导航 = 社会科学 I 辑、社会科学 II 辑）；检索时间：2017 年 6 月 26 日。

表 3 的数据告诉我们，治理理论自引进国内学术界以来，相关的研究论文以每五年翻一番的速度稳步增长；国家治理于 2013 年十八届三中全会以后迎来研究

① 潘维：《中国模式：解读人民共和国的 60 年》，中央编译出版社 2009 年版；张维为：《中国模式的几点概括》，《人民论坛》2008 年第 24 期，第 22 页；丁学良：《争论中国模式》，社会科学文献出版社 2011 年版；郑永年：《中国模式：经验与困局》，浙江人民出版社 2011 年版。

② 杨光斌、乔哲青：《作为中国模式核心的民主集中制政体》，《政治学研究》2015 年第 6 期，第 3—19 页。

高峰。以"国家治理"为主题词的论文，2013 年有 545 篇，2014 年突然猛增至 3780 篇，这个数字是 1990—2010 年 20 年间发表篇数总和的三倍还多。与之类似，社会治理也在 2013 年后迎来研究波峰（十八届三中全会公报首次用"社会治理"替代以往的"社会管理"），以"社会治理"为主题词的论文，2013 年有 709 篇，2014 年突然猛增至 3782 篇，这个数字是 1990—2010 年 20 年间发表篇数总和的两倍还多。政府治理、基层治理、地方治理稳步增长，变化幅度平缓。

国家建设的理论与政策成果。国家治理必然发生在明确的权威秩序之中，因此国家治理研究的前提是国家建设。首先看有关国家建构模式的社会科学理论。在学科归类上，国家建设研究属于历史社会学。西方历史社会学依据主要国家的建构进程，分别得出了社会中心主义和国家中心主义的社会科学脉络。但是，这两种路径都无法解释中国的案例，因为辛亥革命之后的"国家"陷入了碎片化，是政党完成了国家的重新组织，因此在国家建构理论范式中应当有政党中心主义的一席之地。[①] 这一概念目前已经在中共党史研究与比较政治研究中得到广泛的认可与应用。

其次看国家建设的"结构—时序论"。流行的国家理论几乎都以国家—社会的二分法为基本前提，其中的"国家"很明确，但"社会"是谁却并不清楚。市值几万亿元的阿里巴巴和卖烧饼的个体商户能是一个社会属性吗？将巨型资本划归"社会"，只会为其影响甚至绑架国家和欺负社会大众提供便利。曾毅认为，现代国家的基本结构是"政治权力—资本权力—社会权力"的三维结构。[②] 并且，三者之间的关系是"时间性"的，即先有作为国家权力的政治权力，然后是政治权力所保护的资本权力的诞生，最后则是社会权力；即使在社会权力的关系中，其中的个人基础性权利比如财产权和人身权、以选举为标志的政治权利和以社会保障为核心的社会权利，三者也不可能同时到来，在早发国家和后发国家的组合秩序也有巨大差异，但受制于早发国家的后发国家，往往容易受到早发国家的组合秩序的影响，因此而招致现代国家建设的困扰。[③] 这是比较政治研究的发现，也是

① 杨光斌：《制度变迁的路径及其社会科学价值：社会中心论·国家中心论·政党中心论》，参见杨光斌《政治变迁中的国家与制度》，中央编译出版社 2011 年版，第 182—243 页。

② 曾毅：《现代国家建构理论：从二维到三维》，《复旦学报》2014 年第 6 期，第 161—169 页。

③ 曾毅：《"现代国家"的含义及其建构中的内在张力》，《中国人民大学学报》2012 年第 3 期，第 119—126 页。

西方政治思想史研究的成果。中国学界关于国家建设的结构维度和时间性维度的复杂性认识，并不逊色于流行的西方人所谓的秩序论，诸如福山所谓的"强国家—法治—民主问责"。

在事关国家建设的政治权力关系研究中，最具政策性意义的当数胡鞍钢与王绍光的《中国国家能力报告》，① 这项研究重塑了中国的财税体制，这乃是中央—地方关系的命门。在当时民主化几乎压倒一切的语境中，在"去国家化"的国际社会科学潮流中，呼唤政府能力，实属一股清流。②

政府治理研究。国家治理的核心是政府治理，政府治理主要包括政府自身结构的合理性、政府职能的转变与优化、政策过程的科学化、政府产业政策的科学性。首先，关于政府类型即权能类型的判定上，中国政府从 20 世纪 90 年代的"企业型政府"被重新定位为"服务型政府"，这是行政管理学的贡献。但是，"服务型政府"在实践中混淆，甚至搅乱了国家权力与市场的关系，卖馒头、卖肉夹馍都要政府颁发的"资格证书"，"服务型政府"显然无力解决无处不在的政府之手问题。为此，鉴于十八届三中全会的改革决定，有学者提出了"有能力的有限政府"概念：国家有能力、权力有边界、权力受约束。③

作为国家性政策研究部门的中国社会科学院政治学研究所，以房宁为主的研究团队长期以来专注于政府需求供给，进行了系统的社会调查，建立了若干调研基地，该团队的研究报告为国家决策提供了重要参考。可以想见，政治学所在政府治理上的研究是全方位的。

在政策过程研究上，中国政治学正在通过案例研究逐渐揭开决策过程之谜。理解决策过程是理解一个国家政体性质的关键，而理解决策过程的前提是理解决策体制。周光辉认为，改革开放后，决策体制的改革呈现出的基本趋势是：从个人决策向民主决策、从经验决策向科学决策、从决策组织高度集中向决策组织结构分化、从封闭式决策向开放式决策、从被动参与决策向自主参与决策、从决策非制度化向决策制度化的转变。这一转变使得中国政府能够成功应对中国由经济

---

① 胡鞍钢、王绍光：《中国国家能力报告》，辽宁人民出版社 1993 年版。
② 王绍光：《有效政府与民主》，《战略与管理》2002 年第 6 期，第 89—101 页。
③ 杨光斌：《一份建设"有能力的有限政府"的政治改革清单——如何理解"国家治理体系和治理能力现代化"》，《行政科学论坛》2014 年第 1 期，第 33—36 页。

和社会迅速变迁所带来的各种挑战。① 王绍光和樊鹏基于对医疗体制改革和"十三五"规划的制定过程研究指出，中国的决策过程是一种充分的"共识型决策"。② 杨光斌检视国家决策、部门决策、地方决策，发现中国的决策过程属于"共识型民主"。③ 马骏开创了"预算政治学"的新领域，打开了预算政治过程，尤其是省级预算政治的"黑箱"。④ 这无疑有助于推动中国预算民主化，而政治过程的民主即行政民主，是民主政治的关键一环。

在中国政府权能研究上，朱光磊及其团队，取得一系列具有明确政策价值的研究成果。其"大部门体制不能包治百病"，应该说是给一度盛行的大部门制改革的一种清醒剂;⑤ 其"官民比"即公务员占人口的合理比例研究（合理比例为1%）准确指出，中国的问题不是公务员规模问题，而是公务员体制内部功能和结构的问题;⑥ 在政府职能上，朱光磊提出，应突出政府的管理和服务职能，并对政治行为做"社会化处理"，这不是一般性的调整策略，而应当内化为中国最基本的执政理念并完成具有战略眼光的整体设计，最终体现在政府工作的各个方面。⑦

在政府的特定政策研究领域，北京大学堪称是独领风骚。王浦劬主编的"国家治理研究丛书"集中了各个领域的政策研究成果，如行政信访问题、户籍制度改革、流域水污染治理、义务教育等。在产业政策研究上，最具政策意义的成果无疑是路风关于高铁、大飞机项目的成功与汽车市场的失败的研究。⑧ 这些有关具体政策的扎实研究，对理解中国道路，尤其是中国模式都大有助益。

地方治理与社会治理研究。中国的"地方"是一个模糊的概念，它既可以指中央以下的所有层级的地方政府，也可以指省政府之下到乡级的范围（管县区市

---

① 周光辉：《当代中国决策体制的形成与变革》，《中国社会科学》2011 年第 3 期，第 101—120 页。

② 王绍光、樊鹏：《中国式共识型决策："开门"与"磨合"》，中国人民大学出版社 2013 年版。

③ 杨光斌：《中国决策过程中的共识型民主》，《社会科学研究》（成都）2017 年第 2 期。

④ 马骏：《中国公共预算改革》，经济科学出版社 2011 年版。

⑤ 朱光磊：《"大部门体制"不能包治百病》，《理论参考》2008 年第 5 期，第 48—49 页。

⑥ 朱光磊、李利平：《公务员占人口的适当比例初议》，《中国行政管理》2008 年第 9 期，第 68—74 页。

⑦ 朱光磊、于丹：《论对政治行为的"社会化处理"》，《天津社会科学》2015 年第 1 期，第 92—98 页。

⑧ 路风：《我国大型飞机发展的战略思考》，《中国软科学》2005 年第 4 期，第 10—16 页；路风：《运10 败在中国的航空管理体制》，《中国改革》2005 年第 4 期，第 50—53 页；路风：《造中国自己的汽车》，《商务周刊》2004 年第 6 期，第 25—30 页；路风：《冲破高铁迷雾——追踪中国高铁技术核心来源》，《瞭望》2013 年第 48 期，第 30—32 页。

一县一乡），因此在中国，地方治理是一个总体性说法，它包括了城市治理和社会治理。

地方治理之社会治理。基于增量改革的说法，俞可平提出了"增量民主"，并在借鉴国外治理理论的基础上提出了"善治"概念，它的基本特征是参与、公开、透明、互动、责任、法治、合法性。① 治理的主体应该是"社会"，因此"善治"理论应该视为社会治理理论。② 据此，中央编译局研究团队推出善治的指标体系，③ 一般认为和世界银行的治理指标多有相似。在社会治理理论的基础上，俞可平、何增科推动的"地方政府创新项目"持续了 10 年，以学术界来评估地方政府的创新行为。该团队认为，头 5 年地方政府的创新冲动显著，后 5 年很多项目则不再具有创新意义。

北京大学中国国情研究中心是国内量化政治学的带头人，其长期专注于中国公民意识调查，对于社会治理和政府治理的相关研究来说，是必不可少的数据。④

地方治理之城市治理。具有特色的研究成果来自郁建兴及其团队，利用其区位优势而研究浙江省城市社区的治理模型、政府与商会（行业协会）的关系，⑤对于人们认识中国发达地区的基层政治经济关系，提供了鲜活的案例和理论启示。

基层治理与乡村治理。以徐勇及其团队为代表的乡村治理研究，已经成为"华中学派"（"华中乡土学派"）。首先，"华中学派"的贡献体现在学术研究路径和政治建设上两个方面。研究路径方面，该团队从 20 世纪 90 年代初开始的农村问题研究，推动了中国政治学自上而下的转型，"社会"从此成为中国政治学的重要研究对象。基于对农民的长期研究，徐勇提出"农民理性"概念，改变了长期以来农民保守的印象，这也成为理解"中国奇迹"的一个重要视角。⑥ 政治建设方面，基层民主治理研究的成果直接以"制宪"的形式体现出来，即基层民主

---

① 俞可平：《增量民主与善治》，社会科学文献出版社 2005 年版。
② 俞可平：《公民社会的兴起与政府善治》，《中国改革》2001 年第 6 期，第 38—39 页；俞可平等著：《中国公民社会的兴起与治理变迁》，社会科学文献出版社 2002 年版。
③ 俞可平主编：《国家治理评估：中国与世界》，中央编译出版社 2009 年版。
④ 沈明明等著：《中国公民意识调查数据报告（2008）》，社会科学文献出版社 2009 年版。
⑤ 郁建兴：《让社会运转起来：宁波市海曙区社会建设研究》，中国人民大学出版社 2011 年版；郁建兴、宋晓清：《商会组织治理的新分析框架及其运用》，《中国行政管理》2009 年第 4 期，第 59—64 页。
⑥ 徐勇：《农民理性的扩张："中国奇迹"的创造主体分析——对既有理论的挑战及新的分析进路的提出》，《中国社会科学》2010 年第 1 期，第 103—118 页。

成为宪法规定的我国基本制度，与共产党领导下的多党合作制度、民族区域自治制度并列为中国基本政治制度。其次，"华中学派"对土地私有化的态度是鲜明的，这是基于历史分析而得出的政治性结论。最后，对于土地确权制度的改革，"华中学派"的发现是，在珠三角地区，以土地入股而组成的股份公司，事实上变成了势力强大的利益集团，坐地起价而阻碍了城市化进程，并导致"乌坎事件"的发生。① 可以说，在中国政治学界，要真正理解农村，都需要借助"华中学派"的研究成果。

中共研究与国家治理。在中国所有层次和领域的国家治理中，中国共产党都是不可能绕开的核心研究对象。因此，在研究路径上，过去流行的"国家—社会"二分法应当由"政党—国家—社会"三分法所取代。在笔乾看来，由于中国是党治国家或者党政同构，三分法还只是一种说法或者主张，这种路径很难取得突破性进展。关于中国共产党的性质，官方已有革命党向执政党转型的表述，陈明明则提出了"革命党—统治党—执政党"的三阶段划分法，② 这些是对中国共产党的学理分析。鉴于苏共的教训，在相当长时间内学习苏联模式的中共也一度被认为有可能重蹈覆辙，因此不少研究者开始推动所谓的"转型"研究。中国共产党的诞生与发展壮大离不开由列宁创建并领导的第三国际，它们之间的共性毋庸置疑；但是，即使是同一属性的政党也无法脱离各自的历史与文化背景，因此它们之间必定存在差异。差异性应当成为研究的重点方面。在潘维看来，共产党最根本的特点是"人民性"，实现它的根本之道是去科层化，让党组织回到人民中去，为人民办好各种"小事"，而科层化的党组织专长是"办大事"。③ 我们不但无法按照西方政党理论来看待中共，甚至既有的马克思主义政党理论也难以解释中国共产党的特殊性，这就需要中国政治学界"解放思想"并重新认识中共的属性及其与国家的关系，否则就很难理解中国治理成就的内在机制。前文提到的"政党中心主义"就是关于这一议题的一个重要的阶段性成果。

3. 小结：作为建制性力量的中国政治学

---

① 贺雪峰：《农村集体产权制度改革与乌坎事件的教训》，《行政论坛》2017 年第 3 期，第 12—17 页。

② 陈明明：《"革命""统治"与"执政"：旧话重提——关于政党变革的两个命题的讨论》，《社会科学研究》2011 年第 4 期，第 5—12 页。

③ 潘维：《中国共产党的民本"新路"》，《人民论坛·学术前沿》2012 年第 2 期，第 66—73 页；潘维：《信仰人民：中国共产党与中国政治传统》，中国人民大学出版社 2017 年版。

仅仅在国家治理的光谱上检视中国政治学，我们发现中国政治学已经是国家政治建设的一支非常重要的力量，主流研究是建制性的，而不是传说中的或印象中的所谓的"反体制"。这是一个值得重视的"发现"，政学之间本来也应当形成良好的互动关系与相互信任，没有这样的关系，执政队伍建设和学科建设都会受到损害。笔者个人认为，中国政治学应该发挥更大的建制性作用，在这方面可以学习一点美国同行的做法，学者们能够大致尊重有关的研究范式，① 比如以国家治理为核心的研究取向；同时，要弄清作为政治学知识来源的特定社会的性质，这是推动国家治理研究的前提与基础。

五　余论：研究真实的"社会"，建构　可用的治理理论

概念和观念是人们认识世界的路线图，某种意义上，人类文明的图景是概念拼图或者观念链接的结果。但是，很多理论来自地方经验，往往由于国家的强大才得以普遍化。这样的理论并不一定是放之四海而皆准的真理。就此而言，要更好地推进国家治理研究，就应当重新正视"文明"问题，而文明的基本构成是语言、宗教和社会性质。就与本题关系而言，"社会性质"是可以把握的变量。必须重新认识各种"社会"的性质，因为在流行的国家—社会关系理论中，"国家是必要的恶"就意味着国家是天然的坏，"社会"则是天然的好，"公民社会"更是好之又好。然而讽刺的是，在思想家们说国家是"恶"的工业革命时期，国家正在保护弱者，侵害社会的恰恰是社会中的资本权力，没有国家保护，农民和底层阶级的处境只会更加不堪。社会自治（即林肯所说的"民有民治民享"）完全是农业社会的命题，这也是中国自古以来皇权不下县的"民治"的农业社会形态。到工业社会，这个"民治"已经演化为"资本权力的统治"，它甚至能主宰国家权力。很多人不问语境，不问概念的"时间性"和"地方性"，直接把"好社会坏国家"当作前提拿来就用，这至少是不够严谨的。比较研究发现，有好社会，

---

① 政治学是一门观念性很强的学科，因此学科内部的争议和分歧自然很大。戴维·杜鲁门在1964年就任美国政治学会主席时指出，让我们放弃分歧，和经济学界共同遵循理性选择主义一样，政治学界也要遵循共同的研究范式，以推动政治学学科的滚滚向前。他们确实做到了，那就是结构—功能主义范式在美国政治学界长达20年的主导性地位。

也有坏社会，不同国家的社会，其性质差异巨大，因此，基于某种抽象建构的社会（如"公民社会"）而制造出的理论是不能被直接拿来当作"天条"的，更不能拿去指导国家建设、国家治理和处理国家与社会之间关系，那样做必然带来南辕北辙的结果。

我在写《发现"社会"，建构能治理的治理理论》过程中发现，整个世界范围内，基于社会平等的社会自治（即所谓的公民社会）已经非常罕见，美国社会早已变成典型的利益集团社会，其政体必然早已变成寡头性质；南美被亨廷顿总结为的"普力夺社会"；非洲则是米格代尔所说的"强社会"；印度仍然是种姓社会；大中东是伊斯兰社会……在这些"社会"中直接使用基于公民社会假设的治理方案，即主张个人中心主义或社会中心主义，能有什么好结果？自治是谁治？它如何不变成不受制约的特权呢？这与"公民社会"的基本假设能相符吗？

在上述诸社会类型中，伊斯兰社会以平等化为特征，但却显然与公民社会无关。其他社会本身就意味着不平等，而平等是公民社会存在的基础，不平等社会中的各类社团，与其说是公民组织，不如说是各共同体历史上都存在的各类社会组织，在欧洲这是有千年传统的法团组织，它们显然不是所谓的公民社会。美国的利益集团社会以及由此而产生的国家—社会关系，属于他们自己所说的"社会统合主义"（其实哪里能统合得起来？能统合就不会出现"否决型政体"），普力夺社会、强社会和种姓社会，当然不属于所谓的"国家统合主义"，因为国家根本组织不起来，这种现象可称之为"社会分利主义"，这样的社会形态与公民社会有什么关系？有趣的是，伊斯兰社会是以平等为特征，但却不是西方人所说的相互妥协相互尊重的"公民共同体"，反而有些不妥协乃至极端化的倾向。所以，把凿空生造的公民社会理论（即治理理论）运用于非西方国家的形形色色的社会，这些国家还能得到有效治理吗？这些国家的"社会分利主义"已经使得"国将不国"，如果再强化这些团体，只能是以好概念（"公民社会"）的名义，行了坏政治（"私民社会"）之实，这只会使他们获得更多对抗国家的力量，而国家则更加碎片化，这就是第二次世界大战以来包括治理理论在内的各种发展理论完全失效的根本原因。不仅如此，在历史上，发达的公民团体也曾为法西斯主义的产生提供了条件，法西斯意大利和纳粹德国的产生都来源于活跃的社团组织。这就意味着，即使在西方社会，社团组织也具有两面性，它既能促进民主发展，也能产生反民主的结果。社团组织应当被看作一个中立的、可好可坏的政治变量（因变量），其发挥积极或消极作用要视政治环境而定。① 这无疑是一个令人沮丧的发现，但却是真实的历史存在。

因此，我们认为，基于对社会性质的认识，社团组织并不是"自变量"，社会性质本身才是一个难以改变的"自变量"——社会性质决定了社团主义并不总能等同于公民社会。这并不是不鼓励研究社会自治并推进社会自治，而是说无论如何必须首先认识特定社会的根本属性，再强大的力量都不可能将社会塑造成想要的模样；一旦出现"自治"不当引发的混乱局面，唯一能解决问题的始终是国家，而不是所谓的"公民社会"。因此我们更需要的是能提升国家治理能力的理论。②

中国正在推动"一带一路"建设，其中最大的问题就是以"社会分利主义"为主要特征的社会带来的问题，比如中国高铁项目（雅加达—万隆）搁浅，原因在于土地私有制、地方势力之间的恶斗和碎片化的政府权力，这使得印尼中央政府没有任何办法，只能坐视总统佐科的基础建设计划付诸东流。③ 不研究非西方国家的社会性质就无法制定相应的应对措施，我们的"一带一路"倡议就难以顺利推动。可见，研究作为社会制度基础的社会性质，不仅是国家治理理论的需要，更是全球治理的战略性任务。政治学是治国理政之学，不加分析地滥用"好概念"，不仅浪费了学术资源，更直接导致政治性危害，危害国家治理乃至全球治理。

---

① Heri Berman, "Civil Society and the Collapse of the The Weima Republic", *World Politics* 49, （April 1997）, 401 – 29.

② 参见杨光斌《关于国家治理能力的一般理论》，《教学与研究》2017 年第 1 期，第 3—22 页。

③ 刘天中：《印尼高铁搁浅的制度分析》，硕士学位论文，中国人民大学，2017 年，杨光斌教授指导。

专题论文

波考克如何打造"公民共和主义"神话

刘小枫[*]

[内容提要] 波考克的《马基雅维利时刻》第三章是该书最为核心的理论章节，在这里，波考克试图披着亚里士多德的政治理论外衣来证明他自己的"公民共和主义"政治观。通过析读波考克的论述，本文揭示出，波考克的思想史研究绝非要如实复原或"记录"过去的思想，而是要致力于打造具有现实意义的激进民主政治主张。

[关键词] 马基雅维利主义　意大利人文主义　公民美德　积极生活　亚里士多德

引　言

在 2003 年的《马基雅维利时刻》重版"跋"记中，[①] 波考克预告了他正在撰写部头更大的史书，以"罗马帝国的衰亡"为主题赶超吉本。据说，史学撰述（historiography）作为"宏大历史叙事的建构"（the construction of grand historical narratives）不外乎"采用两种截然不同的路径：一是解释共和国如何变成了帝国；

---

* 刘小枫，中国人民大学文学院教授，古典文明中心主任，博士生导师，主要从事古典诗学和政治哲学研究。

① 波考克：《马基雅维利时刻：佛罗伦萨政治思想和大西洋共和主义传统》，冯克利、傅乾译，译林出版社 2013 年版（以下凡引此书简称《时刻》，并随文注页码）。

二是坚持'自由权'（libertas）和'治权'（imperium）既不可分割，又相互破坏"。① 波考克清楚告诉我们，这两种叙述其实反映了互不相容的"两种自由观"——"大体类似于伯林划分出的'消极'和'积极'自由两极"（《时刻》，第588页）。言下之意，针对种种妨碍公民共和主义理想的"宏大历史叙事"，波考克必须为自己所信奉的激进政治信念提供取而代之的"宏大历史叙事"。由此来看，如果我们被波考克或斯金纳所讲述的他们"觉得值得讲述的历史"迷住，以为如此学富五车的学问实在了不起，那只能表明我们自己缺乏起码的学术辨识力。

一 "每个公民"取代德智超群的贤人

在民主的多元语境中，是否选择跟随剑桥学派，属于学人自己的"德性与机运的巧合"问题，从而给每个学人带来"认识自己"的历史机遇。在此我们仅仅需要考察：《马基雅维利时刻》在头两章拒斥"古典传统"之后，如何在接下来的第三章直接阐述共和主义"公民理想"（the ideal of the citizen）。波考克将让我们看到，他的思想史研究绝非要如实复原或"记录"过去的思想，而是要致力于打造具有现实意义的政治主张。与同时代的政治思想的弄潮儿不同，波考克不是径直凭靠某种现代的哲学或社会理论来立论，而是要像意大利文艺复兴时期的"人文主义者"那样，"用当代的语言重述古人和先辈的思想，借以发现他们在当代问题上的主张"。

第三章的实际标题是"积极生活和公民生活"，它暗示古典政治哲学无法为人类提供"积极生活和公民生活"。波考克以这样的句子开始这一章：

> 公民理想意味着一种有关政治知识及行动模式的观点，它完全不同于我们前面所论述的经院学派—习俗的框架中隐含之义。（第53页）

波考克对"经院学派"观念模式的抨击，其实是在抨击整个西方古典传统——古希腊罗马哲学和基督教教义传统模式。因此，所谓"公民理想"不可能出现在"经院学派的框架"（the scholastic framework）中，指这种理想不可能出现在

---

① 中译本把 historiography 这个常用词译作"历史拟制"，虽然与原义差得太远，但用来表达波考克的史学观点到颇为恰切：对于波考克来说，史学撰述就是一种拟制。

西方的古典传统模式中。所谓"习俗框架"（the customary framework）则指传统式的等级社会观念，这种等级社会模式凭靠"不变的自然的永恒等级秩序"，要求每一个人"守在他的个人天性（his individual nature）为他自己在社会和精神分类中安排的位置"。波考克是否想要说：每个人的"个人天性"若有差异，那其实是传统的哲学—宗教观念和社会观念造成的，从而，传统的"社会和精神分类"（social and spiritual category）限制了每个人的"个人天性"？倘若如此，比如说，《庄子·天下篇》中的七品论按每个人的"个人天性"提出"社会和精神分类"，就属于所谓"习俗框架"。显然，这样的"社会和精神分类"必然会限制"公民理想"。按照这两种传统的"分类"模式，每个人所运用的"经验"，体现的仅仅是"传统行为久远的连续性，而且只允许他维持这种连续性"。由于这两种"分类"模式使得每个人缺乏"积极生活"态度，因此，"一个传统社会"（a traditional society）中的每个人只能称为"居民"（the inhabitant），不能称为"公民"。幸好，"有时不期而至的特殊事件之流"，会使得个人"面对十分独特的问题"，无论是演绎逻辑还是习传经验即传统，都使得个人无法解决自己面对的"十分独特的问题"。在这样的时刻，也"只有在这种时刻"，个人才被迫成了"一个决策动物"（《时刻》，第53页）。

波考克在第三章开篇就让自己成了一个当代现实中的政治思想家，而非忠实"记录"思想史"史实"的史学家，不足为奇。让人惊诧的是，波考克在前面反驳古典传统时，提供的史例是波厄修斯这个既热爱智慧又有政治抱负的才智之士，而非随便哪个常人——在这里，他调换了主词：起初用含混的"个人"（the individual）、后来明确用"每个公民"（every citizen）替换了有独特天赋和德性的波厄修斯（《时刻》，第71页）。我们难道不应该问："每个公民"个个天生就有波厄修斯那样的独特天赋和好智德性？如果没有，那么，"每个公民"会面临波厄修斯必须面对的那类"十分独特的问题"吗？

波考克没有问这样的问题，而是径直引出如下共和主义论述：

> 与自己的同胞一起不断参与公共决策的公民，肯定拥有一种知识储备，使他能够超越等级制度和传统的知识，使他有理由依靠自己及其同胞的能力去理解和回应发生在他们中间的事情。在永恒秩序的一个角落遵循习俗生活的共同体，并不是一个公民的共和国。假如他们坚信传统是对偶然事件的挑战做出的

唯一恰当的回应，他们就不会运用他们集体的积极决策的力量；假如他们认为审慎是少数决策者对外部独特问题的回应，他们就会偏向于接受君主的"一人掌舵"；假如他们认为普遍的等级制度是一切价值之所在，他们就不会有意为此而结合成一个独立的决策者主权团体。公民必须有一种知识理论，让他们能够在公共事件的公共决策上享有很大自由。（《时刻》，第53—54页）

这是波考克在书中第一次对"大西洋共和主义"作理论性表述，他让我们看到，所谓"大西洋共和主义"其实就是我们耳熟能详的大众民主信仰：拒绝"一人掌舵"的君主制，拒绝"普遍的等级制度"，公民个体是"独立的决策者主权团体"，等等。波考克希望我们看到，他的公民共和主义论与当今占支配地位的自由主义共和论有所不同，这体现为如下三个要点。第一，波考克不是强调每个人拥有诸如"自我保存"或私有财产之类的"自然权利"，而是强调参政决策的"自然权利"，这就有可能摆脱自由主义共和论以低俗的人性本能为前提的缺陷。毕竟，参政决策的自然权利与保存自我性命的自然权利相比，至少听起来要高尚得多。第二，波考克不是首先强调含混的"个人自由"，而是具体强调每个公民有参与公共事务的平等权利的自由——积极自由。第三，波考克强调，"每个公民"都有自己的政治"知识储备"，无须依赖传统政治哲学所谓少数优异者的"美德"（比如"审慎"），这让我们得以理解，波考克为何会用"每个公民"的概念理所当然地替换波厄修斯这个德智超群的贤人。

对波考克来说，以往的自由主义共和论的重大缺陷是，从"自然状态"假设得出自私的"自然权利"和"个人自由"观念。的确，一个人若一心想着个人性命的"自我保存"或自己的私有财产，那可算不上有"美德"。美国的立国原则若是基于这种"自然权利"和"个人自由"，如施特劳斯在《自然正确与历史》中论证的那样，那么，美国的立国原则就有天生的道德痼疾。波考克的"大西洋共和主义传统"提法企望纠正自由主义共和论的道德缺陷：与其说民主政制的美德是"个人自由"和"自然权利"，不如说是"共和美德"，即公民"在公共事件的公共决策上享有很大自由"。这样一来，我们就没有理由说，自由民主政制有什么道德缺陷，也没有理由谈论古典的政治观念在今天的价值。

在头两章揭示传统的"永恒秩序"哲学的缺陷时，波考克已经同时铺设了另一条论证线索："永恒秩序"哲学不仅排除特殊和偶然的历史现象，还推崇这样一种

"统治哲学",即要么德智超群的个人(君王)施行统治,要么"由经验、由漫长的习惯和当时的审慎来形成"的法律施行统治。凭靠一位现代的政治思想史学者对福特斯库晚年写的那本小书的解释,而非凭靠柏拉图本人的作品,波考克说,柏拉图在《理想国》中提出的问题是:"城邦应该受法律的统治,还是应当受理想的统治者不受约束的智慧的统治。"柏拉图"决定赞成哲人王不受限制的权威",因为,哲人"既能直觉地把握他所看到的普遍,同时又能直觉地把握每个特殊案件的本质特定"。换言之,柏拉图的哲人王用来把握特殊事物的"普遍",要么是纯粹形式的"理式",要么是"一系列从经验中归纳出来的通则"。比如在《法义》中,柏拉图认为,哲人王"应该让他的决定服从法律的约束,因为这些通则能够建立在比他一个人的理智可能提供得更广泛的基础上"(《时刻》,第20—22页)。

波考克仅仅凭靠一位现代的思想史学者对柏拉图—亚里士多德的解释,就以为自己已经驳倒古典政治哲学,这样的做法是否有效,或者说从学问上讲是否踏实,姑且存而不论,以免我们陷入三流论争。重要的是,波考克的辩驳直接指向了古典传统的"统治哲学"的两个要点:既信靠"一位智力大大高于常人的哲学家",也信靠作为"习俗"的法律。毕竟,"习俗"作为法律是无数资质平平的众人在长期的历史经验中积累起来的聪明才智,现代保守主义理论所谓的"通过等待民众形成习惯而立法"——波考克在此引证了柏克(《时刻》,第24—25页)。为了证明人人参政决策的公民共和主义式"美德",波考克提出了这样的反驳性论点:无论"一人掌舵"的统治,还是"习俗"的法律统治,都仅仅涉及统治秩序的"管理","而非法律的创立"(《时刻》,第30页)。因此,真正的"立法"行为还需要一种共和理论:

> 在国王或人类共同体能够完全主张实在法的立法权力之前,必须先有一种理论,它赋予人们在世俗历史领域创设新秩序的能力。(《时刻》,第32页)

如果说霍布斯—洛克的"自然状态"赋予了人们"创设新秩序的能力",那么,波考克则让"世俗历史领域"取代"自然状态"来赋予人们这种能力。我们知道,在西方近代思想史上,维科和赫尔德曾不约而同先后致力于用"世俗历史领域"抵制"自然状态"假设,从而开启了历史主义思路。尽管如此,维科和赫尔德并没有因此排除古典传统的"永恒视野":维科不仅是坚定的天主教信徒,还是个新柏拉图主义者；赫尔德则是新教神学家、牧师。从而，他们的"世俗历史领域"论证与霍布斯—洛克的新自然法学说的轩轾，并非在于是否排除"永恒视野"，而在于如何看待"永恒视野"以及"创设新秩序的能力"所凭靠的基础。换言之，这个基础要么是新形而上学所设立的自然状态，要么是人类诸民族的自然历史。沃格林在谈到维科所继承的意大利人文主义"语文学"传统时已经指出，对于维科来说，

> 思考性的、笛卡尔式的方法得出的是有关人的错误构想，它把人看作理性的存在者，这个存在者通过契约进入社会。把我们这个时代思考性的符号化过程投入过去，通过这种方式我们不可能理解历史。相反，我们应该求助于历史，把历史作为符号化表述的领域，在这里，我们能直接了解到人类思维中未经思考的本质。①

以维科的历史思想作为史学案例，我们可以体会到，思想史上的具体问题错综复杂。严格来讲，历史主义的真正鼻祖是马基雅维利，以至于沃格林以及迈内克（又译梅尼克）这样的思想史大师都认为，维科的思路承接马基雅维利。② 可是，马基雅维利排除"永恒视野"，维科则保留"永恒视野"。维科甚至慧眼独到地把霍布斯和马基雅维利都视为伊壁鸠鲁的门徒，因为他们都追随相信"偶然机运（caso）"的伊壁鸠鲁。③ 这个例子让我们看到，由于受激进民主政治信念支配，波考克的思想史视角其实相当狭窄。他在强调回到"马基雅维利时刻"的历史主义时，同时强调排除"普遍秩序和特殊传统的认识论"对"公共生活"的限制，旨在跳过霍布斯—洛克基于"自然状态"强调"个人自由"的自然权利论，以彰显激进民主的共和主义式"公民美德"。不仅如此，波考克还说："马基雅维利时刻"标志着"摆脱"受"普遍秩序和特殊传统的认识论"限制的"历史"，但它

---

① 沃格林：《革命与新科学》，谢华育译，华东师范大学出版社 2009 年版，第 109—110 页。维科阻击霍布斯政治哲学的基础——笛卡尔的科学主义，凭靠的是新柏拉图主义，即"使用笛卡尔主义介入之前已经提出的知识工具，以解决新的问题"。沃格林同书，第 115—117 页。

② 迈内克：《马基雅维利主义》，时殷弘译，商务印书馆 2008 年版，第 180、370 页；维科与波考克所谓的"马基雅维利时刻"的关系，参见沃格林《革命与新科学》，前揭，第 92—93 页。

③ 维科：《新科学》，朱光潜译，商务印书馆 1986 年版，第 574 页，亦参见第 6 页；维科指责霍布斯的自然状态论，见第 97、139、270 页。

"只是部分地摆脱"了这些限制（《时刻》，第 54 页）。这就为后来他要论述的英国共和革命时期的"哈灵顿时刻"埋下了线索，并最终引出"大西洋共和传统"的政治思想谱系。

公民共和主义是一种政治观念，历史主义则是一种哲学观念，波考克在这里让我们看到，这两种"主义"何其紧密地连在一起。为了更好地理解这一点，我们值得回想一下，早于波考克半个世纪之前，思想史大家迈内克如何看待马基雅维利式政治观念与历史主义兴起的关系。

魏玛德国初期（1924 年），迈内克完成了名为《国家理由观念》的大著，三十多年后译成英文时（1957 年），书名改作《马基雅维利主义》。这种意译未必不恰切，毕竟，德意志地区的统一和德国作为帝国的崛起，需要马基雅维利式的"国家理由"，迈内克撰写这部大著，意在为这一观念提供思想史证明：意大利、英格兰或法兰西崛起为"强权国家"，不都凭靠这种观念吗？然而，马基雅维利式的"国家理由"政治论明显违背欧洲的传统政治道德，为了名正言顺地倡导这种新政治观念，就需要用历史的经验事实来扫清思想道路，并为之提供哲学支撑。因此，马基雅维利在建立其只看重实际的政治理论时，已经同时发展出历史主义原则。换言之，为了让"国家理由"政治论摆脱道德指控，就得有历史主义的哲学观垫底。于是，在德意志第三帝国初期（1936），迈内克出版了同样是大部头的《历史主义的兴起》，为德意志的崛起需要"历史主义"提供思想史证明：18—19 世纪的德意志学界兴起强大的"历史主义"思潮，因为，德意志的统一和成为英法那样的"强权国家"，需要这样的"历史意识"——否则，俾斯麦怎么可能出现或受到称赞呢。①

可是，马基雅维利式的"国家理由"政治论始终没有摆脱"邪恶教诲"的谴责。就我们眼下关切的问题来说，最值得注意的是启蒙时代的普鲁士君王弗里德里希二世（Friedrich II von Preußen，1712—1786）提出的谴责。这位君王取得的历史事功相当惊人，以至于康德也愿意把启蒙时代称为 Jahrhundert Friedrichs（弗里德里希世纪）。在内政方面，他推行全方位改革，剪除封建势力，推行中央集权式的绝对王权制；对外则积极用兵，拓展普鲁士王国的生存空间（西里西亚战争）。尤其是以普鲁士一小国之力独抗法俄奥三大强国的"七年战争"，弗里德里

---

① 参见梅尼克《历史主义的兴起》，陆月宏译，译林出版社 2009 年版。比较施特劳斯《关于马基雅维利的思考》，申彤译，译林出版社 2003 年版，第 267 页。亦参拙文《马基雅维利与现代哲人的品质》，见刘小枫《比较古典学发凡》，复旦大学出版社 2015 年版，第 73—85 页。

希几度险遭灭国之运。用德意志史学大师兰克的话来说，凭靠堪称伟大的政治德性和天才的军事才干，弗里德里希不仅最终赢得战争，让普鲁士在德意志神圣罗马帝国内部获得了领导权，而且在欧洲也跻身大国之列，为普鲁士以强力统一德意志打下了基础。①

波考克肯定知道：弗里德里希年方 28 岁登基之前，这位黑格尔后来赞颂的"哲人王"就写下《反马基雅维利：或驳马基雅维利的君主论》（1774），送给自己私拜的哲学老师伏尔泰指教。② 弗里德里希处身特殊且偶然的历史处境，他用自己的思考表明：无论是为了摆脱列强的宰割，还是为了祖国的崛起，都未必非得接受马基雅维利式的"邪恶教诲"，即为达好的目的不择手段——尽管这并不意味着不讲究政治和军事斗争的策略和技艺。在西里西亚战争期间，弗里德里希指挥索尔战役时采用自己亲自设计的斜线式战术，创造了史上的一次经典战例。在后来的"七年战争"期间，弗里德里希再次演示斜线战法，指挥更为得心应手，展示出挥洒"大战术"的军事天才风范。③

---

① 弗里德里希的政治和军事事功，参见 C. W. Ingrao, *The Hessian Mercenary State. Ideas*, *Institutions and Reform under Federick II 1760 - 1785*, Cambridge, 1987；O. Büsch, *Military System and Social Life in Old Regime Prussia 1713 - 1807*, Atlantic Highlands, 1997；P. H. Wilson, *German Armies*: *War and German Politics 1648 - 1806*, London, 1998；Gunther Lottes 编, *Vom "Kurfürstentum" zum "Königreich der Landstriche". Brandenburg - Preußen im Zeitalter von Absolutismus und Aufklärung*, Berlin, 2003。

② Friedrich II, *L' Antimachiavel ou Réfutation du Prince du Machiavel / Der Antimachiavel oder*: *Widerlegung des Fürsten von Machiavelli*, 见《弗里德里希大王全集波茨坦版》（Die Potsdamer Ausgabe der Werke Friedrichs des Großen）卷六：*Philosophische Schriften/ Œuvres philosophiques*, Anne Baillot / Brunhilde Wehinger 编, Berlin, 2007, 第 45—259 页。

③ 西里西亚战争结束后，弗里德里希用法文写了《战争通则》（*Die General Principia vom Kriege*），总结自己的军事指挥经验，译成德文发给普鲁士将级军官，并规定不得外传。1760 年（七年战争期间），奥地利人从一位被俘的普鲁士少将那里得到此书，1762 年流传到伦敦后公开出版。见《全集波茨坦版》卷十/十一：*Militärische Schriften/ Œuvres militaires*, Bernhard Kroener 编, Berlin（编辑中）。所谓"大战术"概念是弗里德里希的发明，相当于如今军事学中的战役学。当时的欧洲军事学只有战略学和战术学之分，没有"战役"这个中间概念。弗里德里希确立的"大战役"指挥原则，如"保护自己的侧翼和后方、迂回敌人的侧翼和后方"，"始终应该注意的是敌人军队的动向"等，直接成了拿破仑的战役指挥原则。军事指挥是一门特殊艺术，与任何艺术一样，真正的艺术品质都来自天赋，很难设想会成为"每个公民的优秀品质"。弗里德里希甚至写诗讴歌《战争艺术》（*Die Kriegskunst. Gedicht/L' art de la guerre. Poème*），见《全集波茨坦版》卷七：J. Overhoff/V. de Senarclens 编, Berlin, 2012, 第 407—501 页。我国的粟裕大将从没念过弗里德里希的《战争通则》，却同样创造了好几个经典战役，一个比一个规模大，发展出一套杰出的战役学原则。参见军事科学院科研指导部编：《粟裕军事指挥艺术与现代战争理论研究》，军事科学出版社 1998 年版；寿晓松《粟裕军事指导艺术》，军事科学出版社 2007 年版。

尤其会让我们感兴趣的是：不论弗里德里希大王还是哲人、诗人甚至史书作家，就文治武功而言，哪方面都可圈可点。[①] 这样一个政治人会不会成为波考克的绊脚石，或让波考克的史学个案失效呢？[②] 毕竟，这位君王并非满脑子传统哲学观念，倒是有满脑子新派的启蒙哲学理想。可是，弗里德里希在年轻时就反感马基雅维利笔下的王公都是"一些跨于君王和平民之间的两性人似的角色"，亦即反感马基雅维利的《君主论》带有民主共和论色彩。[③] 尤其让人刮目相看的是，尽管当时非常年轻，弗里德里希却能意识到——而且是作为储君自觉意识到，马基雅维利的学说"邪恶"，必须将其"逐出世界"，以免毒害自己的灵魂。迈内克也不得不承认，在《反马基雅维利》一书中，

> （弗里德里希）将一大剂道德原则与冷静的现实主义政治家的大量异议混合起来。正是由于他自认为能在马基雅维利身上看到他他自己目前做法的恶魔般的缩影，因而有可能在他心中燃起一股正义的怒火；他必定觉得，必须用他那个时期能够提供的最有力的伦理武器来攻击马基雅维利。（《时刻》，第417—418页）

不妨想想，所有公民参与决策能够代替弗里德里希这样的天才人物的思考和道德感觉吗？笔者不禁想起斯金纳的一段妙论——他在解释马基雅维利的"公民美德"观时说，"为了卓有成效地捍卫我们的自由"，必须培育的公民美德首先是"智慧"。这指的不是"成圣贤的智慧"，而是"在军事事务上必不可少的智力品质"，比如"如何指挥战役，如何把握瞬息万变的机运"。斯金纳没有注意到，马

---

① 弗里德里希的史书类作品在《全集》中占五卷之多，他甚至亲自撰写普鲁士崛起的历史。弗里德里希对德意志民族文学和艺术批评，也有多方面贡献，见《全集波茨坦版》卷九：*Literatur – und kulturkritische Schriften/Critique littéraire et écrits sur la culture*，Manuela Böhm/Joachim Gessinger 编，Berlin（编辑中）；亦见 Friedrich der Grosse, *De la litteratur allemande*, Christoph Gutknech/Peter Kerner 编注，Hamburg 1969。研究文献参见 Brunhilde Wehinger 编，*Geist und Macht. Friedrich der Große im Kontext der europäischen Kulturgeschichte*, Berlin，2005。

② 沃格林曾将意大利半岛的政治状况与德意志的政治状况加以比较：两者走向民族国家的步伐同样迟缓，现代革命的节奏颇为相似，尽管德意志地区并没有那类在意大利相当发达的城市型国家。参见沃格林《革命与新科学》，前揭，第91—92页。关于西欧各王权国家走向民族国家时的地缘政治状况的宏观描述，参见伯克《文明的冲突：战争与欧洲国家体制的形成》，王晋新译。上海三联书店2006年版，第124—151页。

③ 参见迈内克《马基雅维利主义》，前揭，第398—401页。

基雅维利说到的是"最伟大的军事统帅",而他谈论的是所有公民的"智慧"。他甚至说,"如果公民想要充当警觉的自由卫士",就得具备"老练的政治家的处事智慧或审慎"。因为,"所有渴望参与统治以维护共同体自由的公民,必须是深谋远虑之士"。① 斯金纳真的相信,每个英国公民或美国公民都能成为拥有"处事智慧或审慎"的"深谋远虑之士"? 如果他凭常识也应该知道这不可能,那么,他的说法是在哄别人还是哄自己呢?

非常有意思的是,波考克的"思想史"研究与迈内克其实有间接关系。迈内克的学生巴隆(Hans Baron, 1900—1988)自 20 世纪 30 年代开始致力于研究文艺复兴时期的意大利城邦共和国,接续了布克哈特的经典研究。他在 1955 年出版的两卷本《早期意大利文艺复兴的危机》(*The Crisis of the Early Italian Renaissance*)一书,被"剑桥学派"视为扭转近代国家研究方向的重要著作:即不再关注霍布斯和黑格尔推崇的现代式君主政体,转向关注近代意大利以及后来的荷兰城邦共和国,并把后者视为真正的现代国家模式。据说,布克哈特的《意大利文艺复兴时期的文化》之所以赞美早期意大利文艺复兴时期的城邦国家,是意在抵制黑格尔、兰克、德罗伊森鼓吹的现代式绝对君主政体。但是,布克哈特对意大利城邦共和国的态度具有两面性,他"坚持认为,近代国家的形成释放了令人厌恶的和迄今无人知晓的非道德,让人的本性中的罪恶力量获得了自由"。布克哈特一方面赞美意大利人文主义,称之为"奇妙的佛罗伦萨精神",另一方面也告诉人们,那个时代的人文主义者们并非仅有光辉的一面,他们贪婪、淫荡、自私自利、渴望权力、放肆地作恶,为现代人树立了坏榜样。20 世纪初,迈内克在布克哈特的影响下迷醉于马基雅维利主义,但他大大削弱了布克哈特对意大利人文主义的负面看法,而且扭转了布克哈特的关注方向:不是把城邦式共和国而是把霍布斯式的绝对王权国家视为最早的现代型国家。据说,巴隆的文艺复兴研究的意义就在于,他让史学的目光再次回到马基雅维利的城邦式共和国理想。② 这无异于说,巴隆与布克哈特相比堪称完全丧失了"道德意识",对意大利人文主义者的丑恶一面视而不见,以至于波考克和斯金纳得以大模大样夸赞他们。

---

① 参见斯金纳《消极自由观的哲学与历史透视》,载达巍等编《消极自由有什么错》,文化艺术出版社 2001 年版,第 109—110、111 页。

② 参见格尔德伦《近代早期欧洲国家及其竞争对手》,参见斯金纳、斯特拉思主编《国家与公民:历史、理论、展望》,彭利平译,华东师范大学出版社 2005 年版,第 97—98、110 页。

回到波考克的文本，我们倒是可以理解，他把"马基雅维利主义"的内涵由"国家理由"修改为"公民共和"，毕竟得以避开"国家理由"论会带来的道德哲学审查问题。① 可是，在第二次世界大战结束后的历史语境中，施特劳斯重新挑起对马基雅维利的道德审查，已经把问题彻底推进到了涉及整个西方文明的道德问题层面：为了澄清当今的政制争议，必须重新挑起"古今之争"。施特劳斯的挑战不可谓不成功，毕竟，波考克被迫在"古今之争"的层面应战。

波考克在头两章中已经让传统的等级秩序社会观念与传统的"永恒秩序"哲学绑在一起，这意味着，共和主义的"公民社会"理想要取代传统的"等级制社会"，必须首先废黜"永恒秩序"哲学。波考克的"大西洋共和传统"论用"公民美德"代替"自然权利"，以此对抗古典的"自然正确"，无异于让现代式"公民美德"哲学挑战古典哲人的"统治哲学"。可是，如我们已经看到的那样，虽然波考克不得不涉足"古今之争"，但他在为现代式共和主义原则辩护时，并没有认真对待（遑论理解）古典传统的智慧，并没有直接与柏拉图和亚里士多德展开论辩，甚至没有重述马基雅维利对色诺芬的回应。我们难免会感到好奇：波考克究竟是不屑于还是不敢真正涉足施特劳斯重启的古今之争呢？两种情形都不是，还有第三种情形：凭靠历史主义原则，波考克会认为，根本无须面对施特劳斯重启的古今之争，而是需要拟制出另一种古今之争。由此可以理解，波考克为何必须让他的"公民共和主义"传统神话与历史主义的出场死死绑在一起：毕竟，历史主义已经一劳永逸地勾销了古典的"自然正确"视界。

二　公民共和主义的哲学理据

波考克说，共和主义式"公民美德"是佛罗伦萨智识人提出的政治主张或者说希望打造的政治"美德"。显而易见，"公民共和主义"本身也是一种"统治哲学"，它要取代古典哲人在普遍秩序和永恒视野下构造的"统治哲学"。施特劳斯

---

① 有意思的是，英国的思想史学者斯塔克在为《马基雅维利主义》写的"英译本编者导言"中说：德意志第三帝国覆亡后，迈内克才在1946年出版的《德国的浩劫》（何兆武译，商务印书馆1991年版）中后悔地认为：要是德意志帝国像瑞典和荷兰那样，虽然"一度满怀称雄欧洲的大抱负"，但在崛起之初就成了被"拖垮的破车"，就会"比先前任何时候都更快乐"（参见迈内克《马基雅维利主义》，前揭，第47页）。

关注的问题是：马基雅维利作为哲人在看待政治问题时废黜古典的永恒视野是否正确。波考克把这个问题变成：在14—15世纪的历史处境中，佛罗伦萨政治思想家所追求的"共和"政制及其"公民理想"是否正确。换言之，只要证明了共和主义式的"公民理想"本身正确，就能证明古典哲人不正确。但是，施特劳斯的问题具有这样一个前提：假如马基雅维利不是一个热爱智慧者，而是一个心智平平的普通公民，他看待政治问题时废黜永恒视野是否正确，这个话题其实可以免谈。普通公民没有热爱智慧的天性，无论是柏拉图还是亚里士多德，都从未要求雅典公民在看待政治问题时得有哲人的永恒视野。倘若如此，波考克即便证明了共和主义式"公民理想"观正确，也不等于能证明古典哲人不正确。

尽管如此，为了提高自己作为"公民"的政治辨识力，我们仍然有必要耐下心来看看波考克在第三章中写得实在有些艰涩的"公民共和主义"论证。他首先提供了他所建构的史学案例，但这次不是福特斯库或波厄修斯那样满脑子传统哲学观念的政治人，而是佛罗伦萨的"公民"，或者更为准确地说，是佛罗伦萨的智识人：在特殊甚至偶然的历史处境中，他们提出了"爱（城市共和）国主义"及其"公民美德"观。波考克凭靠前两章的论述做出推论：这种共和主义论是一种比古典的"统治哲学"优越的政制理论模式。因为，按照历史主义原则，判定某种政治理论是否正确，得凭靠其所产生的特定历史处境，而非任何"自然秩序"或"永恒价值"。

> 新的观点宣布，佛罗伦萨共和国是一个高贵的理想，然而它存在于当下和它自身的过去之中，这个理想只归属于另一些共和国和存在着共和国的既往时代的某些时刻。共和国不是超时间的，因为它不反映与自然的永恒秩序的简单一致性；它有另外的组织方式，将共和国和公民身份视为首要现实的人，会不明言地对政治秩序和自然秩序进行区分。共和国有更多政治的而不是等级制的特点；其组织方式使它能够肯定它的主权和自治，从而肯定它的个性和特殊性。当佛罗伦萨的思想家准备同意对佛罗伦萨的忠诚是一个有别于自然秩序及其永恒价值的概念时，我们即可知晓佛罗伦萨广为流行的一种说法的基本含义：爱自己的国家，更甚于爱自己的灵魂；这里暗含着一种区分和冲突。（《时刻》，第57—58页）

"爱自己的国家，更甚于爱自己的灵魂"其实是后来的德意志人为马基雅维利辩护时的一种说法,即模仿马基雅维利在《佛罗伦萨史》中记叙的科西莫·美迪奇所受到的一句谤议:"热爱此岸世界甚于热爱彼岸世界。"① 18 世纪的德意志爱国者用这句话为马基雅维利辩护,实际上是为自己辩护。爱国德行当然是一种公民美德,问题在于,这种公民美德是否是人世间唯一的美德,以至于应该取代苏格拉底在"夜间谈话"结尾时提出的"公民美德"问题,即每个人应该关切自己的"灵魂"。

从历史来看,佛罗伦萨共和国的形成的确处于一个特殊甚至偶然的历史时刻。从地缘政治角度来讲,当时的意大利不仅处于封建分裂状态,而且自身就是多种外部势力冲突交织的破碎地带。在当时的意大利,除佛罗伦萨共和国外,主要的政治单位是米兰公国、威尼斯共和国、那不勒斯王国和教宗国。这些各自为政的城邦式政治单位分割了整个意大利半岛:那不勒斯王国占据南部,佛罗伦萨共和国和教宗国占据中部,米兰公国占据北部,东部则是威尼斯共和国的势力范围。在这五个城市型国家身边,还"残剩着不少较小的政权,其领土犬牙交错,其中一些还占据相当重要的地位",比如控制半岛西部的热那亚共和国,以及一些实行寡头政治的独立城市和小封建领主的独立地盘。长期以来,各主要政治单位为扩张自己的地盘,凭靠雇佣军互相征伐,直到1454年才缔结"洛迪条约"。② 可以说,佛罗伦萨这样面积极小的城市共和国的自治,很大程度上有赖于整个半岛的割据状态。

除了自治,城市共和国还有一个重要特征:生活方式以商业活动为主导。比如,阿马尔菲(Amalfi)、比萨、热那亚和威尼斯这四个面积极小的城市共和国都在沿海,大多以防御性城堡发展而来的城市为基础,其自治诉求与维护以商业活动为主导的生活方式密不可分。这些政治单位之所以商业发达,同样出于特殊而且偶然的历史原因。首先,商业的发达最早与十字军东征相关:利用拜占庭和穆斯林的东方世界与拉丁—日耳曼的西方世界的冲突,威尼斯成功获取了地中海地区的贸易优势。③ 随后,由于奥斯曼帝国的崛起和西扩,欧洲与亚洲之间传统的商业通道中断,意大利的城市成了欧洲与亚洲之间的新商业通道。④

---

① 施特劳斯:《关于马基雅维利的思考》,前揭,第267—268页。

② 萨尔瓦托雷利:《意大利简史》,沈珩、祝本雄译,商务印书馆2013年版,第266页;波特主编:《新编剑桥近代世界史卷一:文艺复兴》,中国社会科学院世界历史研究所组译,中国社会科学出版社1988年版,第485—517页;布克哈特:《意大利文艺复兴时期的文化》,何新译,商务印书馆1979年版。

③ 尚洁:《中世纪晚期近代早期威尼斯贵族政治研究》,武汉大学出版社2013年版,第20—21页。

④ 沃格林特别强调了这一所谓"亚洲因素"对意大利文艺复兴时期政治思想的影响,参见沃格林《文艺复兴与宗教改革》,孔新峰译,华东师范大学出版社2016年版,第47—48页。

这里值得提到一个著名的历史事件：1348 年，意大利地区暴发灾难性的淋巴腺瘟疫（俗称 Black Death［黑死病］，最早叫作 atra mors［恐怖死神］），短短三年内迅速传播到整个欧洲大陆，至 1351 年，已有三分之一的欧洲人因此丧生。与我们关注的问题的相干性在于，据说，意大利商船是这场瘟疫的主要传播渠道。这种淋巴腺病菌原发于中亚地区贫瘠的平原，主要靠老鼠传播，因此也称为"鼠疫"。14 世纪中期，染上这种疾病的蒙古人西侵攻打黑海边上的卡法（Kaffa）城时，疾病使其被迫退兵。但是，带病菌的老鼠并没有一同回撤，它们躲在卡法城生意人的货物中被带到君士坦丁堡，接着又躲在货物中被热那亚商船带到西欧。半个世纪前的 13 世纪末（1291 年），热那亚水手刚为意大利商船开启直布罗陀海峡航线。14 世纪初，意大利商船改进主桅的配帆装置，使得风帆增加到三张，能更好地利用风力，即便在冬季时节，威尼斯和热那亚的商船也可以沿大西洋海岸航行。1347 年秋，躲在货物中的带病菌的老鼠被热那亚商船带到墨西拿，然后又带到西西里，两地随即暴发疫情。1348 年年初，威尼斯和热那亚疫情严重，并很快从比萨港向南蔓延到罗马，向东蔓延到佛罗伦萨及整个托斯坎尼地区。暮春时节，德意志南部地区暴发疫情。法兰西王国当局惊恐万分，曾把一艘来自意大利的商船逐出马赛港，但为时已晚，带病菌的老鼠早已窜入城内，瘟疫随即在全城蔓延，并波及朗格多克和西班牙。1348 年初夏，两艘意大利商船进入布里斯托尔海峡，接下来遭殃的是英格兰。①

现代式的商业贸易刚刚出现，就染上了这场历史性"鼠疫"，让不少人觉得颇富思想史的象征意义。因为，一种以商业生活方式为基础的所谓"美德"在世界史上的传播，对不少人来说与"鼠疫"并无二致。意大利城市共和国的自治这一政治诉求，在波考克笔下看起来好像很崇高，其实，这一政治诉求不过是为了确保商业化城市的贸易机会：威尼斯共和国不过是"从法律上确立了一个封闭的商

---

① Davis Herlihy, *The Black Death and the Transformation of the West*, Harvard University Press, 1997；Samuel K. Cohn Jr., *The Black Death Transformed: Disease and Culture in Early Renaissance Europe*, London, 2002。19 世纪末（1894 年），两位生物学家（一位法国人，一位日本人）分别发现，引起这种所谓淋巴腺瘟疫的病菌是芽孢杆菌，病理学上命名为"巴斯多菌"（以那位法国生物学家的老师的名字 Louis Pasteur 命名）。1943 年年底，日军久攻常德城未果，最后用轰炸机空投培植出来的带这种病菌的老鼠，妄图以此方式毒杀中国军人和城市平民。由于自然天性的差异，人世中总会有人好的不学，专学坏，世界上有的民族同样如此。

业贵族精英阶层对共和国的领导权"。① 然而，商业发达虽然使得意大利的城市产生独立的政治单位诉求，这些城市共和国却始终受到神圣罗马帝国、法兰西王国和教宗国钳制。毕竟，城市共和国或城市公国大多与如今我们的大学城规模差不多，其政治基础首先依赖于城市中的商业望族：佛罗伦萨有美迪奇家族，米兰有维斯孔蒂家族，威尼斯有史卡立格家族（House of Scaliger）。15 世纪末（1494年），法兰西国王查理八世试图把整个意大利半岛纳入自己的势力范围，与正在崛起的哈布斯堡家族的西班牙王国遂起冲突，双方都想夺得这片宝地。经过长达一百年的战争，1559 年，西班牙王国最终以"卡托—康布雷齐和约"获得对米兰公国及那不勒斯王国的控制权。

可以看到，波考克所说的佛罗伦萨共和主义的"个性和特殊性"的成因主要有两个：第一，所谓"共和国"是极小的以城市为中心的政治单位（相对于拥有农村地区的王国或公国），这种政治单位是地缘政治冲突的结果；第二，城市共和国的出现意味着，凭靠商人和商业社会为基础的城市政治结构已开始脱离封建制度，所谓共和主义式"公民美德"，乃是基于商业生活方式的尚商的个人"美德"。14 世纪有位画家叫洛伦采蒂（Ambrogio Lorenzetti），他为自己的一幅壁画所取的标题看起来就像是一篇政治学论文的题目：《好政府与坏政府的寓意》（*Allegory of Good and Bad Government*，绘于 1338—1340 年）。所谓好政府指民主制的城市共和国，坏政府指君主制的王国。② 对于商人而言，衡量政制优劣的标准，首先是有无尚商的自由。"爱自己的国家，更甚于爱自己的灵魂"——佛罗伦萨广为流

---

① 尚洁：《中世纪晚期近代早期威尼斯贵族政治研究》，前揭，第 2、67 页。

② 斯金纳非常看重洛伦采蒂，两度撰文阐释这位画家兼"政治哲学家"。见 Quentin Skinner, "Ambrogio Lorenzetti: The Artist as Political Philosopher", 刊于 *Journal of the Warburg and Courtauld Institute Proceedings of the British Academy*, 72 (1987), pp. 1 – 56; 后经修订，以 "Ambrogio Lorenzetti and the Portrayal of Virtuous Government" 为题，收入 Quentin Skinner, *Visions of Politics. Vol. 2, Renaissance Virtues*, Cambridge University Press, 2002, 第 39 – 92 页; Quentin Skinner, "Ambrogio Lorenzetti's buon governo Frescoes: Two Old Questions, Two New Answers", 刊于 *Journal of the Warburg and Courtauld Institute*, 62 (1999), pp. 1 – 28; 后经修订，以 "Ambrogio Lorenzetti on the Power and Glory of Republics" 为题，收入 Quentin Skinner, *Visions of Politics. Vol. 2, Renaissance Virtues*, 前揭，第 93 – 117 页。关于洛伦采蒂的这幅画的另一种解释，参见康托洛维茨《国王的两个身体：中世纪政治神学研究》，华东师范大学出版社 2017 年版，第 142 页; Nicolai Rubinstein, "Political Ideas in Siense Art: The Frescoes by Ambrogio Lorenzetti and Taddeo di Bartolo in the Palazzo Pubblico", 载于 *Journal of the Warburg and Courtauld Institutes*, 1958, 21 (3/4), 第 179 – 207 页。文艺复兴时期的绘画与政治理论的关系，参见一篇精彩长文：布雷德坎普《罪犯艺术家：近代法学与国家理论要素之一》，史竞舟译，载娄林主编：《诗艺与政治》，华夏出版社 2012 年版。

行的这一说法的确有自己的特殊和偶然含义："爱自己的国家"是因为这个国家可以让人自由经商。

为了把佛罗伦萨共和国的公民精神提升为一种"高贵的理想",波考克便凭靠自己发明的史学方法,突出所谓全体公民参政决策的一面,而刻意削弱其尚商的一面,甚至构造出一场关于尚商与"美德"的历史性论争(《时刻》,第485—530页)。不过这是后话,现在我们需要看清:波考克如何凭靠这一"特殊和偶然"的历史现象打造出一种具有普遍价值的"统治哲学"。

《马基雅维利时刻》第三章文分两节,在第一节里,波考克主要凭靠巴隆和加林(Eugenio Garin,1909—2004)这两位文艺复兴思想史专家的研究成果,旁衍发皇意大利人文主义的思想性质。巴隆提出"公民人文主义"(Civic Humanism)概念,在思想史学界引发了争议(《时刻》,第62—64页),波考克的天性或"德性"却让他对这一概念如获至宝,马上把这个尚有争议的概念从"特殊和偶然"的语境提升到哲学的普遍高度。在阐述巴隆和加林的思想史研究之前,波考克先说了下面这段话:

> 自柏拉图和亚里士多德时代以来,一直断断续续讨论的问题是:投身于社会活动的生活——"积极的生活",和追求纯粹知识的哲学生活——"沉思的生活",两者之中哪一种更优越。就雅典人的思想而言,他们一方面相信,只有公民的生活是真正合乎伦理和人性的生活,另一方面却又相信,需要凝神静思的抽象世界才是真正可以理解的世界,对于他们来说,政治和哲学到底是否相互对立,一向是个痛苦的问题。(《时刻》,第60页)

显然,波考克打算在这个问题意识引导下来描述"意大利人文主义"的性质。这意味着,他要让即便有争议的思想史概念服务于自己的激进民主理想。不过,波考克的这一说法既欠专业,也欠准确。"雅典人"若真的相信"需要凝神静思的抽象世界才是真正可以理解的世界",阿里斯托芬就不会在《云》剧中嘲笑苏格拉底了。再说,苏格拉底临终前讲过,自己年轻时曾"再次起航",在他那里并没有"政治和哲学到底是否相互对立,一向是个痛苦问题"这回事。[①] 即便在狱

---

① 刘小枫编/译:《柏拉图四书》,生活·读书·新知三联书店2015年版,第505—507页。

中与苏格拉底讨论"灵魂不死"问题的好思辨的青年也知道,喜欢"凝神静思抽象世界"的人实属罕见(柏拉图《斐多》76b10)。换言之,波考克把"雅典人"与"哲人"混为一谈。这种混淆在大众那里并非罕见,对思考哲学问题的人而言,就是非同小可的"错误"。①

看得出来,波考克想要针对施特劳斯所关切的何谓真正的"哲人"这一问题发难,但他表述得不准确。这倒无关紧要,重要的是,波考克相信,佛罗伦萨智识人主张的"积极生活"或"公民生活",能够解决"积极生活"与"沉思生活""到底是否相互对立"的难题。在加林的《意大利人文主义》一书中,我们可以看到有一个章节专门谈到"积极生活"与"沉思生活"的对立。加林说,斯佩罗尼"公开反对无论是来自柏拉图,还是来自亚里士多德所坚持认为的只有过隐修生活才是最高的善的学院派文化"。② 作为思想史学者,加林的表述本身就有问题:把某种基督教中世纪的"学院派文化",当作了柏拉图和亚里士多德本人"所坚持认为"的主张。从加林随后所引帕鲁塔(Paolo Paruta)《论完美的政治生活》中的话来看,意大利人文主义者明显攻击的是柏拉图主义或亚里士多德主义的基督教僧侣学人:

> 人应该在一起过公民生活,相互帮助。难道那些教育和开导我们如何约束自己、管理家庭和效忠祖国的哲学知识不是真正的哲学和崇高的知识吗?因此,正如品达所认为的,那些塑造毫无感情的痴呆形象的理论不是哲学,而是笨拙的雕刻术。只有塑造那种能唤醒我们的精神并使我们更好地为公民事业效劳的理论,才是真正的哲学。③

意大利的基督教僧侣学人不顾共同体的政治安危在隐修院念经,与柏拉图和亚里士多德的哲人生活楷模苏格拉底如何生活,完全是两回事。因为,苏格拉底尽管喜欢凝神静观,却并没有拒绝城邦所要求的当兵打仗。④ 不仅如此,从柏拉图

---

① 在1946年8月写给洛维特的信中,施特劳斯批评自己的这位老朋友:"您将希腊的市井小民(在我看来其中也包括诗人)与希腊的哲人混为一谈。尼采有时(并非始终)犯同样的错误。"施特劳斯:《回归古典政治哲学》,朱雁冰译,华夏出版社2008年版,第333页。

② 加林:《意大利人文主义》,李玉成译,生活·读书·新知三联书店1998年版,第173页。

③ 同上书,第174—175页。

④ 柏拉图:《会饮》220c3 – d4。

和色诺芬的记叙来看，苏格拉底的言行，恰恰是要"唤醒"雅典公民的共同体精神，甚至认为自己是在"更好地为公民事业效劳"。① 帕鲁塔在特殊且偶然的历史政治处境中对僧侣学人的抨击，被加林大而化之而且张冠李戴地当作"公开反对无论是来自柏拉图，还是来自亚里士多德所坚持认为的"哲学，恰恰证明了施特劳斯对 19 世纪以来开始流行的哲学史研究的论断：

> 如果过去的哲人曾是史学家，那么就不会有哲学史。或者，反过来说，如果我们想要理解过去的哲人，那我们就必须以指导他们的那种基本兴趣为指导：这种兴趣是对真理、对关于整全的真理的兴趣，而不是历史的兴趣——对他人意见的兴趣。（《问题》，第 72 页）

波考克凭靠未经审视的论断来证明他想要证明的东西时，说法更为夸张：公民式参与政治的"积极生活"庶几等于"沉思生活"，或者说在意大利的"特殊和偶然"的政治处境中，传统的"沉思生活"变成了公民式参与政治的"积极生活"。这意味着，西方古典意义上的热爱智慧者（哲人）在佛罗伦萨变成了政治人。在施特劳斯看来，热爱智慧者若变成彻底的政治人，恰恰是热爱智慧者的品质蜕变，因为，他不再关切永恒的问题，而仅仅关切实际的问题。波考克的针对性论点是：热爱智慧者不再关切永恒的问题，变成始终关切实际的、特殊且偶然的问题的政治人，才算得上真正的热爱智慧者。一个持有古典观点的人会说：热爱智慧者具有天赋的特殊心性，波考克未必具有这样的心性，所以他才会这样认为。对此，波考克兴许会这样回答：公民共和主义的"统治哲学"的意义就在于，要让天赋的特殊心性在成为公民的政治过程中变成与公民大众一样的人。对正在学习成为热爱智慧者的每一位年轻人来说——甚至对正在搞哲学的教授们来说，这倒是一道很好的思考题：哪一种看法正确？

由此可以理解，凭靠巴隆和加林的观点，波考克为何能够把"意大利人文主义"的性质描绘为哲学的衰落或转型。比如他说，"意大利人文主义"让修辞学胜过了哲学，因为，修辞学"以公共行动作为价值"；哲学并不面对公共生活，"一个修辞学跟哲学平起平坐的世界，是一个面对面做出政治决定的世界"（《时

---

① 柏拉图：《苏格拉底的申辩》和《高尔吉亚》521a1 – 521e5。

刻》，第 63 页）。对古典政治哲学稍有点儿常识的读者都知道，苏格拉底的哲学与智术师所倡导的修辞术何者更具政治品质，柏拉图、色诺芬和亚里士多德都有过明确辨析。波考克要么是对古典政治哲学缺乏常识，要么是以罕见的激进民主心态蔑视古典哲人。比如他还说，意大利人文主义者"能够赞扬史学高于哲学"，因为哲学"以真理观激励理智"，史学"却是用有关真理的具体事例启发整个心灵"（《时刻》，第 68 页）。这类说法表明，波考克并没有读过色诺芬的《回忆苏格拉底》，也不知道柏拉图的对话作品带有史书性质。

更发人深省的是，波考克说：在人文主义者那里，沉思生活本身改变了性质，因为"沉思本身也变得具有社会性了"，亦即"沉思生活"变成了公民式参与政治的"积极生活"。这无异于说，政治生活可以而且应该代替沉思生活。波考克为此提供的奇妙例证是：佛罗伦萨的人文主义智识人就当下的政治问题与同时代人和伟大的古人直接展开哲学对话（《时刻》，第 68 页）。波考克总结说：

> 很明显的一点是，无论是作为语文学家、修辞学家还是共和国公民，人文主义者都深入参与到具体而特殊的人类生活之中，不管其重心是放在文学、语言上，还是放在政治和说服上。……因此，最高价值，甚至非政治的沉思的价值，也被视为只有通过交谈和社会合作才能获得。（《时刻》，第 69 页）

波考克是否想要说：普通公民只要就共和国的政治问题展开"交谈和社会合作"就等于过上了有品质的沉思生活呢？波考克难道没有让我们看到，他借用意大利人文主义诋毁古典政治哲学已经到了不知所谓的地步？在古典作品中浸泡过的人难道不可以问：柏拉图笔下的苏格拉底甚或亚里士多德的学问，没有"深入参与到具体而特殊的人类生活之中"？亚里士多德的《政治学》与"具体而特殊的人类生活"不相干？① 古典政治哲人的确不会同意，"只有通过交谈和社会合作才能获得""非政治的沉思的价值"，毕竟，"交谈和社会合作"仅仅在字面上就与"沉思"在性质上不同。施特劳斯从未否认哲学应该关切特殊和偶然的历史政治处境，而是认为，如果哲人在关切政治问题时删除永恒视野，那他就不再是哲人。波考克不仅没有驳倒施特劳斯，反倒证明了施特劳斯的论断正确。

---

① 参见潘戈《亚里士多德〈政治学〉的修辞》，李小均译，华夏出版社 2017 年版，第 8—17 页。

波考克唯一可以争辩的是，他相信，哲人品质的基础应该是公民生活：热爱智慧者如何做公民的问题，变成了公民身份如何决定哲人品质的问题。倘若如此，波考克的理由又是什么呢？通过归纳研究文艺复兴时期思想史的现代学者的论述，波考克说：

> "公民生活"的哲学基础是这样一种观念：正是在行动中、在一切类型的劳作和行为中，人类生活上升到它所内含的普遍价值的层面。（《时刻》，第69—70页）

但是，波考克并没有在意大利人文主义中发现这种"公民生活"的"哲学基础"。因为他说，"共和国是致力于实现一切价值的全体人的合作关系"，是"一个普遍性的实体"，这就要求"共和国能够达成使每个公民的道德天性得以实现的权威分配"，或者说"公民人文主义者必须拥有一种同时也是哲学的政制理论体系"（《时刻》，第71页）。换言之，波考克显得认为，"公民生活"的"哲学基础"是一种"政制理论体系"，而这个东西还有待于他自己来提炼或建构。

三 公民共和主义的统治哲学

果然，在接下来的第三章第二节，波考克转向了共和主义的"政制结构"问题。与第一节主要凭靠现代学者的思想史研究进入问题不同，波考克在这里直接讨论亚里士多德的《政治学》中"所包含的公民和政体的理论"，尤其是关于"混合制政府"（the mixed government）的理论。波考克显得要现身说法地印证他刚刚提出的论点：就当下政治问题与伟大的古人直接展开哲学对话，意味着"沉思生活"变成了公民式参与政治的"积极生活"——与同时代人比如施特劳斯对话更是如此。既然如此，我们值得领略一下，作为有"政治思想"的史学家，波考克如何与"伟大的古人亚里士多德"直接展开哲学对话。

笔者首先会感到奇怪：波考克在第一章第二节已经通过抨击经院哲学的亚里士多德主义贬黜了亚里士多德本人的哲学，他现在又何以可能凭靠亚里士多德本人寻找"公民人文主义"所需要的"政制理论"呢？波考克自己不会感到奇怪，因为，只要凭靠自己的史学方法，把亚里士多德的《政治学》从其与《尼各马可伦理学》的紧密关联中抽取出来，他就可以实现自己的目的。我们知道，《尼各马可伦理学》开头和结尾都在讲政治学（城邦学），这意味着讨论公民的天生性情差异或灵魂差异的伦理学是讨论政治学（城邦学）的前提。为了实现自己的目的，波考克必须删除这一前提，因为这一前提"肯定了伟大的自然法观点"，并要求人们"在社会中追求""内在于自然的价值"。难怪我们看到，波考克在一开始就强调，阅读《政治学》有不同的"解读路径"，亦即"也可以把《政治学》解读为一种有关公民与共和国的关系、有关作为一个价值共同体的共和国（或城邦）思想体系的原创之作"（《时刻》，第72页）。

显然，波考克的解读路径是，从他所理解的"公民人文主义"出发，提取《政治学》中为他所需的东西。在长达六页多的解读中，波考克没有引用任何一篇二手文献，仿佛《政治学》中真的包含"公民人文主义"所需要的"政制理论体系"要核。其实，谁都看得出来，波考克不过是以任意诠释亚里士多德的方式，来表达自己在时代处境中的政治诉求。比如，他用自己信奉的"公民人文主义"语言描述说，"公民身份是一种具有普遍性的活动（a universal activity），城邦是一个具有普遍性的共同体"（《时刻》，第73页）。通过这种政治修辞，波考克凭靠《政治学》所追求的最高目的是城邦或政治共同体的"善"这一命题，把亚里士多德的《政治学》读作最早的共和主义理论。

波考克希望表明，他所践行的这种"解读路径"，就是意大利人文主义者所践行过的"复兴"古典文化的路径。即便如此，波考克仍然没法绕开一个难题。这个难题来自亚里士多德的《尼各马科伦理学》：亚里士多德认为，由于人的灵魂类型不同，对"善"或"幸福"的理解自然也会不同。波考克如何化解这一难题？他说：

> 但是，全体公民并不是一样的；他们有同样的公民身份，是具有普遍性的存在，但他们作为特殊的存在又不一样；每个人在选择自己追求的善时，都有自己的优先选项，每个人都发现自己同那些有一种、一些或全部优先选项与他相同的人属于特殊类型。因此，城邦要面对确定优先选项的问题，它要确定在特定时间哪些特殊的善应当被那些将其作为优先选项的人享有。解决这个问题显然是公民的任务，但亚里士多德并不认为，以公民身份参与追求和分配共同之善这种普遍活动的个人，应该被认为是与致力于追求和享受

他所选择之善这一特殊活动的同一个人脱离了关系。既然公民被定义为既统治又被统治，统治的活动肯定伴随着他的被统治的活动。普遍和特殊在同一个人身上相遇，假如公民由于追求、享受他所选择的特殊价值，并在获得这种价值上表现优异，从而具有了特殊的社会人格，这肯定会改变他参与旨在分配共同之善的决定这类普遍活动的能力。这时，城邦面对的问题就变成了，在对这种普遍职能的特殊运用进行分配时，要同公民因其个人的价值优先选项而呈现出的社会人格的多样性联系在一起。（《时刻》，第73—74页）

这段论述尽管有些艰涩，却不得不完整引用，因为它可以让我们完整地理解，波考克如何借着与亚里士多德"对话"来表达他的"公民人文主义"的"统治哲学"及其"政制理论"。如果读者的脑筋没有被波考克的"公民人文主义"牵着鼻子走，或者已经信奉这种"主义"，那么，他就不难发现，波考克的论述与其说是在于亚里士多德"对话"，不如说是在强暴亚里士多德的文意。比如，波考克的出发点是民治民享的民主政体，因为他说"公民被定义为既统治又被统治"（both ruled and was ruled），从而，所谓"统治"就是全体公民普遍参与选择共同体的"善"。可是，亚里士多德的《政治学》在讨论共同体的"善"如何可能时，是以民治民享的民主政体为前提的吗？波考克在这里大谈"特殊"与"普遍（价值）"的关系，也显得颇为奇怪，因为他在前面一再强调，特殊且偶然的历史处境对于政治理论具有首要的规定性。看来，波考克还真没法否弃"普遍（价值）"，否则他的"公民人文主义"就谈不上是一种"哲学"。我们看到，波考克把"普遍（价值）"规定为"以公民身份参与追求和分配共同之善"的"普遍活动"。可是，这是亚里士多德的看法吗？在前面一个自然段，波考克以"亚里士多德教导说"（Aristotle taught）的语式说：

> 参与到以所有特殊社团的善作为目标的社团之中，获得所有特殊的善，这本身就是一种境界极高的善——因为它是普遍的。在到达必须面对行动和沉思之间的选择的时刻之前，可以设想的最高的人生形态，是作为 oikos（家政）的首脑进行统治的公民，他作为平等的家长共同体之一员进行统治和被统治，做出对全体有约束力的决定。他参与确定普遍的善，亲身享受社会所能获得的价值，同时以他的政治活动对他人获得价值做出贡献。（《时刻》，

第 73 页）

尽管波考克在这里下注指引我们看亚里士多德《政治学》的文本位置（卷三第 9 章，1280a—1281a），但我们无须翻阅《政治学》原文，也能感觉得到亚里士多德断然不会这么说话，不会用"作为平等的家长共同体之一员（as one of a community of equal heads）进行统治和被统治"这样的表述，即便这里是在讨论"平民政体"与"寡头政体"的差别。① 尤其是，既然在讨论平民政体，亚里士多德断乎不会谈到什么"必须面对行动和沉思之间的选择"（the choice between action and contemplation had to be faced）的"时刻"（the point），否则，这位古代伟人就跟波考克一样，实在太缺乏常识：平民会有这样的"选择时刻"需要去"必须面对"吗？何况，亚里士多德也不可能说，"获得所有特殊的善，这本身就是一种境界极高的善——因为它是普遍的"这类有逻辑毛病的话。亚里士多德肯定无法理解，全体公民获得各自欲求的"善"加在一起获得的"所有特殊的善"（all particular goods），怎么就成了"本身就是一种境界极高的善"（in itself a good of a very high），"所有特殊的善"怎么会摇身为"普遍的"（universal）善。只有从波考克自己的"公民人文主义"逻辑出发，这里的说法才不会有逻辑毛病：所谓共同之"善"在于全体公民"参与追求和分配共同之善"的"普遍活动"本身。既然如此，波考克怎能好意思把自己的东西说成"亚里士多德教导说"呢？

鉴于美国是以自由平等为原则的民主政体，我们姑且把这段说法理解为，波考克在显明他与亚里士多德对话的特殊且偶然的政治处境。毕竟，按照历史主义原则，任何与古代伟人的交谈，都不能脱离自己的历史语境。既然如此，波考克就应该爽快地承认，他用"全体公民"参与选择的"普遍性"价值，取代了亚里士多德所肯定的"伟大的自然法观点"，从而用寻求共同体的"善"的"普遍活动"本身，取代了亚里士多德所要求的"在社会中追求""内在于自然的价值"。如果"内在于自然的价值"体现为好坏、对错、优劣、高低的区分，那么，波考克就得承认，"公民人文主义"所追求的政治价值，并不讲究这些区分。毕竟，普遍参与的正确，已经等于参与选择共同之善的"普遍活动"时具体选择的正确。

---

① 参见苗力田主编《亚里士多德全集》（卷九），颜一、秦典华等译，中国人民大学出版社 1994 年版，第 89—92 页；在这个段落中，亚里士多德谈到对"公正"的不同理解，并提到自己的《伦理学》（第 89 页）。

如此一来，波考克马上又会遭遇常识的诘难。比如，在涉及针对某种行为的立法问题时，选择共同之善需要以辨识这种行为本身的对错好坏为前提；又比如，当选择涉及选举施行统治的总统时，也需要辨识竞选者的德行品质的好坏优劣。换言之，公民的选择无不依赖于自己的辨识能力，而辨识能力无不依赖于每个参与"普遍活动"的公民自身的德行品质。就此而言，我们难道不可以说，波考克的所谓普遍参与作为"公民人文主义"的政治"价值"，其实是一种空洞的"价值"？难道一个公民只要参与公共活动，就等于他有"好品德"或有辨识好坏对错优劣的能力？波考克承认"全体公民并不一样"，公民身份虽然确定了"普遍性的存在"，每个公民却是"特殊的存在"，而且"追求、享受他所选择的特殊价值"，"从而具有了特殊的社会人格"。既然如此，他怎能无视亚里士多德对各种特殊价值的品质（好坏、优劣、高低）区分，宣称每个作为特殊个体的公民一旦参与选择共同之善的"普遍活动"，"肯定会改变他参与旨在分配共同之善的决定这类普遍活动的能力"？波考克的"公民共和主义"强调，"公民美德"是所有"公民"积极参政的"美德"，或者说"积极参政"本身就是"美德"，却不问什么样的公民带着什么样的"欲望"或德行品质参政，难道是在与亚里士多德"对话"？①

在第一章第二节，波考克曾说，"亚里士多德在《政治学》中发展了"一种"论证路线"（line of argument）：施行统治的应该是法律而非智慧，除非"出现了一位智力大大高于常人的哲学家，就像常人的智力大大高于禽兽一样"（whose intelligence was as far above that of men as theirs was above that of beasts；《时刻》，第22页）。这话至少意味着，热爱智慧之人与常人的智力不同，而且不可能指望出现很多的哲学家。既然如此，"参与旨在分配共同之善的决定这类普遍活动"时，是"哲学家"应该降低自己的"能力"呢，还是"常人"能够提升自己的"能力"？"参与追求和分配共同之善"，显然需要先辨识什么是真正的"共同之善"，每个公民"参与追求和分配共同之善"的能力，难道不取决于公民个人的"智力"能力？

---

① 2006年，国朝学界有学者开始积极引进"剑桥学派"的"公民人文主义"时，马上就有年轻学者看出，波考克以及斯金纳对亚里士多德的利用，是地道的歪曲。参见熊文驰《城邦统治权之争与混合政制：兼论现代共和主义与亚里士多德的差别》，洪涛等主编：《经学、政治与现代中国》，上海人民出版社2007年版，第234—248页。这个例子证明，只要认真读过古典作品，即便很年轻也不会受海外流行论说的蒙蔽。

不过，我们不能说，波考克完全排除了好坏对错的区分。毋宁说，在"全体公民"是否及如何普遍参与"普遍活动"这一点上，他讲究好坏对错的区分：公民不参与这种"普遍活动"，就是政治不正确，从而是"坏"公民甚至算不上公民。至于从政体角度看，全体公民如何参与这种"普遍活动"才算正确，在波考克看来，则涉及相当复杂的制度设计问题。用波考克自己的说法，如何确定共同之"善"的优先选项问题，涉及哪些人或哪类人所追求的"善"应该成为共同体值得追求的"善"。这样一来，波考克必然面临不同公民的特殊性或公民品质的分类问题。波考克说，亚里士多德曾提供过两种分类方式：要么依据人的品质优劣来分类，要么依据人的数量（"少数"或"多数"）来分类。凭常识来讲，品质优异的人总是少数，这是君主制或贵族政制的理论前提。因此，亚里士多德是否如波考克所说的那样，将优劣之分与数量之分区别开来，难免让人生疑。波考克说：

> 如果我们不固执而严格地提出"在什么事上最优"这个问题，那么，这种把数量和量化标准结合在一起的倾向，会使我们情不自禁地认为——就像亚里士多德本人有时谈论的一样——全体公民好像都能被分为少数和多数，可以把少数群体等同于属于不同的精英，可以把多数群体等同于不属于任何特殊的精英。（《时刻》，第74页）

这段话表明，波考克自己都不敢说，是"亚里士多德教导说"。毕竟，他清楚知道，亚里士多德所认为的"精英"是"好人、智者、勇士、富人、世家子"（《时刻》，第74页）。波考克让我们看到，他竭力想要取消哪些人或哪类人"最优"的问题，这也意味着同时取消哪些人或哪类人德行"最劣"或品质平平的问题。不仅如此，他把"少数与多数"或者说精英与非精英的区分用于"全体公民"，这意味着，所谓精英与非精英仅仅具有的是数量上的"少数与多数"的区别，没有德行品质上的差异。从而，对波考克来说，"全体公民"不存在德行品质上的差异，或者说不能对"全体公民"作德行品质上的道德区分，否则就会损害"公民人文主义"原则。因此波考克说，由于"有多少能够从理论或传统上确认的、人们所偏爱并共同享有的价值，就有多少质量标准"，所以，人们"只能用多重标准来"区分精英与非精英。这里的关键是"数量和质量标准的混合"（the confusion of quantitative with qualitative criteria）：所谓"数量标准"指，"强调全体致力于追求善，不根据偏好或才能"来区分公民（《时刻》，第75页）。波考克并不知道，古希腊的智术师已经发明过这种混合标准。在柏拉图的《普罗塔戈拉》中，苏格拉底与普罗塔戈拉讨论作为智术的"衡量术"时，展示了普罗塔戈拉如何把实质差异（如"正确选择快乐和痛苦"）与数量差异（如"选择更多和更少、更大和更小"）混为一谈。①

为了从政治理论上论证"平等"的政治权利，波考克可谓费尽心思：所谓"数量和质量标准的混合"，其实就是用数量标准取代质量标准。可以理解，波考克力图抹平每个作为特殊个体的公民的德行差异，否则他很难为自己的"公民共和主义"找到"哲学基础"。我们值得回想起波考克在这一章开头说的那句话：传统的"习俗"社会凭靠"不变的自然的永恒等级秩序"，要求每一个人"守在他的天性为他自己在社会和精神分类中安排的位置"。由此我们可以理解，波考克的"公民共和主义"的"哲学基础"其实仅仅是每个公民"参与旨在分配共同之善的决定这类普遍活动"的政治权利。毕竟，不抹去人在德行上的天性差异，波考克没法摆脱传统的政治观念按人的天生德行差异给每个特殊个体"在社会和精神分类中安排的位置"。

阐述了据说受亚里士多德启发得到的"数量和质量标准的混合"之后，波考克才谈"政体"：

> 建立一个 politeia（城邦政体，这个词虽然可以译作"政制"，但它指在一个全体公民都是参与者的普遍决策过程中决策权威的正式分配）的问题，就变成了看看如何为每个精英团体，包括非精英、"多数"或"全体公民"中的精英，在决策中安排一个角色，使之能够以最符合其性质的方式为获得特殊之善和普遍之善做出贡献的问题。（《时刻》，第75页）

波考克让我们看到，他与其说是在描述亚里士多德的"城邦政体"观，不如说是在陈述他的"公民共和主义"。在亚里士多德那里，"城邦政体"与君主制（最优品质的人施行统治）和贤良制（少数品质优异的人施行统治）有别，却并不等于民主制（多数常人施行统治）。与此不同，波考克从民治民享的直接民主制

---

① 参见刘小枫编/译《柏拉图四书》，生活·读书·新知三联书店2015年版，第150页。

原则出发来解释"城邦政制"：既然"公民被定义为既统治又被统治，统治的活动肯定伴随着他的被统治的活动"，那么，反过来说，被统治的活动就肯定伴随着统治的活动，即每个公民"参与追求和分配共同之善"的政治权利。因此，波考克利用亚里士多德的"城邦政制"这一概念要论证的其实不过是基于"全体公民"都有普遍参与选择共同体的"善"的自然权利原则。

> politeia（城邦政体）由此成了一种社会范式，它的组织方式使得从理论上可以设想的任何团体都有机会以最适当的方式为决策做出贡献，同时任何公民个人都可以多次做出贡献，无论是作为他凭才能而享有资格的任何专业团体的一员，还是作为非精英的"民"（demos），即作为一个整体的公民团体中的一员。被一个人列为优先选项的任何价值，或是可以据以对他做出判断和评估的价值——甚至那种平等主义的价值，即不给予任何价值以优先性或利用它们对人进行区分——都可以成为他参与决定和分配普遍价值的一种模式。由此可以确立特殊价值和普遍价值之间的关系。（《时刻》，第 76 页）

在这里多少有些藏着掖着的"那种平等主义的价值"（the egalitarian value）表达式透露了波考克的政治哲学的真实要核：无论"公民人文主义"还是"公民理想"抑或"共和国"的价值，其实都在于政治权利的"平等"。波考克的激进政治哲学的头等问题是，"每一个团体、具有团体成员身份（可以有很多）的每一个公民"，都拥有权利追求自己所属团体的"特殊利益"，并避免任何团体"对全体行使独霸权力"（exercise an unshared power over the whole）的"恶"：

> 任何政体，如果把一个特殊团体的利益等同于对全体的利益，它就是专制政体（despotic），即使它的特殊利益本身可能是一种真正的善，或至少最初是善的；堕落的政府从本质上说，就是特殊对普遍行使独裁权力（dictatorial power），它导致具有独裁权力的善的腐化。（《时刻》，第 76—77 页）

这里的要害在于，特殊公民的不同的"善"没有等级之分，所有的"善"都具有平等的权利，否则就会出现"善的或智慧的专制（a despotism of the good or the wise，或译［好人或智慧者的专制］)，假如他们追求的善不是全体的善"

（《时刻》，第 77 页，比较第 81 页）。波考克要说的其实是：即便特殊公民（如智慧者或德行优异者）的道德德性或理智德性远远高于常人，他们所思考的"善"是真正的"全体（人）的善"（the good of the whole），那也不能具有支配全体的权力——否则他就过于自相矛盾了。显然，由于波考克宁可相信所有公民分享权力，也不相信好人或智慧者掌握权力，他非要证明在哲学上没法证成的道理：所有公民参政等于追求"全体（人）的善"，好人或智慧者所追求的善未必是这样的善。为了实现自己的这一政治意愿，波考克已经到了如此地步：不惜糟蹋"好"或"智慧"观念本身。这样一来，政治生活中对"好"和"智慧"的个体性追求统统被勾销，因为，无论追求德性的好人或热爱智慧者付出多大的道德和智识上的努力，都不如所有公民参政更能实现"全体（人）的善"。

波考克还说到，亚里士多德"在区分好政体和坏政体时"，政体的三分法变成了六分法，每种政体都有其对立面：君主制与僭主制，贵族制与寡头制，"城邦政制与民主制"。在波考克看来，"最后一对政体最具理论意义"（《时刻》，第 77 页）。为什么呢？这里的"城邦政制"的原文是 polity（politeia），中译本译作"混合制"，尽管在字面上与原文不符，倒不失为传神意译。问题在于，为何"最后一对政体最具理论意义"？其实，波考克明明知道，在亚里士多德那里，政体的三分法变成好坏对比的六分法时，"最后一对政体"的对比是"民主制与暴民政制"（ochlocracy）。而且，波考克也知道，亚里士多德心仪的"政治体"（polity）是君主制、贵族制和民主制的"融合或平衡"，尽管他硬要说，亚里士多德是"根据数量来定义"（numerically defined）这三种政体形式的（《时刻》，第 82 页）。既然如此，波考克为何要把"民主制和暴民政制"的对立替换成"城邦政制与民主制"的对立呢？可以推想：如果僭主制和寡头制是相对于君主制和贵族制的"坏政体"，那么，民主制就是相对于城邦政制的"坏政体"。在英美政治语境中，民主政制指的是代议制民主，波考克把"城邦政制"说成是"权力的行使由公民中所有类型的团体所分享的政体"（《时刻》，第 77 页），不外乎要说代议制民主政体其实是坏政体，所有人施行统治（参与决策全体的善）的直接民主政体才是好政体。言下之意，现在的代议民主制还不是真正的共和政体，需要推进更为彻底的全民民主才能实现"共和"真义。因此，如果我们把波考克的这部大著仅仅视为政治思想史论著，而非激进民主论的论著，那就会辜负他的一片苦心。

波考克在第三章第二部分让我们得到的最大收获是，我们充分领略了他如何与"伟大的古人"亚里士多德"对话"。他不时用到"亚里士多德教导说""亚里士多德评论了""就像亚里士多德本人有时谈论的一样""亚里士多德提出了""亚里士多德认为""亚里士多德很清楚""亚里士多德利用了""亚里士多德建构起",甚至"亚里士多德预见到"……在所有这类提示下,我们看到的都是波考克"教导说"、波考克"很清楚"、波考克"利用了"、波考克"建构起"、波考克"预见到"。[1] 他在这一章快要结尾时说,亚里士多德的理论有"深刻的暧昧性","亚里士多德语言的宽泛性也是它的丰富性"。可以理解,波考克若不这样说,就没法说他的"公民人文主义"的政制理论是从"内在于亚里士多德的分析中"推导出来的(《时刻》,第78页)。我们看到,波考克自己一手制造了亚里士多德思想的"暧昧性"和语言的"宽泛性",以便为自己创造出修辞机缘,让他可以说,"公民人文主义"的政治体(the polity)"既是制度结构,也是道德结构",它旨在"解决一个极端复杂的问题",即如何"协调只在其相互关系中表现出道德的人们的活动"(《时刻》,第78页)。这种说法看起来抽象,似乎有什么了不起的哲学思想,其实不过是在用伯林的"价值多元论"来论证他的"公民共和主义":

> 城邦政体是各种价值之间的关系,公民的利益——统治和被统治——存在于一个人自身的美德与他人的美德的关系之中。只有在这种美德的相互性和关系性中,政治动物才能成为真正的好人。(《时刻》,第79页)

可是,常识告诉我们,每个人都置身于"美德的相互性和关系性中",却未见每个人都成了"好人",也并非每个人都因此而具有了区分对错好坏的能力。我们至多可以说,波考克的脑筋的确充满"公民人文主义"的理想。如他自己所说,经过这番与亚里士多德的"对话",他所发掘出来的这种政制理论,恰"是意大利城市和意大利人文主义者的政制理论的基本参照对象"(《时刻》,第79页)。由于这种共和式的政治体"必须是全体公民和全部价值的完美伙伴关系","怀着公民理想的人文主义者"才把公民"作为一个道德人的未来,押在自己的城市的政治健康上",从而公民"必须赞同以下格言:人应该爱自己的国家,更甚于爱自

---

[1] 波考克:《马基雅维利时刻》,前揭,第72、74、75、76、77页。

己的灵魂"（《时刻》，第80页）。

波考克没有想到，他的"公民共和理想"恰恰体现了西方现代政治哲学的危机——施特劳斯在题为《政治哲学的危机》的公共演讲（1962）中已经说过：

> 亚里士多德或许会问我们，一个城邦从高贵变得低贱或者从低贱变得高贵，还有比这种变化更重大的事情吗？（《问题》，第362页）

这句话提醒我们，西方现代政治哲学的危机与其说出自波考克所说的"历史语境"，不如说出自他这样的激进智识人的性情德性。

波考克最后还提到珀律比俄斯，如果我们对《罗马兴志》的问题意识不熟悉，就看不出波考克如何与珀律比俄斯"对话"。他首先不是提到珀律比俄斯著名的"混合政制"论，而是提到其"政制循环"论。显然，波考克的"公民共和理想"也得面对珀律比俄斯所说的历史"命运"难题。追随马基雅维利的说法，波卡克把罗马人的"美德"说成"命运"的"正式对手"，"能让命运接受秩序和荣耀"，然后再用他的"公民人文主义"式的共和美德概念替换罗马人的"美德"概念，亦即把体现为统治者德性的"美德"说成是"行使权力的各种美德之间的关系"。这意味着，"'美德'现在被政治化了；它不是统治者个人的英雄气概，而是公民在城邦中的伙伴关系"（《时刻》，第83页）。波考克相信，通过如此替换概念，他已经让"公民共和理想"摆脱了"政制循环"的历史"命运"。这个时候，波考克才提到珀律比俄斯的"混合政制"论，并把这种政制模式说成是"能够逃脱变化循环的普遍形式（universal form）"的政体。显然，波考克说的根本不是珀律比俄斯笔下的"混合政制"论，而是他自己的"公民共和理想"，即按数量来"混合或平衡"三种政制的理想（《时刻》，第84页）。与前面谈论亚里士多德的"城邦政制"论一样，波考克不过是在借珀律比俄斯的话题，宣扬他的"公民共和理想"而已。临近结尾时，波考克甚至禁不住对自己的政制理想有过一番哲理式的抒情，宛若一曲"公民共和主义"制服历史循环"命运"的凯歌（《时刻》，第84页，第一自然段）。

波考克披着亚里士多德和珀律比俄斯的外衣所阐发的"公民共和主义"的"统治哲学"，完全符合施特劳斯在《自然正确与历史》中对马基雅维利作出的基本论断：背弃西方古典文明的政治观念传统，以"纯粹的政治品行取代人类的优异性，或者更具体地说，取代道德品行和沉思的生活"——马基雅维利虽然积极"反思公民社会的基础"，但他"丢弃了好的社会或好的生活的本来含义"（《自然》，第181—182页）。波考克力图让我们看到，按照"公民共和主义"的观点，"好的社会或好的生活的本来含义"应该是：全体公民无论持有何种"特殊价值"，都有平等的政治权利，而且有能力参与公共决策（立法）。因此，以"纯粹的政治品行取代人类的优异性"的理由在于，"公民生活"或"积极生活"应该取代"道德品行和沉思的生活"本身。无论这种主张是否经得起哲学思考的审辨，它都表明了西方智识人德性品质的蜕变。既然波考克宣称自己是哲人，他所追求的"公民共和主义"是一种"统治哲学"，他也现身说法地证明，施特劳斯关于现代哲人的品质蜕变的看法，对他完全适用。①

对每一个自认为热爱智慧的中国学人来说，性命攸关的问题来了：我们愿意被施特劳斯说服，还是被波考克说服？显而易见，波考克已经说服了不少中国学人信奉其"公民共和理想"，而施特劳斯则很难说服我们中的大多数——这是为什么呢？

施特劳斯对此倒是早就心中有数，他在《论古典政治哲学》一文中说过：

> 古典政治哲学只限于对某些人言说，这些人因其自然性情和教养而视那些（日常生活中的）道德区分为理所当然。至于那些对道德区分及其重要性毫无"品味"的人们，古典哲学明白，也许能够令他们沉默，但无法真正说服他们……（《重生》，第108—109页）

施特劳斯唯一想得不够周全的是："对道德区分及其重要性毫无'品味'的人们"，如今不仅不可能被说服，而且也不会"沉默"，反倒会更加积极地生活。

---

① 按斯金纳的"语境中的文本"研究方法来考察马基雅维利的 virtu（美德）观，也会撞上施特劳斯通过考察马基雅维利的政治哲学所得出的这一结论：马基雅维利体现了哲人品质的沦落。参见傅乾《马基雅维利的 virtu》，韩潮主编：《谁是马基雅维利》，上海人民出版社2010年版，第131—141页。

主权国家与"文明化"道路：
霍布斯的政治法学

张广生[*]

[内容提要]　　王位继承战争、宗教战争和争霸战争使西欧的封建君侯国家和城邦国家日益趋向于主权国家的政治整合，霍布斯的政治法学正是表征这一历史转变的理论学说，主权国家的霍布斯筹划，在用主权权威的绝对性为西欧现代国家建设奠基的同时，也因为法权机器的"中立性"构造，伏设了欧洲现代国家方案的政治文明困境。

[关键词]　　主权国家　文明化　霍布斯　政治法学

在摆脱西欧的神学—政治困境的思考上，霍布斯与马基雅维利分享着某种类似的问题意识，那就是，如何使欧洲克服因为罗马教廷的政教理论与政策造成的结构性难局，以实现以国家为中心的更为成功的政治整合。不过，霍布斯的方案似乎既没有古典理性主义建设"修己治人"的伟大政教秩序的理想，又没有马基雅维利式生机主义政治学说"驯服命运"的动感，而是高度突出"利维坦"冷酷法权逻辑的"必要性"（necessity）。对于欧洲宗主权与神授君权混合而成的封建等级君侯国家的悲惨状况，霍布斯可以用他的"自然状态"概念来描述，那就是"一切人对一切人的战争"而他的"利维坦"也即"主权国家"，则是结束自然状态，带领人们进入政治社会的"良方"。我们都记着这方子的核心内容：主权至上，霍布斯告诉我们，主权就是国家这一法律人格。

的确，从 16 世纪到 18 世纪，正是欧洲封建国家经绝对主义国家向民族国家

---

　　* 张广生，中国人民大学国际关系学院政治学教授，中国人民大学政治思想文化研究所所长，中国人民大学国家发展与战略研究院研究员，zhangdide2002@163.com。

的转变期,也正是西方现代政治—社会模式的形成时期。和世界其他地方相比,欧洲这两百年正是战争爆发最频繁的地区,无论是城邦国家,还是封建君侯国家,还是教皇国,无论是王位继承战争还是宗教战争,无论是海上争霸战争还是陆上争霸战争,欧洲的大小国家不是在战争之中就是在准备战争之中。战争深刻改造了西欧国家与社会的关系,持续的战争要求国家持久地增强征募人力和榨取社会财源的能力,因而对行政权力、法律和财政权力的"集中"都提出了全新的要求。特别是在新教改革激化了欧洲神学—政治的困境后,"神圣罗马帝国"的欧洲政治蓝图被放弃,"主权"作为"法权的集中装置"被发明出来,"从外到内","从上至下"塑造了西方政治与社会体系的新秩序:一方面,国家之间,通过"战争—外交—会盟"的机制联系在一起,国家之间,在法权形式上不断地表示承认各自对自己领土内人、事、物的"绝对统治权",虽然这些"绝对统治权"之间由于没有更高的政治与文教权威,总是保持着"相互斗剑"的"自然状态",但还是出于"力量均衡"原则努力避免小国的彻底覆灭和超级领土帝国的诞生;另一方面,主权国家内部,主权者和官僚制构成的国家机器"凌驾于"充满政教冲突的社会之上,成为"法律"和"公共行政"的秩序载体,其剩余空间则是"法无禁止即是自由"的社会领域。相对来说,英国是欧洲走向现代道路的先行者,而霍布斯立足英国经验又运以普遍之思的理论学说,的确与欧洲的现代进程有着十分密切的表征关系。

主权至上原则的核心关切是要把封建等级国家中分散的法权,无论是封建贵族还是教士等级还是城市市民分散享有的法权集中到承担主权国家人格的"主权者"那里。最典型的是,霍布斯带领我们和普通法学者对话,告诉我们,法学家经常在实践中引用的所谓"习惯法",无论是教会法还是海事法院采用的民法,更不必说领地封建法,如果不经主权者的明言或默许的认可而整合到由主权统摄的法统之中①,就不能成为合法的国法。如果从后见之明出发,把1648年之后典型的"主权国家"的威斯特法利亚体系看作现代西欧的历史目标的话②,那么,人

---

① 参见霍布斯《一位哲学家与英格兰普通法学者的对话》,毛晓秋译,上海人民出版社 2006 年版,第 34 页。

② 参见 Richard W. Mansbach and Franke Wilmer,"War, Violence, and the Westphalian State System as a Moral Community", in Mathias Albert, Yosef Lapid, David Jacobson, ed., *Identities*, *Borders*, *Orders*: *Rethinking International Relations Theory*, University of Minnesota Press 2001, pp. 58 – 71.

们自然会承认，霍布斯的政治法学①是现代欧洲"文明化"道路上难以忽视的路标，因为他为欧洲摆脱基督教体系中的国家建设困境勾画了一个被后世普遍接受的现代方案。

一 "自然状态"：战争与和平

霍布斯时代，就国际上来说，海上宿敌西班牙 1588 年征服英国的军事计划被决定性地挫败，英国崛起为欧洲的海上强国；在陆上，英国 1558 年后退出了直接争霸。但是，在欧洲大陆上正在进行着著名的三十年战争之时，置身域外的英国却一步步地陷入了内战，内战的原因的确和英国的国家结构有密切的关系。此时的英国，正处于由封建等级国家向民族—国家的过渡阶段，英格兰与苏格兰还没有完全统一为一个完整国家，英国国王的内府和国库财政并没有区分，国家的开支由王室财政来支撑，国家似乎主要是国王的事业，等级议会中的各个等级在自身利益与国王利益之间的纷争恰恰因为英国对外安全环境的相对稳定而变得更无约束。就宗教方面来说，整个欧洲掀起的宗教改革使英国安立甘宗（Anglican Church）的政教方案遭到破坏，国内宗教的分歧阵营除了天主教徒和英国国教徒，又增加了新教改革后产生的清教徒，清教徒又分为长老派和独立派等不一而足。

在斯金纳看来，内战的两个主要阵营就是共和自由主义者与保王党人。保王党人当然是团结在斯图亚特王朝君主周围的上层封建贵族和大商人。共和自由主义者主要强调英国传统中封建贵族构成的等级议会的特权，当然这种特权法权背后则是主要是地方封建贵族的利益，也包括资产阶级新贵族的利益②。如果我们把霍布斯的理论描画与英国的历史联系起来，那么，那些在自然状态中虚荣自负，

---

① 一方面霍布斯在讲和平与主权，另一方面欧洲的主要状态是战争，不仅有宗教战争和王位继承战争，最重要的是，英国的起源是"诺曼征服"，在霍布斯那里有两种国家，一种是征服建立的"自然"国家，另一种是按约建立的"政治"国家。英国的起源正是征服建立的国家，是诺曼人征服撒克逊人的国家，后来的"独立派"和"掘地派"都要讲自己是撒克逊人，君主和王族是诺曼人。当然，霍布斯的意图不是要发展"战争理论"，而是要建构一种制止战争的"政治法学"，这种政治法学要给征服建立的国家和按约建立的国家一个共同的正当化基础。

② 如果霍布斯不是有 92 岁的高寿，如果不是 17 世纪 30 年代以来英国内战带来的忧患，霍布斯或许不会把自己的智慧集中在其政治哲学的创作上，霍布斯和共和自由主义者的隐秘对话从《法的原理》经《论公民》到《利维坦》有个深化过程，参见斯金纳《霍布斯与共和主义自由》，管可秾译，上海三联书店 2011 年版，第 138 页。

因为自己的激情而忘记"自我保存"的"理性目的"的人当然以封建法权下的贵族人物最为典型。典型的贵族文化中人,正如堂·吉诃德不同于他雇用来的桑丘,堂·吉诃德是为了维护荣誉和地位而拔剑相向的人,但是,这些不惜战斗至死的人,在霍布斯看来是不够"理性"的人,是导致自然状态或者说战争状态的主要责任者。这些人因为自己的勇敢不仅仅是自己生命与利益的捍卫者,而且也是关涉他人的法权的执行者甚至是创造者。普遍和平的秩序当然要把这些分散的法权集中到新国家那里,新国家的眼中,不怕死,特别是虚荣自负的激情是残忍甚至是野蛮的根源。这种人和这种教化不把自我保存看作生活的目标,却把为了荣誉而战斗和复仇视作常态,这正是英国陷入悲惨内战困境的重要动因。

我们从霍布斯解决欧洲神学—政治问题的"主权国家"方案中不仅会发现他对英格兰国王、贵族和人民历史政治关系应该如何配置的思考,以及对英格兰自亨利八世以来,独立于天主教罗马教廷建立安立甘宗或者说国教会政治经验的总结,而且还有他力图应对新教改革给英国带来新的宗教宗派主义政治问题的筹划。但是,鉴于霍布斯自诩为第一个现代政治哲学家,所以,他必然不会同意人们把他的政治哲学化约为仅仅是英国内战或中世纪欧洲不幸经验的一时救急之方。他认为自己的政治法学洞悉了人的本性与国家本性的奥秘,必然是医治人类永恒疾病的永恒药方。霍布斯的诊断是,"一切人对一切人的战争"这一"自然状态"病症的根基深植于人性自然(human nature)① 之中。

霍布斯非常鲜明地和亚里士多德,也就是人们谈论政治社会问题时公认的权威来争论。霍布斯认为,人们援引亚里士多德著名的"人是天生的政治动物"的说法会导致一个重要的误解,仿佛政治社会的和平与维系就不需要后来人"更加重要"的"自然法原理"的发现了。霍布斯似乎没有简单直接地否定"亚里士多德的原理",而是说,人们认为在这条原理的基础上就可以建立起大规模政治社会的大厦则是天真的。这种天真源于人们对"人性自然"(human nature)的浅薄认识。言下之意是,他要和"亚里士多德原理"的人性理论基础展开深入争论。在他看来,人们寻求相伴相结的原因(cause)并非因为人的天性,而是因为机运(by chance)。霍布斯并没有因为反对亚里士多德的说法就马上走到人是离群索居的动物这种卢梭式的极端,而是强调,人们结伴与结社的动力很少是因为真正的

---

① 参见 Hobbes, *On the citizen*, Chap1.1, Richard Tuck trans., Cambridge University Press1998, P. 22.

友爱，更多是因为追求荣誉和利益。① 经济的结社是出于赚钱的利益的希望，政治的结社与联盟是出于自身不安全的恐惧。甚至人们纯粹为了快乐的相聚也被他解释成人们为了炫耀自己的优越，嘲笑不在场的他者为乐的聚集。至于普通所谓哲学家那些人的友伴结社的可能，在霍布斯看来微乎其微，据说他们为了争胜总是竞相表达对同伴的憎恨。我们知道亚里士多德也在某种日常经验观察的基础上谈论有不同的"友谊"，结伴为友可能为了快乐，为了有利，为了增进德性，某种意义上，亚里士多德不反对"爱有差等"的自然性，不过亚里士多德强调人的言语与理性能力本来就可反观到人倾向于与人相即相与。问题是，霍布斯强调更广泛的社会联结的人性基础与亚里士多德所说很不一样，广泛的，更有普遍性的社会联结的原因不是来自人们的相互仁慈（mutual benevolence），而是来自人们的相互恐惧（mutual fear）。与亚里士多德分析城邦的诸种正义，如分配正义、校正正义与交换正义之外尤其强调城邦还需要友谊这种更高的政教成就、更紧密的社会团结，这种阶梯式上升探讨路径不同，霍布斯追问的方向似乎正相反，他宣称，自己更关切的是那些更大的，更持久的社会的起源。霍布斯追问政治社会形构原理的方式很像《理想国》中格劳孔所代表的典型意见。格劳孔建议苏格拉底不要急于去论证正义的人是否是幸福的，而是要先返回正义的本身，看看人们所珍视的政治社会的重要原则与价值也即"正义"，到底是因为其本身和其带来的结果，抑或只是因为其结果而不是本身而是可欲的。格劳孔揭示人性与正义的关系依靠的是"古格斯戒指"的故事，这个能使人隐身的戒指似乎使得人性的真实更形象地显露出来。② 得到戒指的古格斯由一个勤勉节制、安于己位的牧羊人转而变成一个夺取国王妻子和王位的僭主，全凭戒指使人隐身的法力。不过，由于普通人不可能每个人都有一枚使自己隐身的戒指，因此，虽然每个人都像古格斯一样，是个贪婪自肆的小人，但是因为他们不能都肆无忌惮地遂行己欲、随意侵夺，不能只获得行不义的好处而逃避开报复和惩罚，因而，人们退而求其次，相互约定，每个人都同意建立预防人们随意侵夺的契约。人们依其自然天性更喜爱行不义之侵

---

① 霍布斯观察到人的一种"反社会的社会性"，参见霍布斯《论公民》，应星译，贵州人民出版社2003年版，第一章尤其注释【1】。

② 就政治思想史和政治社会史来说，古代和中世纪的"法团契约论"和霍布斯式的典型现代"个体契约论"是有重要区别的；不过，格劳孔的古各斯故事中的"契约论"在柏拉图哲学戏剧的上下文中的确充满了现代色彩，参见李猛《自然社会》，生活·读书·新知三联书店2015年版，第165页；柏拉图《理想国》，郭斌和等译，商务印书馆1997年版，第47页。

夺，而不是喜爱正义，正义是人们并不爱其本身，而是仅理性地欲求其结果的东西，这就是正义的起源与性质。

霍布斯基于人性观察的痛切批评矛头似乎没有指向人的"动物性的"自然，因为在他看来，动物屈从于大自然给予的本能比人更加节制，人的问题在于人的更"人性的"激情，这种激情使人获得了比动物更大的"自然的自由"，激情是"对欲望的欲望"，是贯注了人的想象力的欲望。激情是人的行动的动力，就其推动行动者向前来说，激情是希望，就其拉动行动者来向后说，激情是恐惧。霍布斯的"激情"研究主要着眼点在于揭示芸芸如古格斯似的众人行动的动力。在霍布斯看来，人们在没有公共权力统摄的自然状态下，当然没有可以使人隐身的戒指，但是，似乎每个人都因为虚荣自负的激情而挥舞着一把能够伤害别人的利剑。自然自由的人又因为自然的平等而使得自然状态就是战争状态，因为，据说每个人的利剑一样锋利，每个人的剑术都相当，因为人们无论就体力还是智力来说都处于平等状态。

身体强壮的人可能认为，运用他的体力优势就可以按照自己的意志迫使别人服从，可是霍布斯说，那些身体弱的人同样可以运用计谋和他人联盟来杀死强者。至于说到智力方面的平等状态，就所谓思考普遍规律的智力，类似像科学那种智慧，霍布斯认为，它不是人先天就具有的，得经过后天的严格训练，而且很少人有机会能够获得，在政治社会意义上基本可以忽略不计；如果说到和人们政治社会生活联系在一起的智慧，也就是审慎，霍布斯认为，只要人们有足够量的时间积累经验，也能够获得类似水平的处理政治社会事务的智慧。有意思的是，针对很多人觉得自己智慧一定不比别人低的状况，不知道是出于严肃还是反讽，霍布斯的补充解释认为，大自然分配得越是平均的东西，大家越觉得足够了。表面的逻辑是，大家都觉得自己智慧不低，这说明大自然对智力的分配比较平均，如果分配的不平均，大家自然会觉得不够。霍布斯认为，无论如何，即使人们之间真的有什么不平等，但是，因为每个人都不惜战斗直至杀死对方或被对方杀死，这使得随时准备在死神面前"献祭"的他们必须被承认为平等者。①

那么，首先，因为这样的一个体力和智力平等的条件，所以在人们中又产生了每个人"实现其目的希望的平等"，这就造成了一种人们相互间处于欲望竞争的

---

① 参见 Hobbes, *On the citizen*, Chap3. 13；霍布斯《论公民》，第33页。

状况。据说，人们的主要欲求目标一个是自我保存，另一个就是快乐，在他们不能分享同一事物时，自然会发生争夺，会倾向于相互摧毁和征服，这会使侵害者和被侵害者统统陷入丧失生命和自由的危险中。其次，与其说体力和智力平等的人在欲求竞争中陷入侵害或遭到报复的现实危险，不如说是对这种危险的焦虑猜疑更加塑造了人们的行动机制，人们倾向于用武力和机诈来控制一切他所能控制的人，直到他看到竞争对手没有足够的力量危害他为止，霍布斯称这种后世国际政治理论"进攻性现实主义"的"先发制人"行动机制是自然状态下每个人最合理的自保之道。最后，在没有共同权力慑服大家的充满猜疑的欲望竞争中，人们会进入一种超出自然欲望的"相互估价"之中，在这种较量中，"每一个人都希望共处的人对自己的估价和自己对自己的估价相同"，因此，人们的相互摧毁和加害因为"害怕被轻视"这一"爱荣誉"的激情就会变本加厉，人们事实上会遗忘，或者远离他们追求"自我保存"和"快乐"的自然目标。最终的结果是，在没有足以威慑这些平等个体的公共权力的情况下，他们之间的竞争、猜疑和荣誉的机制，必然导致"每一个人对每一个人的战争"，这种战争状态不仅在实际爆发战争的时间中存在，而且它就作为"战争意图"与人性共存于和平时期，在"自然状态"中，不仅人们的产业、历史记忆、文艺和社会将受到威胁，而且，每个个体也不断处于"暴死的恐惧和危险"中，"人的生活孤独、贫困、卑污、残忍而短寿。"①

霍布斯从人性自然的反思出发来建构自己的政治学说，无疑是受到了亚里士多德政治哲学的启发，不过和亚里士多德力图通过知道至善，因而知道善的伦类的理性能力来引导人的激情和欲望的方案不同，霍布斯要追求一个更加可靠更加普适的方案。在霍布斯看来，无论是柏拉图、亚里士多德，还是他们的古罗马私淑弟子西塞罗，还是天主教的"天使博士"阿奎那，他们的目的论的人性论，他们所谓的终极目的和至善，对于多数人来说，根本就不真实。

"旧道德哲学家所说的那种终极的目的和最高的善根本不存在。欲望终止的人，与感觉和映像停顿的人同样无法生活下去。幸福就是欲望从一个目标到另一个目标不断地发展，达到前一个目标不过是为后一个目标铺平道路。所以如此的原因在于，人类欲望的目的不是在一瞬间享受一次就完了，而是要永远确保达到

---

① 参见霍布斯《利维坦》，黎思复、黎廷弼译，商务印书馆 2010 年版，第 95 页。

未来欲望的道路。因此，所有人的自愿行为和倾向便不但是要求得满意的生活，而且是要保证这种生活，所不同者只是方式有别而已。这种方式上的差异，一部分是由于不同的人激情各有不同，另一部分则是由于各人对于产生所想望的效果的原因具有不同的认识或看法。"①

古典政治哲学从最"自然"的人的理念出发来理解人性。既然，满足人的口腹之渴求的欲望只是生存这一较为初级"自然目的"的功能，既然激情是满足人要生存得受人尊重这种更高级的"自然目的"的功能，既然理性是人要满足人知道并追求生存得最好和次好这种生活的"善"的伦类的最高级功能，那么，最"自然"的人，就是其灵魂中"理性"统摄"激情"和"欲望"的人；既然幸福是人的灵魂潜能的实现，那么，人要活得幸福，就不仅要顺应口腹之欲的生存自然，还要顺应热爱荣誉、追求高贵生活的自然，最重要的是要顺应知道和追求至善生活的自然。不过，对霍布斯来说，亚里士多德为代表的古典方案无法支持一个大规模社会的建构，因为人们关于伦理之善的争论受制于极强的主观判断，人们在是非善恶问题上所陷入的人言人殊的"无所定于一"的困境，不能从对象本质的认识中发现一致标准而得到摆脱，只能通过政治权威的仲裁和对这种仲裁的同意中找到出路。

"任何人的欲望的对象就他本人来说，他都称为善，而憎恶或嫌恶的对象则称为恶；轻视的对象则称为无价值和无足轻重。因为善、恶和可轻视状况等词语的用法从来都是和使用者相关的，任何事物都不可能单纯地、绝对地是这样，也不可能从对象本身的本质之中得出任何善恶的共同准则，这种准则，在没有国家的地方，只能从各人自己身上得出，有国家存在的地方，则是从代表国家的人身上得出的；也可能是从争议双方同意选定的，并以其裁定作为有关事务的准则的仲裁人身上得出的。"②

古人那里统辖在理性之下的欲望和激情因为对终极目的和最高善的否定而被彻底解放了出来。食色财货之欲与热爱荣誉、尊敬的欲求，还有希望知道并追求至善生活的欲求之间变得没有什么差别可言，因为他们追求的目的本身似乎没有等级结构，它们都显得不过是人的欲望的一时对象。现在，理性的主要功能就是

① 参见霍布斯《利维坦》，第 72 页。

② 同上书，第 37 页。

计算，他不确定目的，由谁来确定目的呢，激情和欲望，理性只是帮他们计算实现欲望和激情的手段。进一步的问题是，激情和欲望之间是否还残留着等级关系呢？对于阿奎那式的，把意志激情解释为"理性的欲望"的说法，霍布斯表达了不同的意见，在他看来，如果用"理性的欲望"来定义意志，那就没办法区别违反理性的意愿行为了。

"在斟酌之中，直接与行动或不行动相连的最后那种欲望或反感，便是我们所谓的意志。它是意愿的行为，而不是意愿的能力。兽类具有斟酌，便必然也具有意志。经院学派通常为意志提供的定义是理性的欲望，这个定义不好。因为如果是这样的话，便没有会违背理性的自愿行为了。因为自愿的行为不是别的，而是从意志中产生的行为。但如果我们不说它是合理的欲望，而说它是从前一斟酌中产生出来的欲望，那么定义就会和我在这儿所提出的一样。因此，意志便是斟酌中的最后一个欲望。"①

理性被贬低成只是服务于欲望扩展的算计能力，意志则不过是人在斟酌之中的最后一个欲望。既然没有一个终极目的和至善为欲望设定方向，那么我们就不难理解霍布斯对幸福的定义了："幸福就是欲望从一个目标到另一个目标不断发展，达到前一个目标不过是为后一个目标铺平道路。"②

既然人类欲望的目的不能享受一次就完了，既然它要永远确保到达未来欲望的道路，那么我们就不会惊讶于霍布斯为全人类提出来的共有普遍倾向，那就是："得其一，思其二，死而后已，永无休止的权力欲。"③

然而，霍布斯对于人性这种追求"幸福"却又陷入"苦难"的自然状况的描摹似乎是为了突出其悲惨和黑暗的困境，他的政治哲学要为人们摆脱"孤独、贫困、卑污、残忍而短寿"的困境指出"文明化"的"可靠"出路。霍布斯认为，要帮助人们摆脱这种恶劣的困境既要依靠人们的激情，又需要依靠人的理性。他帮助我们从诸种令人"发烧"的激情之外发现了一种能够让人"冷静"的激情，那就是"对暴死的恐惧"；他帮我们从毫无等序的欲望中选择了一种理性的欲望，那就是"对舒适自我保存的欲望"。与其诉诸激情向前的希望不如说诉诸于激情拉动人向后的恐惧更能对每个人具有普遍的命令作用。这个恐惧就是"对暴死的恐

---

① 参见霍布斯《利维坦》，第43—44页。
② 同上书，第72页。
③ 同上。

惧"。"暴死"对于个体来说的作用是迅速取消其激情与欲望的必要条件，也即生命。以此"至恶"来提醒虚荣自负的人从"自然自由"的状态转向霍布斯所谓的"自我保存"的"理性命令"。这一命令的第一条是追求和平。由战争状态进入和平状态，或者说由自然状态进入政治社会，这一转变似乎正对应着格劳孔古格斯故事所讲的人们之间"立约"的过程，从这样的逻辑出发，霍布斯说，正义的起源并不在于自然，而在于人的约定。①

二　主权权力：统治与服从

正是出于对暴死的恐惧和对舒适自我保存的欲求，人们也倾向于认可"和平"的"自然法"的底线律则，倾向于相互订立契约，把他们在"自然状态"中保有的相互摧毁的权力交给一个"内保和平，外御强敌"的法律人格，它就是国家，它就是"利维坦"，而承当国家这一法律人格的人，无论是一个人还是一个集体，正是"主权者"。

"如果要建立这样一种能抵御外来侵略和制止相互侵害的共同权力，以便保障大家能通过自己的辛劳和土地的丰产为生并生活得很满意，那就只有一条道路——把大家所有的权力和力量付托给某一个人或一个能通过多数的意见把大家的意志化为一个意志的多人组成的集体。这就等于是说，指定一个人或一个由多人组成的集体来代表他们的人格，每一个人都承认授权于如此承当本身人格的人在有关公共和平或安全方面所采取的任何行为，或命令他人做出的行为，在这种行为中，大家都把自己的意志服从于他的意志，把自己的判断服从于他的判断。这就不仅是同意或协调，而是全体真正统一于唯一人格之中；这一人格是大家从相互订立信约而形成的，其方法就好像是人人都向每一个其他的人说：我承认这个人或这个集体，并放弃我管理自己的权力，把它授予这个人或这个集体，但条件是你也把自己的权力拿出来授予他，并以同样的方式承认他的一切行为。这一切办到之后，像这样统一在一个人格之中的一群人就称为国家，在拉丁文中称为城邦。这就是伟大的利维坦（LEVIATHAN）的诞生——用更尊贵的方式来说，这就是有朽的上帝的诞生；我们在永生不朽的上帝之下所获得的和平和安全保障就

①　参见 Hobbes, *On the citizen*, Epistle dedicatory, p. 5.

是从它那里得来的。"①

主权国家产生了,那些生活在一个统一的权力之下的人们就个体来说,已经不是自然状态之下的自然人,而是也变成了法人,也就是公民,就整体来说他们在缔约的"瞬间"变成了"人民"。② 有学者认为,霍布斯的主权国家诞生过程可以分析为两个"契约"的缔结,人们决定摆脱自然状态进入政治社会的缔约被称为"社会契约",而授权给具体的主权者过程则被理解为是缔结了"统治契约"或"政治契约"。③ 然而,抛开这种对霍布斯国家学说的发挥所产生的理论想象力暂时不论,就霍布斯本人来说,他会否认授权具体主权者的过程是"契约过程",更遑论是缔结"政治契约"的过程。对于按约建立的"政治国家"来说,主权者并没有和人们缔结任何契约,人们对主权者的授权,只不过是表示他们对主权者成为最高裁断者的同意,主权者只受自然法的约束,不受民约法的约束,因为主权者是民约法的法源;对于由征服所建立的"自然国家",霍布斯的确提到,被征服者是在征服者保全他们的生命和人身自由的前提下立约同意也即"授权"征服者统治的。有学者可能认为,这里被征服者是缔约的一方,而征服者是缔约的另一方,但是霍布斯告诉我们,立约的是被征服者们,征服者成为主权者仍然在"契约"(contract)之外。和卢梭相比,霍布斯认为,空言的契约不足以约束贪婪自负的人性,主权必须落实到"主权者"这个具体代表者与执行者身上——无论主权者是一个人还是一个议会——自然状态到公民社会的转变才能真正实现,一旦主权权力被授予主权者,人民的代表者才能产生,人民通过授权建立主权国家的任务才能完成。④ 人民的代表者,对于君主国来说,君主就是人民的代表者,对于人民主权国家来说,人人有投票权的公民大会就是人民的代表者,对于贵族主

① 参见霍布斯《利维坦》,第132—133页。

② 参见 Hobbes, Leviathan, Richard Tuck trans., Cambridge University Press1991, chap. 22, p. 121;霍布斯《利维坦》,第133页。

③ 对霍布斯主权产生相关的契约(contract)、信约(covenant)和授权(authorization)过程的探讨可参见王利《国家与正义:利维坦释义》,上海人民出版社2008年版,第33—44页;吴增定《利维坦的道德困境——早期现代政治哲学的问题与脉络》,生活·读书·新知三联书店2012年版,第119—129页。吴增定认为霍布斯主权权力产生过程中授权和代表要比契约更具有决定性作用;王利承认,对于"按约建立的国家",霍布斯是明确拒绝"统治契约"或"政治契约"的存在的,但他对"由征服建立的国家"中统治者和被统治者间是否存在"统治契约"的问题,则犹豫不决。

④ 参见 Otto Gierke, *Natural Law and the Theory of Society*:1500 *to* 1800, Ernest Barker trans., Beacon Press 1957, p. 45.

权国家来说，只有贵族有投票权的贵族议会就是人民的代表者。尤其得注意的是，结束自然状态进入国家的过程就是每个人相约将自己的权力授予主权者这个最高裁断者的完整过程，所以，是建立君主主权国家、贵族主权国家还是人民主权国家，都是由这一缔约与授权的过程确定，这与卢梭先把缔约过程描述为人民主权确立，而后把君主制和贵族制、民主制政府仅仅看作行政权威或人民主权执行权的不同形式相比，是有明显区别的。对于霍布斯来说，没有主权者作为人民的代表就没有人民，因为没有凌驾于所有缔约人之上的强大的足以给每个可能的爽约带来惩罚恐惧的力量，众人的意志就不能凝聚成一个单一的意志，众人的聚合就不能形成一个统一的人格，人们转交自然状态下相互杀戮的"战争权力"的契约就无法得到切实履行的保证，人们还会回到"人自为战"的自然状态。因而，对于民主制的国家来说，每个公民都有投票权的会议要持续或定时重新召开才有作为整体的人民；对于贵族制来说，贵族才有投票权的会议就是决定性的；对于君主制来说，君主的"政治在场"就是关键。

主权权力是一种"绝对权力"（absolute power），因为每个人都使自己的意志服从国家意志，国家意志实质上很像自然状态中每个个体意志的放大。自然状态中每个"意志个体"不得不自定法度、自行执行惩罚，并自然拥有对世界上的人、财、物自由调用的权利。每个人能转让给人的最大权力都转让给了唯一的法人人格，那就是主权国家，主权国家的绝对权力体现在主权者的绝对权力上。主权者拥有制定法律、裁决纠纷、实施刑罚以及"自由"利用所有人的力量和财富的权力。[①] 为了理解这种"绝对权力"的地位，霍布斯强调，与其说主权者与其国家公民之间的关系是头（head）与整个人的关系，不如说是灵魂（soul）与整个人的关系，因为头的比喻更倾向于是主权者的顾问群体的功能，或者说是筹划与思考的功能。而灵魂的类比强调主权者的形象主要是表达"赞同"或"拒绝"这些决断的"意志"。[②]

主权者权力的绝对性非常值得重视。第一，订立建立主权国家信约的人是要受信约约束的。这种约束首先就是公民如果不得到主权者的允许就不能把他们自己人格的承担者从既有的主权者身上转移到另一个集体或个人身上。因为每个人

---

① 参见 Hobbes, *On the citizen*, chap. 6. 13, p. 85.

② 同上书, chap. 6. 20, p. 89.

之间相互订约的内容就是把他们在自然状态下的裁断的权力授予主权者，他们要承认某个人或某个会议的裁断，不经裁断人的同意，他们不能另立新约。①

第二，最引人注目的一点是，主权者的权力虽然是每个人之间彼此缔约而授予的，但是，主权者既没有和每个人立约，因为这样就有可能有无数个信约；也没有和作为整体的众人订约，因为订约过程如果没有完成，那么作为整体的"人民"的人格尚未诞生。换句话说，认为主权者的主权权力是由主权者与人民或臣民每个人之间的订约而有条件地得来的，是错误的。主权者无论是君主还是议会，正因为没有参加这一订约而保留了一种那些订约者在自然状态中才能保有的不受束缚的武力，正因为保有了这种武力，信约的言辞才能得到强制力量的保护。因此，指责主权者违反信约是错误的，指责主权者违反信约而拒绝服从，而主权者和一些臣民又宣称没有违反，那么，因为没有一个裁断者来决定这一争执，这实际上是等同于宣布重新诉诸武力，重新进入自然状态。②

第三，既然多数人已经彼此立约同意宣布了一个主权者，那么原来对主权者持异议的人现在就必须声明承认这一主权者的一切作为，否则他就仍然与已承认信约的人处于战争状态，主权者对其镇压就不能成为不义。

第四，既然臣民是主权者一切行为的授权者，那么，主权者对臣民所做的一切事情都不可能构成不义，主权者对臣民的行为有可能构成不公道，但不能称为不义。

第五，既然每个公民都已使自己的意志服从于国家主权者的意志，臣民处死主权者或对主权者加以惩罚都是不义的。因为臣民本来就是主权者一切行为的授权人，这相当于是因为自己所做的事情而来惩罚另一个人。

如果我们对霍布斯勾画主权"绝对权力"不可能不义的言辞感到费解，那么，我们如果回忆一下"教皇无谬误"这种"教皇至上"论证的类似法权话语，也许对霍布斯的逻辑更能深入理解一些，因为"教皇无谬误"的核心主张也正是教皇在公职上是不会犯错误的。

---

① 参见霍布斯《利维坦》，第133页。

② Dalgarno 认为，主权者的主权权力并非来自他与被统治者之间的契约，而是来自被统治者之间契约产生的对主权者的自由赠予（donation）。参见 M. T. Dalgarno, "Analysing Hobbes's Contract", *Proceedings of the Aristotelian Society*, New Series, Vol. 76（1975—1976），pp. 209 – 226；霍布斯《利维坦》，第134—135 页。

霍布斯认为，主权权力是一个不可分割的权力体系，它包括裁断纠纷的"司法权"；宣战媾和的"战争权"；订立社会行为规范的"立法权"；还包括"执行权"；任免官员的权力；还有统治公民教育与宗教学理的权力；课税和征用财产的权力等不可或缺的权力。

表面上看，霍布斯的主权国家理论主要关心的主权权力的"绝对性"，对于政治学说史上影响巨大的政体学说似乎没有那么重视，理由是，无论是主权权力掌握在一个人手中，少数人手中，还是多数人手中，只要从功能上保证主权权力不被分割，那么主权国家维护和平与安全的重要职责就能担负起来。和马基雅维利一样，霍布斯对亚里士多德六种政体学说的说法实际上很熟悉，但是他认为这种分类法有很大的问题，比如多数人统治被划分成民主政体与暴民统治，在他看来暴民统治就是无政府状态，没有统治，何谈政体。至于贵族制与寡头制，区分普通巨头和卓越的人，他认为实质性区别不大，这一点和马基雅维利对贵族制和寡头制有意不加区分十分类似。尤其说到君主制与僭主制，既然两者的主要区别并不在是否合法取得了政权，而在于实质上统治得如何，所以这两者的区分在日常人们的言论中往往表现为出于个人好恶的主观评价，如果喜欢就称为君主，不喜欢就称为僭主，就如雅典庇西特拉图的统治所遭遇的描述指称困境一样。因此，霍布斯摆出了一种看似完全站在外部的观察态度，声称从经验上看，应该有效区分的只有三种政体，主权掌握在一人手中就称为君主政体，主权掌握在由部分人组成的议会手中的就称为贵族政体，主权掌握在全体臣民大会手中的就称为民主政体。

在霍布斯看来，三种政体的区别不在于权力不同，而在于取得和平与人民安全，也即实现国家共同目的的方法上互有差别，在这种基于共同目的的前提标准之下，霍布斯评估不同政体的优劣短长。霍布斯主要是从君主制和民主制的对比着手的，两者的比较一旦完成，"贵族制"的优劣大约就可以判断了，因为贵族制更接近于君主制。

霍布斯虽然对政体类型的划分采用了主权权力由一个人、少数人还是多数人代表的"算术"标准，但实际上他知道，这些不同国家的利弊短长的造成并非基于把统治本身或政府的管理给予一个人比交给多数人更好，或者相反，交给多数人比交给少数人更好，这种"政治算数"，而是取决于更重要的实质性差异，那就是，国家的审议（deliberation）能力到底是来自多数还是少数，来自有能者还是无能者。依照霍布斯的说法，统治（government）［imprerium］是一种能力（capacity）［potentia］，政府的管理是一种行动（act）［actus］。意思是说，就主权权力作为一种命令或意志的力量也即作为权力（power）或权威（authority）来说，对每种政体来说都是同样的，因此，不同政体的优劣短长主要取决于国家治国理政中实际展现出的"能力"，尤其是审议能力，无论是立法意义上的审议能力还是行政与司法意义上的审议能力。①

就这种审议能力的发挥来说，首先，正确地审议国家事务要求审议者掌握有关内政与外交事务的真正知识。因此，从议事的实质效果来看，私人顾问要比大规模议会中的众人更好。其次，议事的形式在大规模的议会中往往以争胜的演讲与修辞术指向说服听众，而不是用正确的理性指向所议事务本身，其结果是，在议会中往往会造成迎合人民的"派系"（faction），一个派系的意见在争胜的荣誉之战中获胜与将来失败派系的反击与获胜会导致国家大政，比如立法等的不连续性。最后，重大国事的审议需要保密，而大规模议会的审议形式在这方面更无法与私人顾问形式的审议相比。在这三种政体之中，霍布斯认为，君主政体的审议能力更强，因而，更倾向于君主政体。然而，人们担心君主制存在很多重大弊端，霍布斯推崇君主政体就必须说服人们对这些弊端该做如何理解。②

第一，人们最担心君主制的弊端是君主私利问题。君主一人及王族少数利益与整个国家利益之间可能存在少数与整体之间的区分，这种自然区别可能导致君主不能守护国家的公共利益。但霍布斯认为，君主与议会都有作为自然人与作为人民代表者法人的区分。就此区分与联系来说，霍布斯承认，人们的情感力量可能比理智力量更强大，人们可能自然倾向于顾及自己亲族的利益；但在这个共同前提下，因为君主亲族毕竟是少数，而议会中有多少个蛊惑人心的说客就可能有多少个私人亲族利益集团。因此，与民主制相比，君主制公私利益结合得最紧密。在君主制国家中，私人利益与公共利益是一回事，人民的财富、荣誉与权力就如同君主家庭的私有物，臣民如果因为贫穷、鄙贱而四分五裂，那么，君主就不可

---

① 参见 Hobbes, *On the citizen*, chap. 10. 16, p. 125；霍布斯《论公民》，第 113 页；Hobbes, *Leviathan*, chap. 19, p. 132；霍布斯《利维坦》，第 145 页。

② 施特劳斯指出，霍布斯坚持君主政体的优越性是一以贯之的，但为了说服民主政体的青睐者，他的理论策略是在承认民主政体理论的前提的同时去发现君主政体同样更卓越的功能，在《利维坦》中，他实现了君主政治原则与民主政治原则的新的统一。参见施特劳斯《霍布斯的政治哲学》，申彤译，译林出版社 2001 年版，第 85 页。

能富裕、光荣与安全。相反，在民主制中，公民之私利、私荣与国家之"公"自然距离更大，会有更多的利益集团剥削与操纵公民。

第二，就是君主的嫉妒问题。君主倾向于警惕、排斥甚至是杀戮那些国家中因为财富或其他原因涌现出的重要权威的觊觎者。霍布斯认为，对于主权者的嫉妒这一弊端，是任何政体都难以避免的，比如雅典民主政体下的"陶片放逐"制度，而且，民主政体中，主权者的"嫉妒"会因为"尼禄的数量多得像蛊惑人民的演说家一样多"，更多的无辜公民会因为某些人的私愤而被惩罚或处死。

第三，是君主制下的公民的自由问题。霍布斯认为，人们担心君主制比其他政体、特别是民主政体中的公民更少自由，是一种误解。因为，自由就其真实含义是不受外在阻碍地运动，这一自由含义对物体与对人和国家是同样适用。如果是这个意义上的自由，也就是法无禁止而给公民留下的不受外在阻碍行动的空间①，那么，在君主政体下根本不缺少自由。至于经常被引用的亚里士多德的提法说，只有雅典民主政体之下的人民才有自由，其他政体下的人民都是奴隶，这不过是亚里士多德面对当时雅典政体的修辞。不仅如此，人们说在君主政体下应该争取的"自由"实际意思是要争取"支配和统治"（dominion），也就是参与国家的统治与管理，这不应该与"自由"的真正含义随便混淆。

第四，"支配和统治"（dominion）涉及统治能力与参与国家的统治与管理问题，霍布斯强调的是，不同政体都有自己统治与管理国家的方便与方式，但是检验国家统治得好与不好的关键并不以参与统治管理的"公民大会"形式为唯一形式，而是与这种大规模议会形式并立的君主与贵族制下的不同形式所产生的具体治国理政效果究竟如何才是关键，其中最核心的审议能力问题已经在前面讨论得很清楚了。

第五，人们还担心君主制一个十分重要的问题，那就是国家主权者的代际传承也即继承问题，君主制在这个问题上受到最大的怀疑，也即君主把自己的王位传给尚不具备完整理性辨别能力的幼主手中的弊端。幼主继位必然伴随个人或多人组成的会议负责监国的情况，而人们会围绕幼主的监护和管理权展开竞争甚至是攘夺，而民主制貌似不会出现这种继承危机。

---

① 贡斯当所说的"现代人的自由"，伯林所谓的"消极自由"看来的确由霍布斯的"真正的自由"奠基，参见斯金纳《霍布斯与共和主义自由》，第191页。

对于这一问题，霍布斯认为，首先，与幼主治国造成混乱甚至内战的局面相比，有一个人或多人组成的议会实际监国的流弊只是相对的，它总比没有政府要好。其次，关于监护权竞争攘夺的流弊，又可以分两种情况。一种情况是前任君主已经通过遗嘱或默认习惯法的方式确定了究竟谁应该拥有协助幼主的监国权。这种情况下，如果还有攘夺发生，那就不是君主政体制度的问题，而是任何政体下都存在的臣民罔顾义务、肆行野心与不义的问题。关键是另一种情况，那就是，前任君主根本没有处理幼主继承的监护问题。这个时候首先就要诉诸自然法，也就是选择那最有利于幼主地位维护的人，而不是将之赋予一个可以损害甚至杀死幼主的"逆臣"手中。令人印象深刻的是，霍布斯指出，一个大国的主权操于一个大的议会手中的时候，这一国家在涉及战争与立法等重大政治问题的审议时，恰恰和政府遇到幼主与监护人持国时的境况一样。理由是，议会决断的机制如果是少数服从多数，那么，议会对于多数方的意见无论是好是坏都无权反对，正类似于幼主因为自身缺乏判断力而不能对监护他的个人或集体的意见进行否定的情形一样，这个时候，多数派就类似于"监国者"；还有另外一种更加明显的情况，不是少数服从多数，而是大国议会遭遇重大危机的时刻，这时需要独裁者或权力保护人，正如幼主需要监护人来保护其人身与权力一样。①

三　基督教体系的国家建设：政教合一还是政教分离

面对西部欧洲共有的神学—政治困境，霍布斯虽然和马基雅维利分享着类似的问题意识，但是，两者之间也存在着值得重视的差异，这种差异的形成不仅仅是因为霍布斯大约晚生了一百年，还有更重要的历史位置的不同，马基雅维利在反思基督教政教时立身于佛罗伦萨城邦，把自己的政教方案寄托于可以由"城邦"扩展为"帝国"的"罗马"模式，这种模式不仅诉诸"罗马混合政体"的动力机制，而且期待"新君主"成为"罗马式"政教精神与国家体制的创造者。意大利和地处"远西"的英伦相比虽然在物理空间上距离罗马教廷近在咫尺，然而，马基雅维利的政教方案不仅可以把罗马教廷，而且要把基督教本身排除在外，完全另起炉灶，建立一个新的政教文明。相比之下，1588 年生于英格兰的霍布斯对政

---

① 参见 Hobbes, Leviathan, chap. 19, p. 136；霍布斯《利维坦》，第 147 页。

教问题的思考的确和英国有密切的关系，和那些深受罗马遗民传统影响，"既不虔敬，又邪恶"（马基雅维利语）的意大利人相比，罗马教廷的理论与政策对于霍布斯立身的英国来说却有着更加强大的影响力，而且，这些政治、军事与外交的影响，的确是以基督教施加于蛮族的"精神软实力"为基础的。也许在马基雅维利这些私淑罗马遗民之教的人看来，英格兰蛮族皈依基督教是把基督教错当作是罗马的精神遗产的缘故，但无论如何，英格兰普通民众的精神生活，的确和基督教有着更深入的联系，也许正是因为基督教已经与英格兰社会生活密切联系在了一起了，像亨利八世这样的英国国王，即便高度敌视罗马教廷，但是，为了顺应民情以统治人民，也不能像马基雅维利所期待的"新君主"那样，气魄宏大地简单把基督教置于自己的政治事业之外来处置。因为这样不同的历史处境，霍布斯似乎在表达自己基督教体系中国家建设的筹划时，似乎应该比马基雅维利更加审慎，不过，既然英格兰的政治家为了应对这一著名的神学—政治困境已经在现实中创造了"英国国教"这一经验，那么，霍布斯批评罗马教廷的神学政治理论与政策也自然获得了某种政治空间。无论如何，既然英格兰从亨利八世一直到伊丽莎白时代的宗教政策，还是在基督教启示信仰的旗帜下争论英国范围内应有的政教关系，霍布斯顺应这一政治经验的思考也自然把如何处理与基督教的关系放在了自己国家建设方案的内部。既然，后世的人们已经知道，马基雅维利式的超基督教的政治文明方案已经被欧洲的政治实践大幅度地修改，以封建领土国家而不是以城邦为策源中心的"绝对主义国家"——基督教不是被排斥在"新国家"的外部，而是被容留在其内部——的崛起，开辟了现代欧洲政治整合的新道路；那么，如果人们以"神学—政治困境"为结构背景，以"战争"为动力机制，以"主权国家"为行为体，来理解现代欧洲经验，霍布斯的"建国方案"似乎更能提供一个"基督教欧洲"的内部视角。

为了思考基督教体系中的国家建构问题，霍布斯不辞辛劳地通过带领人们阅读《圣经》，来表达自己的教诲，他告诉我们，在基督教体系的漫长国家历史中，主权者不仅握有最高的世俗权力，而且是裁断宗教信仰争论的最高法官，政教合一而不是政教分离才是历史的常相，欧洲中世纪的政教分离局面恰恰是一种有待克服的特殊历史困境。霍布斯的解读是从《旧约》开始的。

第一，亚伯拉罕到摩西之前的时代，我们被告知，此时以色列人主要通过自然理性来服从和崇拜上帝。因为接受超自然的启示而对上帝进行崇拜，亚伯拉罕的宗教是启示宗教，但是，上帝因自然及与亚伯拉罕立约而成为亚伯拉罕、以扫、雅各这些自然君主的王，此时亚伯拉罕的后裔对上帝只有自然的服从与崇拜，"他们听到的上帝的唯一的话是来自自然理性的语言；除了他们的意愿包含在他们的王亚伯拉罕的意愿之中外，在上帝与他们之间并没有立约。"①

第二，上帝通过摩西在西奈山与以色列人订约，上帝的人间王国按约建立，著名的摩西律法出现，这个时代，摩西本人是真正的主权者，亚伦作为祭司只是他的辅助者。因为只有摩西本人才能登上西奈山，领受上帝的训令，然后通过亚伦传布给众人。先知要辨别哪些是上帝的真正教诲，但前提是，必须知道谁是真正的先知。摩西因为其对亚伯拉罕的神的信仰和施奇迹的大能而得到以色列人的信任。然而判断谁是真正的先知还是要依靠自然理性，因为这判断要依靠先知的解释并把这些解释与事件做比较，因而以色列人时常因为预言不应验而处死先知，也因为事后的应验又承认被处死的人的著述是先知的著述。②

第三，在摩西去世后，从约书亚（曾经是摩西的助手）时代开始到扫罗王的时代，上帝为以色列规定的权利名义上一直归祭司掌管，但事实上主要落入先知手中，先知成为以色列诸部事实上的士师。士师首先拥有世俗权力，而作为先知，他们又有权力解释神的话，那么，世俗权力与神圣权力实际上并没有分开。③

第四，扫罗时代一直到巴比伦之囚之间的列王时代，以色列的国王不仅拥有世俗的权力而且拥有解释以色列人必须遵守的摩西律法和其他上帝圣言的权力，即便祭司在天赋和学问上强于别人，列王仍然完全能让解释者受自己的支配。这个时期就像摩西的时代一样，祭司是国王的辅助者。④

第五，摆脱了巴比伦的奴役后，以色列人又在以斯拉的指引下返回了故土，从这时起一直到耶稣的时代，以色列人又进入类似约书亚去世和列王时代之间的

---

① 参见 Hobbes, *On the citizen*, chap. 16.9, p. 191；霍布斯《论公民》，第 184 页；Hobbes, Leviathan, chap. 40, p. 323；霍布斯：《利维坦》，第 375 页。

② 霍布斯的意思是这个阶段判断谁是真先知的并处死伪先知的权力掌握在摩西这位主权者手中。参见 Hobbes, *On the citizen*, chap. 16.12, p. 191；霍布斯《论公民》，第 188 页；Hobbes, Leviathan, chap. 40, p. 327；霍布斯《利维坦》，第 379 页。

③ 霍布斯认为，无论是祭司还是先知掌握着圣言与奇迹的解释权，那么同时，世俗权力也掌握在其手中。参见 Hobbes, *On the citizen*, chap. 16.14 – 15, p. 191；霍布斯《论公民》，第 190 页；Hobbes, Leviathan, chap. 40, pp. 328 – 329；霍布斯《利维坦》，第 380 – 381 页。

④ 参见 Hobbes, *On the citizen*, chap. 16.16, p. 199 – 200；霍布斯《论公民》，第 194 页；Hobbes, Leviathan,, chap. 40, p. 328；霍布斯《利维坦》，第 382 页。

祭司统治的时代，尽管争夺祭司权的野心家和外部君主的干涉让人们难以从史书中辨清以色列真正的权威握于何人手中，但是，霍布斯认为，有一点是没有争议的，那就是解释上帝之言的权力与至上的世俗权威是不能分离的。[1]

对于《新约》的解读，霍布斯强调的是《新约》和《旧约》在处理世俗权力和神圣权力关系上，原则的一致性。问题的关键在《新约》所说的，要建立的上帝的国到底应该如何解释。霍布斯认为，耶稣是来拯救而不是来审判的，耶稣不仅教导了改悔，还教导了服从，因为救主耶稣并不是来废除律法的，而是要完成它的，这说明了《新约》与《旧约》的一致。因为耶稣只是来教诲人们来世得救的方法，耶稣所预言的末日审判的时刻尚未来临，耶稣所称的上帝的国并不是指当下这个世俗世界上的国。耶稣并不干涉现世国家的分配正义、校正正义，订立这些正义的规范并监督其实现，是国家主权者的责任。与政治社会规范有关的内容，耶稣除了教导了"自然法"意义上的公民服从外，没有颁布任何关于国家统治的原则，因此关于谁是国家的朋友与敌人，应该团结什么人等问题上，公民要从国家主权者那里接受领导。

既然耶稣的宗教并未剥夺传统统治者的世俗权力，那么，关于灵魂事务的神圣权力又掌握在谁的手中呢？要回答这个问题，关键要解决的是"什么是神的话"这个关键问题，而神的话最核心的又是《圣经》上的话，霍布斯认为，基督教的教诲（doctrine）的真正意义必须通过人的头脑能够理解的经文来驾驭，所以要害在于，《圣经》中关于神的话应该如何理解。"要么解释者的话就是神的话，要么神的话不是基督教的教诲。"[2] 既然神的话应该是基督教的教诲，因为不能用人类的理性，只能用神启获得的教诲只能是神的教诲；那么，问题的重点就在于如何对启示的真实意思进行解释，因为如果不能得到解释，那么对上帝之言的记载就变成了纯粹的文字和声音，而揭示不出真实可靠的意思。能够以自然理性解释出其意思与意义的上帝之言才能成为基督教的教诲，因此，"神的话"对于人来说就是"关于神的话"，经文解释者的话就是最有影响力的"神的话"了。既然对启示宗教解释上的无休止的评注与对评注的再评注工作永无尽头，那么，唯一的出路就是要确立解释的权威原则，权威原则的核心就是要确定一个经文的最高解释

① 参见 Hobbes, *On the citizen*, chap. 16.16, p.202；霍布斯《论公民》，第191页；Hobbes, Leviathan, chap.40, p.330；霍布斯《利维坦》，第385页。

② 参见 Hobbes, *On the citizen*, chap.17.17, p.218；霍布斯《论公民》，第211页。

者，也是一切教义的最高法官。

现在的问题是，到底是欧洲国家的主权者，无论是君主还是议会，还是罗马教廷掌握着裁断教义与教规争议的最高权力呢？对于后罗马的西部欧洲来说，人们最熟悉的关于这个问题的回答似乎是以教皇为核心的罗马教廷拥有裁断教义教规等这些灵魂事务的最高权力。但问题是，教皇与教廷的这个宣称的最高权力并没有得到各国的自然认可。英国自亨利八世开始，至伊丽莎白时代奠立的安立甘宗制度就公开宣示了在灵魂事务的权威上与罗马教皇的分庭抗礼。圣公会的实践无疑对霍布斯有关国家与宗教关系的思考产生了深刻的启发。

在霍布斯看来，所谓教会（ecclesia）的严格定义应该是："通过基督与上帝立了《新约》的信众（multitudo）（霍布斯特别注明，所谓信众就是一群经历了受洗圣事的人）。这些人被某人召集到某一地方，在他的召唤下，所有的人都必须亲自或通过别人参加集会。"① 这里的关键在于，霍布斯指出，如果一群人不能在必要时聚集在一起，它不能成为一个人格，不能履行"一个人"的职责。所以，一个教会可配称为一个合法的教会的关键就在于有明确公认的合法权威的召集，否则的话，它只是一群各自有别的人，不管他们在信仰上如何一致。在霍布斯看来，如果基督徒组成一个国家，那么，国家与教会就是同一事物的两个名称，因为在这种情况下，国家与教会的质料是一样的，都是同样的基督徒，召集他们的合法权威形式也是一样的。

那么，当前欧洲的基督徒并没有组成一个单一的国家，而是分散在若干个国家里。这些不同国家的基督徒能否组成一个统一的教会呢？霍布斯认为他们虽然可以通过相互立约建立一个教会，但不得不以国家为条件，因为教会必须在具体的时间和地点集会，聚会的时间、地点和人员属于约定法的管辖范围，无论某国公民还是外国人，没有得到统治某地国家的同意，他们就不能在那里聚会。至于以基督为首的，承认上帝是世界统治者的人表面上虽然属于一个王国和国家，但这个"国家"不能具备人格，他们没有统一的行动和共同的国策。它至多是个潜在的教会，直到末日审判的那一天，他们才可能聚集在一起，而其唯一合法的召集者只能是上帝。

问题是，教皇和以其为核心的罗马教廷宣称自己就是地上的普世教会，教皇

---

① 参见 Hobbes, *On the citizen*, chap. 17. 20, p. 220；霍布斯《论公民》，第213页。

不仅是世界基督徒会议的合法召集人，而且是教义、教规争端的最高裁断者。不过，在霍布斯看来，罗马教廷扮演起各国教会的"教会"的角色主要是因为罗马帝国，在罗马帝国政教合一的国家中，君士坦丁大帝之后逐渐获得罗马国教地位的基督教在罗马的公民宗教制度中扮演了辅助国家和君主的作用，召集帝国宗教会议并裁断教义教规争端的最高权力掌握在罗马帝国皇帝的手中。此时的罗马教会也不能称作"普世教会"，因为罗马不过占世界的二十分之一而已。至于罗马帝国崩溃后，罗马教廷还想继续发挥传统罗马教长（doctores）的作用，但是，教皇的教权必须依托于国家一样的法人权威，教皇的"无谬误"缺少国家主权者"无谬误"的裁断资格。因此，在基督徒的国家中，对灵魂和尘世问题的最高裁断权力都掌握在主权者的手中，主权者既是国家的首脑，也是教会的首脑。①

如果说，1642 年发表《论公民》的时候，英国内战的局势还没有演变到新教独立派反对长老派的地步，霍布斯对于政教问题，特别是天主教带来的欧洲政治困境还采取了一个相对节制的态度的话；那么，1652 年《利维坦》发表时，霍布斯对基督教带来的政治黑暗的批评就显得非常典型了。在《利维坦》中，霍布斯揭露了天主教罗马教廷在罗马帝国崩溃后篡夺了属灵事务的主权，宣扬自己就是上帝在地上的王国，给欧洲国家的政教整合带来了严重的恶果。罗马教皇与教廷篡夺这一权力的主要手段就是编造和传播有利于自己利益的学说，以获取干涉欧洲各国政治事务的"软权力"。这些学说中最引人注目的一条是宣称教皇在公职方面不可能犯错误的"教皇无谬误"学说。"教皇无谬误"学说的力量在于，教皇格里高利开辟的教会法法权学说中其他具体的管辖权和学说条目都因为这一条而获得了体系大厦的拱顶石。因为所谓教皇的公职显然紧紧地系于掌管灵魂事务的权力上，但是，教皇实际上要使人民相信（比如通过分圣体仪式）他自己对所有的基督徒都具有摩西和亚伦对犹太人才具有的一切世俗和宗教的权力。教皇要扮演大祭司的角色，他是所有基督徒的最高主权者，而教士们则是各级祭司，是教皇治理人民的助手。

在这一教会法权体系的主张之下，基督教国家各教区主权的权力被认为既不是直接来自上帝，也不是间接来自各国主权者，而是来自教皇。相应地，主教、教士以及所有修士及辅修士都要受教会法的管辖而不是世俗法的管辖。这实际上

---

① 参见 Hobbes, *On the citizen*, chap. 17. 22, p. 222；霍布斯《论公民》，第 215 页。

是在每个基督教国家中都制造了潜在的"国中之国",主教和教士们虽然受到了世俗国家法律提供的保护,但是,他们既可以不负担国家的公共支出,又可以不像其他臣民一样因为自己的罪行而受到惩罚。因为这些人要依靠和服从于教皇,因此,教皇就可以对自己不满意的国家挑动起内战。①

教廷对婚姻的学说与管辖主张也不可小视。禁止祭司结婚的法权要求可以保证教皇垄断对人民,特别是对君主的祭司权力。因为,如果国王是一个祭司,那么他就不能结婚,因此就无法把王国传给自己的后裔;如果国王能结婚而不是一个祭司,那么教皇就可以宣称对国王及其臣民拥有祭司权力。对于那些可以结婚的人,婚姻是一种圣礼的主张使得圣职者获得审定婚姻是否合法的权力,相应地,审定哪些子嗣来自合法婚姻的生育的权力涉及国王,那么圣职者就能审定国王的继承权。至于主张教廷拥有普通基督徒列圣和宣告殉道的权力,这种法权主张就使得教皇在通过宣布开除世俗主权者的教籍把其标记为异教教徒或教会敌人的同时,就可以煽动那些反叛世俗主权者法律的人不惧怕暴死的惩罚而不屈地抵抗。②

总而言之,教皇和罗马教廷虽然没有强大的军事力量这种"硬权力",但是,通过发明和传播有利于自己利益的学说而为自己管辖权的扩张奠定了广泛的社会文化基础,这种社会与文化的力量所编织的权力之网一步步地把人民的精神套上了枷锁,甚至使许多世俗统治者不自觉地成为这些煽惑乱众、破坏欧洲国家政治整合的学说的传播帮凶。以教皇为核心的教廷是上帝在地上的国的代理人的学说一旦迷住人民的心窍,任何人的学说都难以想出办法来补救。

不过,幸运的是,英格兰的政治实践似乎为冲破教皇与教廷编织的权力之网提供了一个范例。首先是伊丽莎白女王的《至尊法案》解除了教皇在英国的全部权力,主教的授职权由英国国王掌握;随后,英格兰的长老派推翻了教皇的权力;最后,独立派的涌现使英格兰长老派的权力也被剥夺了,英国在宗教问题上好像回到了原始基督徒的独立状态,"每一个人可以随自己的心愿属于保罗、属于矶发或属于亚波罗"。③

保罗本来是批评当年原始基督教这种宗派分立的局面的,但是霍布斯却说,这也许是"最好的方式"。因为在他看来,阿奎那开启的经院哲学调和自然理性与

---

① 参见 Hobbes, Leviathan, chap. 47, p. 476;霍布斯《利维坦》,第 559—560 页。
② 参见 Hobbes, Leviathan, chap. 47, p. 477;霍布斯《利维坦》,第 561 页。
③ 参见 Hobbes, Leviathan, chap. 47, p. 479;霍布斯《利维坦》,第 559—560 页、第 563 页。

启示宗教的努力后来恰恰增强了罗马教廷淆惑人心的能力，当新教改革"因信称义"的新传统拒绝教皇与教廷权威，力图建立正本清源的启示宗教之时，自然理性也顺势从教会的权威压抑之下解放了出来。这种解放恐怕不仅给了个体基督徒自由，而且也使基督教体系中国家建构的困局得到了某种克服。只不过，霍布斯总结和弘扬的克服方式因为全心全意地盯着自己的基督教对手也使自己变得更像个"敌基督者"。别的暂且不说，只需看看"主权者不可能不正义"这种法权学说与"教皇无谬误"学说的对抗，我们就能看到霍布斯政治学说的"神学"色彩。现在，因为那些自恃掌握灵魂神圣权力的基督教自身陷入了"因信称义"的宗派主义内战之中，世俗的主权者似乎在教皇与教廷，甚至连主教都倒下之后，更自然地在大地上树立起了自己的权威。不过，"利维坦"这个大地上的骄傲之王，到底是一个政教合一的国家，还是一个"中立"的法权机器这一问题将构成对霍布斯政治方案的挑战。换句话说，至少在《论公民》中，霍布斯还在坚持用自然理性与启示宗教折中的思路建立一个政教合一的国家；但是，在《利维坦》发表时，英国的内战与宗教宗派分裂的局面已经使他出于现实不得不对自己的方案做出修改。当国家一边强调自己对合适的崇拜上帝的仪典有规定的权利，却不得不给国教徒之外的天主教徒，还有长老派以及独立派的新教徒以信仰自由之时，启示宗教与自然理性，或者说基督教与国家的矛盾并没有得到根本的解决。如果说新教改革之前，英国在政教权力上的主要敌人是教皇与天主教罗马教廷的话，那么，新教改革则使基督教体系中政教的矛盾内化到了"利维坦"国家内部。在《论公民》中，霍布斯在论及国家解体的内因时曾经指出，在使人产生叛乱倾向的教诲中的第一条就是："关于善恶的知识是个人的事。"① 他又说，那种认为"信念和神圣并不是通过学习和自然理性获得的，而总是通过超自然的灌输或启示给人的"学说就是宗教宗派狂热的来源。在《利维坦》中，霍布斯却不得不面对启示宗教狂热的宗派主义的现实。和马基雅维利相比，霍布斯的确更是个"现实主义者"，他要使自己的政治方案适用于哪怕是最不利的情况。"至善"对于霍布斯来说太迂远辽阔了，只要统治者能负担起维护和平的责任，只要被统治者履行服从的义务，社会就不至于陷入黑暗的至恶的深渊。

———————————

① 参见 Hobbes, *On the citizen*, chap. 12.1, chap12.6, p. 131, p. 136；霍布斯《论公民》，第120、123页。

四 "文明化"道路的困境

今天我们总是怀疑霍布斯给我们勾画的"利维坦"是不是太骄傲自负,太"绝对主义",太"专制"了;但霍布斯会坦率地答辩道,你只能说我所发明的国家是"人性的",至多可以批评说,它"太人性"了。如果人并非如古人所言那样或追求止于至善的目的,或满足于果腹的自足,换句话说,如果人并不"节制";那么,本性倾向于竞争、猜忌和虚荣的人正配得这样国家。没有这样的国家作为公共安全的威慑者,这些皆以为自己是"第一实体"的个人,在自由运动中只会陷入相互摧毁的可悲深渊。许多人在情感上十分不喜欢的"利维坦"——这一"骄傲之王",恰恰是"骄傲"的"自由个体"和同样自由的其他个体为了还能像原子一样做自由运动,而必然会提出来的逻辑要求。如果坚持霍布斯一样的知性真诚,如果我们承认霍布斯式的"小写的人"的"真实性",那么,我们就应该接受其"利维坦"这一"大写的人"的"真理性"。

事实上,霍布斯的"绝对主义"来自其怀疑主义与克服怀疑主义的"绝对确定性"的追求。当柏拉图、亚里士多德和阿奎那的人性目的论被怀疑主义所舍弃的同时,人在宇宙论体系中享有神人之间的身位与承担相应义务的伦类学说也不能作为道德与政治学说的基础了。在道德与政治秩序的确定性问题上,霍布斯关心的仍然是统治与服从的秩序的基础是什么这一问题。对于这一问题,柏拉图、亚里士多德的回答是建立在人的伦类学说上的,这一学说认为,人的伦类区分的自然基础在于美德,越是接近最完美的标准的人也即哲人—王标准的人越有资格统治;相应地,人们同居合群之道应该根据这一道德与政治伦类的原则来组织,每个统类的人都要自我节制的意思是,哲人要节制自己独善其身的个人幸福追求而负担起统治责任,军人要把自己的勇敢锻造成对国家政教精神的忠诚守护的坚忍,对上服从最高护国者的教导,对下履行辅助统治工商阶层的责任。金字塔最基层的工商阶级的节制就是服从政治人的统治,切实尽到自己勤勉劳作,服务于家计、国计的本分。但是这种"统治与服从"的古典学说高度依赖于人的美德,相应地也高度依赖于由国家政教塑造的良善风俗。建立这样的统治与服从的秩序需要很多内外的条件,因为这些条件的"理想性",像马基雅维利这样的"现实主义"政治思想家就把眼光从斯巴达式的政俗严谨的"内向"国家范例转向了罗马式的"外向"国家典型。在这种"外向"国家模式里，君主和贵族的统治因为是把自己的身份定位为替整个城邦攻城略地以扩张为帝国为追求的，因而就因这种国家的理由而成为必要的；人民的服从理由也并非来自"贤贤"与"尊尊"的内政逻辑，而是来自罗马公民对外扩张中的"爱国主义"。对于统治者与人民来说，统治与服从的关系因为"外向"国家的视野就简化类比为与敌国现在进行时态的战争中的将帅与士兵的关系。如果说，在马基雅维利这里，政治秩序当中的服从问题还是在先明确统治问题的前提下自然得到了明确的话，那么，在霍布斯这里，追求政治秩序基础确定性的焦虑使得他走得更远，他要发现比攻城略地的"外向"的国家理由更普适的"统治与服从"的确定性。这种确定性就是霍布斯的"自然状态"还原论所揭示的：如果每个人都不仅想自己统治自己，而且想统治别人和整个世界，那么，"服从"的理由或者说政治秩序的基础会是什么呢？不必说宇宙秩序，"自然状态"的还原论把"家"与"国"等社会联结形式都还原为个体，个体在古人那里负担的义务也被解除了，现在个体首先是"自由"的享有者。从个体的主观私意来看，似乎他享有着不受约束的自然权利，霍布斯会称之为自然自由。因为享有权利的意思就是你有做或者不做的自由。不过，在霍布斯看来，自然状态下的自由又因为平等的自然境况而使每个人不得不去"做"。这种每个人因为虚荣自负的激情而不得不做的状况又导致了自然自由就是每个人对每个人的战争这样的悖论。霍布斯的方案就是压制每个人虚荣自负的激情，强化他们对死亡恐惧的激情，其意图就是通过控制自然自由的必要条件，也即"生命的保存"来寻找对每个人都适用的"服从"理由。这一服从理由就是"为了自我保存"。这一服从的理由，也即服从统治的理由，摆脱目的论的义务体系，声称是为了保护每个人最基础性的自然权利，那就是"活着"。

霍布斯强调，拥有"绝对权力"的利维坦并没有剥夺人们自我保存的自然权利，他不仅阐明了现代国家以个体为建构起点，以维护个体的权利为目的的法权结构，而且明确意识到了这一结构下个体与社会和国家之间的矛盾。如果没有国家，个体与个体之间的战争恰恰表明，作为个体集合的"社会"自然会趋向"至恶"；为了避免"暴死"，国家这个凌驾于个体和个体集合成的社会之上的法权的轴心才被人发明出来。但"主权国家"只是把从前存在的苦涩矛盾吞到了"利维坦"的内部，却没有能够完全消化掉：维护个人权利和履行集体义务的矛盾，政治原则与宗教原则的冲突，只不过被置换为了公共领域与私人领域的矛盾与冲突，

"法无禁止即是自由"这一法权空间，的确使霍布斯貌似极端集权的方案开启了现代欧洲自由的大业。按照施密特的看法，霍布斯的国家学说倾向于把国家变成无关善恶的、空洞的中立者，因而为后世自由主义发展出的形形色色的自由掏空强壮的"利维坦"的肚腹埋下了伏笔。① 的确，无论是在"对内"还是"对外"的方面，如果忘记自己原本要解决欧洲神学—政治困境的理论承诺，"利维坦"就会变成一个彻底失败的隐喻，在这一点上，施密特的批评切中了霍布斯式"困境"的要害；不过，霍布斯作为后世许多"主义"的理论启发者，包括自由主义的理论启发者，和那些向自由主义一隅发展其理论学说的人相比，展现出了更多的矛盾与含混，正是这种矛盾与含混，使霍布斯的理论仍然保留着与某些后辈相比，更加深刻宽广的视野。霍布斯的理论不可能坚决地把国家化约为社会，正因如此，国家不仅仅只被看作社会的"守夜人"，恰恰相反，在霍布斯看来，没有国家，整个社会就会陷入"无边的暗夜里"，没有国家，人类社会根本就不会有"白天"。尽管如此，霍布斯并没有一种"超出现代，甚至超出西方文明的更高政治哲学视野"，面对强大的精神对手——基督教，他只是把个人与社会、个人与国家、政治与宗教的对立作为人类不可避免的前提处境接受下来；"利维坦"是人工打造的一艘"大船"，它能够防止人群沉入"暴死"的"至恶"深渊，至于"大船"上的人们要驶向何方，他的政治法学并不能直接回答，据说，作为激情的动物，他们在"大船"的载浮下，可以从一个欲望目标，向另一个欲望目标不断转换，社会也会因此而"文明"和"繁荣"。

---

① 参见施米特《霍布斯国家学说中的利维坦》，应星、朱雁冰译，华东师范大学出版社 2008 年版，第94 页。

抽签与民主:释放对民主理念
实现方式的想象力

王绍光[*]

[内容提要] 如果摆脱 20 世纪以来流行的"民主""共和"观念,回到民主、共和的本源,在政治中运用随机抽签实际上是很有道理的、经过深思熟虑的、有助于实现民主和共和理念。在现代世界,对诊治漏洞百出的西式代议民主,重新启用抽签恐怕不啻为一剂良药。本文不是为了证明,抽签是实现民主理念的唯一正确方式;也不是为了证明,选举一无是处。在不同的时代、不同的历史文化背景下,实现民主理念也许可以采取很多种,甚至无数种方式,根本不存在某种唯一正确的方式,选举不是,抽签也不是。推进民主应该多轮驱动,不应单轮驱动。如果这有助于释放大家对民主理念实现方式的想象力,我们的目的就达到了。

[关键词] 民主　抽签　代议民主　抽选民主

一　民主与抽签的历史渊源

"民主"是个极其时髦的词,人们几乎每天都见到它,听到它。说到"民主"理念的实现方式,人们首先联想到的恐怕是一人一票的选举,是自由的、不受约束的、竞争性的、多党之间的选举。在很多人的理解中,民主与选举几乎是同义词:民主就意味着选举,选举就表明有民主。

---

* 王绍光,清华大学苏世民学院、公共管理学院特聘教授。

然而，在被很多人奉为"民主发源地"的古希腊雅典城邦，民主不仅没有采取一人一票的方式进行选举，而且选举根本就不是古希腊城邦实现民主的主要方式。古希腊城邦实现民主的主要方式是随机抽签！[①]

在即使出版的《抽签与民主、共和：从雅典到威尼斯》一书中，我试图用详尽的史料展示，民主、共和与抽签（而不是选举）原本有极大的、久远的关系。从公元前 6 世纪直到 18 世纪末，在两千多年的历史中，抽签在民主与共和制度中扮演着极为关键的角色：缺少了抽签，古希腊城邦民主就不是民主了，罗马共和国、佛罗伦萨共和国、威尼斯共和国也就不是共和了。

对大多数读者而言，这种说法也许完全出乎意料，甚至可能感到有点不可思议。在他们看来，抽签是非理性的、荒唐的、不负责的，但是，如果摆脱 20 世纪以来流行的"民主""共和"观念，回到民主、共和的本源，在政治中运用随机抽签实际上是很有道理的、经过深思熟虑的、有助于实现民主和共和理念。在现代世界，对诊治漏洞百出的西式代议民主，重新启用抽签恐怕不啻为一剂良药。

不过，在 19 世纪以后的两百多年里，随着"民主""共和"的呼声增大，民主与抽签绵延两千多年的内在关系却被剥离、割断了。抽签逐渐淡出人们的视线，政治辩论中很少有人提及它，政治实践中它几乎完全绝迹，以至于现在绝大多数人，包括绝大多数学者几乎完全不知道，在民主、共和的传统中，抽签曾经扮演过举足轻重、不可或缺的角色。

取而代之的是，曾被历代思想家看作寡头政治标志的选举变成了"民主"的标志：争取"民主"就是争取选举权、争取扩大选举权、争取普选权。法国旅美学者曼宁（Bernard Manin）1997 年出版的《代议政府的原则》专门有一章讨论"选举的胜出"，他用"令人震惊"（astonishing）来形容这个对民主釜底抽薪的突变。[②]

选举说到底就是挑出一批精英治国。"民主"不再意味着由占人口绝大多数的平民自己直接当家做主，而意味着人民拱手将治国理政的权力交由一小撮获得较多选票的精英打理。民主的实质被抽空了，换上华丽的外套；偷梁换柱之后，民

---

① 在本文中，"抽签"是外延比较宽的概念，"抽选"是外延比较窄的概念，专指单纯用抽签的方式选取官员。本文的最后两节"抽签理论：从边缘到主流"和"抽签实践：遍地开花"，以《西方民主一个新动向：抽签的理论与实践》发表在《武汉大学学报》（哲学社会科学版）2017 年第 4 期，此处发表的是全文，特此说明并致谢。

② Bernard Manin, *The Principles of Representative Government*, New York：Cambridge University Press, 1997, p. 79.

主已变为选主。而抽签之所以被腰斩，也许正是因为作为民主、共和的利器，它过于锋利，危及了那些对民主口是心非的统治精英。

二　普选权的实现与代议民主的危机

经过底层民众一百多年的争取，到 20 世纪六七十年代，普选在欧美各国终于基本实现了。[①] 这时，有人开始意识到，即使完全实现一人一票的普选，代议民主也未必是真正的民主。[②]

图 1 显示，从 1840 年前后开始，普选权（Universal suffrage）曾在一百多年的历史中是各方关注的焦点。不过，从 20 世纪 60 年代末开始，随着普选权的实现，人们对它的关注迅速消退。与此同时，人们逐步意识到，虽然代议民主在理论上赋予每个人相同的政治权利，现实政治却始终牢牢把握在极少数"政治精英"或"权力精英"手中；熊彼特津津乐道的精英集团内部竞争丝毫无助于削弱政治中的"精英主义"。[③]

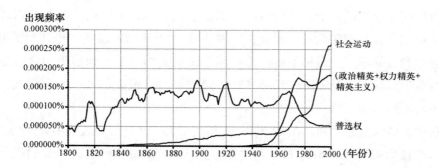

**图1　谷歌 Ngram 中"普选权""政治精英""权力精英"
"精英主义""社会运动"出现的频率**

1956 年，当赖特·米尔斯出版《权力精英》一书、揭开美国民主面纱背后的

---

① 例如，美国 18 岁男女的普选权直到 1971 年才实现；瑞士妇女的普选权直到 1990 年才实现。

② Mogens Herman Hansen, *The Tradition of Ancient Greek Democracy and Its Importance for Modern Democracy*, Copenhagen：The Royal Danish Academy of Science and Letters，2005，p. 23.

③ 约瑟夫·熊彼特：《资本主义、社会主义与民主》，吴良健译，商务印书馆 1999 年版，第 360—413 页。

军事、经济、政治精英网络时,① 他曾遭到不少批评家的嘲讽，认为他的研究不够专业。② 但 4 年之后，谢茨施耐德（1892—1971）出版了《半主权的人民》一书，从另一个角度揭示出相同的事实：民主、共和两党的动员对象主要是社会的中上阶层，忽略了人口的另一半——几千万名不参与投票的选民。他对风行一时的多元民主理论提出了强烈的批评，指出："那种认为有压力集团的存在就可以自动代表所有人的看法不过是个神话"；"多元主义天堂的问题在于，在天堂合唱中，上层阶级的音调太响亮"。③ 谢氏那时刚刚卸任美国政治学会主席，谁也无法以不专业为借口挑他研究的刺。

20 世纪 60 年代末，这样的出版物多了起来。1967 年，心理学家威廉·多姆霍夫（1936—）出版了《谁统治美国》；④ 1969 年，政治学家西奥多·罗伊（1931—2017）出版了《自由主义的终结》；⑤ 前一本书十分畅销，后一本书引起学界热议；两本书都再次对多元民主理论产生巨大冲击。的确，虽然社会中存在种种利益集团，但它们之间并不存在多元民主论所说的平等竞争。相反，在政治影响力的角逐中，某些有强大财力做靠山的利益集团占据压倒性的优势地位：它们可以雇用专业游说人士，可以为选举提供金钱支持，可以用种种方式对政府决策施加影响（比如威胁政府把投资移往别处）。这些强势利益集团也许会摆出一副追求公众利益的姿态，但那不过是掩盖其寻租行为的幌子。利益集团之间这种不对称的竞争，根本不是民主，只会导致公共政策的议程设置被少数人绑架，使政府成为特定阶级的工具。

从图 1 可以清楚看到，在 20 世纪 60 年代末 70 年代初，"政治精英"（Political Elite）、"权力精英"（Power Elite）、"精英主义"（Elitism）引起了人们极大的关注。也许是意识到票选内在的局限性，一些人群开始通过动员的方式推动体制外活动，由此形成了一轮政治参与高潮和所谓"新社会运动"的高潮，如反战、反

---

① C. Wright Mills, *The Power Elite*, Oxford：Oxford University Press，1956.

② John H. Summers, "The Deciders," *New York Times*, May 14, 2006, http：//www.nytimes.com/2006/05/14/books/review/14summers.html? pagewanted = all&_ r = 0.

③ Elmer Eric Schattschneider, *The Semisovereign People*：*A Realist's View of Democracy in America*, New York：Holt, Rinehart and Winston, 1960, pp. 30 - 36.

④ G. William Domhoff, *Who Rules America*? Englewood Cliffs, N. J：Prentice - Hall, 1967.

⑤ Theodore J. Lowi, *The End of Liberalism*, New York：W. W. Norton, 1969.

核、环保、女权、少数族群、社区等运动。① 投身社会运动，使一大批民众迸发出参与政治的极大热情，展现出非凡的能动性。② 一波接一波的游行、示威、静坐、抗议、占领突破了西方既有体制的束缚，将一系列以往被遮蔽的经济、社会、政治问题提上议事日程；用德国学者克劳斯·奥菲（1940—）的话说，"新（社会）运动的行动空间就是非制度化政治的空间，这是被自由民主与福利国家的理论与实践排除在外的空间"。③

当时占统治地位的代议民主理论对蓬勃兴起的参与热潮无法做出自洽的解释。如此一来，新社会运动的兴起不仅造成社会运动理论生机勃勃的局面，④ 也激发一批理论家开始反思代议民主理论，提出一些倡导民众直接参与政治的新理论，如"直接民主"（Direct democracy）、"参与民主"（Participatory democracy），以及后来出现的"协商民主"（Deliberative democracy）（见图2）。⑤

三　终结历史的黄粱梦

突破代议民主框框的政治参与对现有经济、社会、政治秩序构成巨大挑战，引起保守思想家们的忧虑甚至恐慌。他们认为，在常规政治之外，各个社会群体的"非常规"政治活动（即选举投票以外的活动）对政府提出了"过多"的要

---

① Hanspeter Kriesi, et al., *New Social Movements in Western Europe: A Comparative Analysis*, London: UCL Press, 1995; J. Craig Jenkins and Bert Klandermans, eds., *The Politics of Social Protest: Comparative Perspectives on States and Social movements*, Minneapolis: University of Minnesota Press, 1995; Michael P. Hanagan, et al., *Challenging Authority: The Historical Study of Contentious Politics*, Minneapolis: University of Minnesota Press, 1998; Charles Tilly, *Social Movements*, 1768 - 2004, Boulder: Paradigm, 2004, Chapter 4 "Twentieth - Century Expansion and Transformation", pp. 65 - 94.

② Russell J. Dalton and Manfred Kuechler, eds., *Challenging the Political Order: New Social and Political Movements in Western Democracies*, Cambridge: Polity Press, 1990; Terry Nichols Clark and Michael Rempel, eds., *Citizen Politics in Post - Industrial Societies*, Boulder, Colo.: Westview Press, 1997.

③ Claus Offe, "New Social Movements: Challenging the Boundaries of Institutional Politics", *Social Research*, Vol. 52, No. 4 (Winter 1985), p. 826.

④ Steven M. Buechler, "New Social Movement Theories", *The Sociological Quarterly*, Vol. 36, No. 3 (Summer, 1995), pp. 441 - 464.

⑤ Graeme Duncan and Steven Lukes, "The New Democracy", *Political Studies*, Vol. XI, No. 2 (1963), pp. 156 - 177.

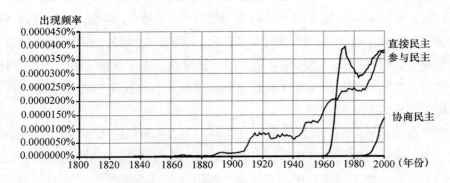

图 2　谷歌 Ngram 中"直接民主""参与民主"
"协商民主"出现的频率

求，导致政府管的事越来越多，政府财政不堪重负。① 更严重的是，这些"非常规"政治活动严重削弱了政府的权威，人们对政治领袖与政治体制的信任度急剧下滑。保守派在学界的代表人物塞缪尔·亨廷顿（1927—2008）于 1975 年发表的一篇文章用"民主瘟疫"来形容当时的局面，他确信，"60 年代展现出来的民主活力给 70 年代的民主提出了统治能力（governability）的问题"。② 同一年，亨廷顿与一位欧洲学者、一位日本学者代表美、欧、日三边委员会提供了一份报告，题为《民主在危机中》。报告第一段话为西式民主描绘了一个近乎四面楚歌的图景。虽然报告声称对"民主制度"仍有信心，但它所说的"民主制度"有特定的含义。③ 亨廷顿严词驳斥这样一种说法："治疗民主罪恶的唯一处方是更多的民主"；他坚信，在当时情况下，用这个处方只会火上浇油，造成更糟糕的局面。在他看来，当时各种问题的根源是"过度民主"；其处方只能是用两种策略对民主进行限制：一是很多问题不必政府管、不必用民主的方式处理；二是民主制度的有效运作需要一定程度的政治冷淡、需要一些人与一些社会集团不参与政治。如果

① Samuel Brittan, "The Economic Contradictions of Democracy", *British Journal of Political Science*, Vol. 5, No. 2 (April 1975), pp. 129 – 159; Allan H. Meltzer and Scott F. Richard, "Why Government Grows (and Grows) in a Democracy", *Public Interest*, No. 52 (Summer 1978), pp. 111 – 118.

② Samuel P. Huntington, "The Democratic Distemper", *Public Interest*, No. 41 (Fall 1975), p. 11.

③ Michel Crozier, Samuel P. Huntington, and Joji Watanuki, *The Crisis Of Democracy*: *Report on the Governability of Democracies to the Trilateral Commission*, New York: New York University Press, 1975.

实在做不到第二点,他希望所有社会集团都能自我约束;① 显然,这无异于缘木求鱼。

很快,随着撒切尔夫人于 1979 年担任英国首相、里根于 1980 年赢得美国大选,一场新自由主义风暴席卷全球。② 打着"私有化"与"自由市场"的旗号,新自由主义实行的就是亨廷顿推荐的第一种策略:"让国家缩水"。③ 这实际上就等于"把民主私有化",④ "让民主缩水",⑤ "消解人民",⑥ "民主的终结"。⑦ 亨廷顿推荐的第二种策略无法大张旗鼓地推行;作为替代,欧美各国(尤其是美、英两国)采取了一种以攻为守的策略:向全球推销西式民主(亦即代议民主),其潜台词是告诉本国人民:你们拥有的政治制度就是丘吉尔所说的、唯一的、最不坏的选择。从 20 世纪 80 年代初起,创立于 1941 年、预算主要来自美国政府的"自由之家"开始变得空前活跃起来;1983 年,美国政府又新设了美国国家民主基金会。这一策略至少在短期内产生了效果。从图 2 我们可以看到,从 20 世纪 70 年代末到整个 80 年代,关注"直接民主"的人减少了,对"参与民主"的讨论没有增温。

在那个年代,撒切尔夫人有一句口头禅:你别无选择(There Is No Alternative)。据有人统计,她在讲话中使用这个口头禅达五百多遍,以至于有人给撒切尔起了个绰号,就叫 TINA。她所谓"别无选择"是指,除了在经济上的私有制、自由市场,政治上的代议民主,世界已别无选择。1989 年初夏,美国国务院日裔官员福山把撒切尔"别无选择"的说法上升到了历史哲学层面,发表了一篇题为"历史的终结"的论文。在这篇名噪一时的论文中,福山说:"20 世纪开始时,西

① Samuel P. Huntington, "The Democratic Distemper", *Public Interest*, No. 41 (Fall 1975), pp. 36 – 38.

② David Harvey, *A Brief History of Neoliberalism*, Oxford: Oxford University Press, 2005.

③ Harvey Feigenbaum, Jeffrey Henig, Chris Hamnett, *Shrinking the State: The Political Underpinnings of Privatization*, Cambridge: Cambridge University Press, 1998.

④ Joel D. Wolfe, *Power and Privatization: Choice and Competition in the Remaking of British Democracy*, London: Palgrave Macmillan, 1996, Chapter 8 "The Privatization of Democracy", pp. 171 – 185.

⑤ Lisa Duggan, *The Twilight of Equality: Neoliberalism, Cultural Politics, and the Attack on Democracy*, Boston: Beacon Press, 2003, Chapter 1 "Downsizing Democracy", pp. 1 – 21.

⑥ Wendy Brown, *Undoing the Demos: Neoliberalism's Stealth Revolution*, New York: Zone Books, 2015, Chapter 1 "Undoing the Demos", pp. 17 – 46.

⑦ Jason Hickel, "Neoliberalism and the End of Democracy", in Simon Springer, Kean Birch and Julie MacLeavy, eds., *The Handbook of Neoliberalism*, New York: Routledge, 2016, pp. 142 – 152.

方对自由民主的最终胜利充满了自信；到 20 世纪接近尾声时，似乎转了一个圈又回到了原点。结局不是像某些人曾预料的那样，出现了'意识形态的终结'或资本主义和社会主义之间的趋同，而是经济和政治自由主义完完全全的胜利。"福山之所以敢大胆预测"历史的终结"，是因为在他看来，人世间已不再有关于"大问题"（例如资本主义还是社会主义）的斗争与冲突；人类社会已抵达意识形态演化的尽头，西式自由民主制度已无可争议地变为各国独一无二的选择。此后，人类面临的唯一问题是如何实施西式自由民主的具体技术细节。在那篇文章的结尾，福山几乎难以掩饰自己的得意，但却故意流露出一丝胜利者不再有对手的失落感。据他说，历史终结以后的世界将会变得非常无聊：不再有艺术与哲学；只有在博物馆里才能看到它们的痕迹。①

福山文章发表后不久，苏东社会主义国家纷纷易帜，发展中国家也纷纷踏上了"民主化"的道路。一时间，"民主化"成为西方社会科学研究的显学，历史似乎真的走到了尽头：虽然代议民主不能尽如人意，但它仿佛是人类的唯一选择。

四　代议民主的颓势

然而，庆祝西式民主最后胜利的狂欢很快被证明不过是一枕黄粱梦。

全球的"民主化"障碍重重。"民主化"开始仅仅几年后，就有一批国家遭遇了"民主崩溃"（democratic breakdown）或"民主逆转"（democratic reversals）。剩下的转型国家虽然每隔几年就会来一场轰轰烈烈的竞选，但选举的过程与结果让西方怎么看怎么别扭，出现了一大批非驴非马的"民主制"。② 于是，西方学者不得不煞费苦心为这些"民主制"加上前缀修饰词，如"非自由民主"（illiberal democracy）、③ "有限民主"（limited democracy）、"受限民主"（restricted democracy）、"受控民主"（controlled democracy）、"威权民主"（authoritarian democracy）、"新世袭民主"（neo—patrimonial democracy）、"军人主导的民主"（military—domi-

---

① Francis Fukuyama, "The End of History?", *National Interest* (Summer 1989), pp. 3 – 18.

② Thomas Carothers, "The End of the Transition Paradigm", *Journal of Democracy*, Vol. 13, No. 1 (2002), pp. 5 – 21.

③ Fareed Zakaria, "The Rise of Illiberal Democracy", *Foreign Affairs*, Vol. 76, No. 6 (Nov/Dec 1997), pp. 22 – 43.

nated democracy）、"半民主"（semi—democracy）、"低质民主"（low—quality de-mocracy）、"伪民主"（pseudo—democracy），等等，不一而足。后来发生的几场"颜色革命"不仅没有挽救"民主转型"的颓势，反倒加剧了人们对"民主转型"的疑虑。如果说，开始时，对"民主转型"的失望仍局限于学界讨论的话，近年来，这种失望已扩散至大众媒体。《经济学人》2014 年 3 月的专辑"民主到底出了什么问题"引起了全球媒体的广泛注意。① 到 2015 年，以推动全球民主化为己任的美国《民主研究》（美国国家民主基金会的官方刊物）推出了一组七篇特邀文章，标题是"民主衰退了？"虽然标题中故弄玄虚地带了一个问号，但这份刊物的两位共同主编都承认，全球民主确已陷入低潮。②

在全球"民主化"踯躅不前的同时，西方自身的代议民主制度也经历着前所未有的危机。这表现在四个层面。

第一，代议民主实际上不是"民主"而是"选主"。前文已反复提到，"代议民主"偷换了"民主"的概念："民主"原指"民治"（by the people）；"代议民主"不是民治，而是由人民选举产生的代议士行使治权（rule by representatives e-lected by the people）。换句话说，代议民主不再是人民当家做主，而是由人民选出精英来为自己做主。我在 2008 年出版的《民主四讲》一书中把代议民主称作"选主"；③ 无独有偶，同一年，哈佛大学法学院的拉尼·吉尼尔教授也发表了一篇文章，题为《超越选主：反思作为陌生权贵的政治代表》。④

第二，代议民主选出来的"主"不是全体人民选出的，不是"民有"（of the people），而是小部分选民选出的。在 35 个经济合作发展组织（OECD）成员国中，投票率最低的为 38.6%，最高的为 87.2%；投票率最高的 5 个国家中，3 个实行

---

① The Economist, "What's Gone Wrong with Democracy", March 1, 2014, http：//www. economist. com/news/essays/21596796 - democracy - was - most - successful - political - idea - 20th - century - why - has - it - run - trouble - and - what - can - be - do.

② 这七篇文章后被收入由美国前国务卿赖斯作序的书，见 Larry Diamond, Marc F. Plattner, *Democracy in Decline*?, Baltimore：Johns Hopkins University Press, 2015.

③ 王绍光：《民主四讲》，生活·读书·新知三联书店，2008 年版。

④ 拉尼·吉尼尔：《超越选主：反思作为陌生权贵的政治代表》，见王绍光主编、欧树军译《选主评判：对当代西方民主的反思》，北京大学出版社 2014 年版，第 87—134 页。

强制投票；在 35 国中，美国的投票率排在第 31 位，低于 60%。[①] 这里的投票率是全国性关键选举的投票率；其他类型选举的投票率一般要低得多。以美国为例，国会选举的投票率基本上在 40% 左右波动；[②] 地方选举，如州一级、县一级或者镇一级的选举，投票率一般都在 25% 以下。[③] 别国的情况大同小异。[④] 由于当选者得票往往是刚刚超过投票者的半数，甚至低于半数，可以说，代议民主制下选出的"主"几乎没人能得到超过半数合格选民的支持，是少数人而不是多数人选出来的"主"（rule by representatives elected by minority of the people）。

更麻烦的是，自 20 世纪 60 年代末以来，不管是在全球，还是在欧美，很多国家的投票率都呈下降趋势，即参与选举投票的人越来越少。[⑤] 很明显，只要不是所有合格选民都参加投票，选举参与就是不平等的；投票率低的国家，选举参与不平等程度就高；投票率越低，选举参与的不平等程度越高。不平等对谁有利呢？一般而言，不管在哪个国家，占有越多社会资源的群体，投票参与的意愿与能力越高；占有越少社会资源的群体，投票参与的意愿与能力越低。因此，社会资源分布不均会直接反映到投票参与度上去。在代议民主制下，参选人士最关心的是有可能投票的那些群体手中的选票。为了赢得选举或赢得再次当选，他们会推动

---

① Pew Research Center，"U. S. voter turnout trails most developed countries"，August 2，2016，http：// www. pewresearch. org/fact－tank/2016/08/02/u－s－voter－turnout－trails－most－developed－countries/. 美国 2016 年总统大选的投票率为 59.7%，见 The United States Elections Project，"2016 November General Election Turnout Rates"，http：//www. electproject. org/2016g.

② The United States Elections Project，"National General Election VEP Turnout Rates，1789－Present"，http：//www. electproject. org/national－1789－present.

③ Mike Maciag "Voter Turnout Plummeting in Local Elections"，Governing the State and Locals，October 2014，http：//www. governing. com/topics/politics/gov－voter－turnout－municipal－elections. html#graph；Daniel Denvir，"Voter Turnout in U. S. Mayoral Elections Is Pathetic，but It Wasn't Always This Way"，Atlantic Citylab，May 22，2015，http：//www. citylab. com/politics/2015/05/mayoral－election－voting－turnout/393737/.

④ 英国最近的例子见 Daniel Wainwright，"Council Elections：Five Ways to Get More People to Vote"，BBC News，May 3，2016，http：//www. bbc. com/news/uk－england－36047612。

⑤ Mark Gray and Miki Caul，"Declining Voter Turnout in Advanced Industrial Democracies，1950 to 1997：The Effects of Declining Group Mobilization"，*Comparative Political Studies*，Vol. 33，No. 9（November 2000），pp. 1091 - 1122；Mark N. Franklin，*Voter Turnout and the Dynamics of Electoral Competition in Established Democracies since* 1945，Cambridge：Cambridge University Press，2004；World Bank，*World Development Report* 2017：*Governance and the Law*，Washington，DC：World Bank，2017，p. 228.

对哪个群体有利的政策？答案可想而知。① 对此，见多识广的雅克·巴尔赞（1907—2012）在其93岁出版的《从黎明到衰落：西方文化生活五百年，从1500年至今》一书中这样评说："在西方真正民选的政府中，这一制度已经离它原来的目标和运作模式渐行渐远。首先，选民投票率大为下降；国家大选的胜出者常常是以不到选民人数一半的票数当选的；人民已不再为有选举权而自豪。这种漠然出自对政治家的不信任和对政治的轻蔑，尽管这两者正是代议制政府的基石。政治成了贬义词，被冠以此词的行动或机构被人们嗤之以鼻。"②

第三，表面看来，选民手中的选票可以决定谁当选、谁落选；实际上，只有极少的人可以成为候选人；选民只能在特定候选人中做选择。在代议民主制下，候选人几乎都是通过政党推举出来的。谢茨施耐德的经典著作《政党政府》开宗明义在第一段话中便说："政党创造民主；没有政党，现代民主是不可想象的"；③ 类似的话，还有其他不少著名政治学者重复过。④ 他们这么说的言下之意是，选举需由政党组织；没有政党，选举无法进行。当政党制度运作正常时，选民要么支持台上这个党的候选人，要么支持几年前下台那几个党的候选人。这好比朝三暮四或者暮四朝三，选民其实没有多少选择的余地；无论他们怎么选，其结果都是精英统治。麻烦的是，欧美各国政党制度的运作越来越不正常，其最明显的标志是，认同政党的人越来越少。1972年以前，超过七成美国人要么认同民主党，要么认同共和党。此后，对两党都不认同的"独立人士"（independents）越来越多，但依然少于两大党中至少某个党。⑤ 2009年以后，美国政党政治出现重大变化："独立人士"的比重既超过了共和党，也超过了民主党。假如他们构成一个单独政

---

① 王绍光：《祛魅与超越：反思民主、自由、平等、公民社会》，中信出版社2010年版，第212—256页。

② 雅克·巴尔赞：《从黎明到衰落：西方文化生活五百年，从1500年至今》，林华译，世界知识出版社2002年版，第790—791页。

③ Elmer Eric Schattschneider, *Party Government*, New York: Holt, Rinehart and Winston, 1942, p. 1.

④ David Robertson, *A Theory of Party Competition*, London: Wiley, 1976; Richard S. Katz, *A Theory of Parties and Electoral Systems* Baltimore: Johns Hopkins University Press, 1980; Seymour Martin Lipset, "What are parties for?", *Journal of Democracy*, Vol. 7, No. 1 (1996), pp. 169 – 175.

⑤ Pew Research Center for the People & Press, "Trend in Party Identification: 1939 – 2012", June 1, 2012, http://www.people – press.org/2012/06/01/trend – in – party – identification – 1939 – 2012/.

党的话，它已是美国第一大党，占美国民众的 45% 左右；① 但在美国那种"赢者通吃"（winner—take—all）的选举制度下，这些选民支持的独立候选人当选的机会微乎其微；在某种意义上，他们手中的选票都成了废票。② 同样，欧洲的政党制度也开始衰落，其表现形式是各国登记为政党党员的人数大幅下降，各党党员占选民比重大幅下降，使得几乎所有欧洲政党都不得不放弃继续维持大众组织的假象。③ 政党的边缘化被不少观察者看作西式民主面临重大危机的证据之一。④ 2013年，当代欧洲最著名的政党研究学者彼特·梅尔（1951—2011）出版了一本题为《虚无之治》的书，副标题是"西式民主的空洞化"。在梅尔看来，今天政党已变得无关紧要，公民实际上正在变得毫无主权可言。目前正在出现的是这样一种民主，公众在其中的地位不断被削弱。换句话说，这是不见其"民"的空头"民主"。⑤

第四，由于两大支柱（选举制度与政党制度）都有严重的内在问题，代议民主必然是一种"不平衡的民主"⑥"不平等的民主"；⑦ 是少数人受益的"民主"，而不是"民享"（for the people）的政体。近期一份在西方引起很大舆论震动的研究，分析了美国政府在 1981—2002 年制定的 1800 项政策，其结论是"经济精英与代表公司的利益压力集团对美国政府政策有显著的影响力，而代表普通民众的利益集团与一般老百姓的影响非常小，甚至完全不存在"。⑧ 主持该项研究的学者

① Gallup, "Party Affiliation: Trend since 2004", February 2, 2017, http://www. gallup. com/poll/15370/party - affiliation. aspx? version = print#top.

② 见 "List of third party performances in United States elections", http://en. wikipedia. org/wiki/List_ of_ third_ party_ performances_ in_ United_ States_ elections.

③ Ingrid van Biezen, Peter Mair and Thomas Poguntke, "Going, going, … gone? The Decline of Party Membership in Contemporary Europe", *European Journal of Political Research*, Vol. 51, No 1 (2012), pp. 24 - 56.

④ The Economist, "What is Wrong with Democracy?", *The Economist*, March 1, 2014, http://www. economist. com/news/essays/21596796 - democracy - was - most - successful - political - idea - 20th - century - why - has - it - run - trouble - and - what - can - be - do.

⑤ Peter Mair, *Ruling the Void: The Hollowing of Western Democracy*, London: Verso, 2013.

⑥ Zoltan L. Hajnal, *America's Uneven Democracy: Race, Turnout, and Representation in City Politics*, Cambridge: Cambridge University Press, 2009.

⑦ Larry M. Bartels, *Unequal Democracy: The Political Economy of the New Gilded Age*, Princeton, NJ: Princeton University, 2008.

⑧ Martin Gilens and Benjamin I. Page, "Testing Theories of American Politics: Elites, Interest Groups, and Average Citizens", *Perspectives on Politics*, Vol. 12, No. 3 (September 2014), p. 565.

相信，在美国，政治影响力分布得如此不平衡、不平等，它的政治体制实际上已不是民主制，而是寡头制。①

其实，这也正是研究古典民主那些学者的结论。丹麦学者汉森在其 2005 年发表的著作中说："就政治制度而言，美国已不再是民主制，而是寡头制。"② 著作等身的剑桥大学古希腊史学者保罗·卡特利奇（1947—）2016 年刚刚出版了一本书，题为《民主：一部生命史》；③ 他对代议民主的评论更是一针见血：古希腊人绝对不会把所谓"现代民主体制"认作民主，因为它们全都是"寡头制"，不是民有、民治、民享，而是少数人有、少数人治、少数人享。④

西方政治制度已病得不轻，关于这一点，几乎没人可以否认。但不少人还是只愿承认这国或那国出现了这种或那种"病症"，却不愿承认代议民主本身已是沉疴难起。最近的一项研究给了这种幻觉致命一击。利用"世界价值调查"（World Value Surveys）1995—2014 年获取的数据，这项研究发现，在欧美各国，人们不仅对他们的领导人越来越不喜欢，他们对作为一种政体的代议民主制也越来越疑虑重重，越来越不相信自己能对公共政策产生任何影响，甚至越来越倾向否定代议民主制、接受与代议民主不一样的政体。尤其是在越年轻的人群中，这些趋势越加明显。项目主持人的判断是：在千禧一代（指 1981 年后出生的人，到千年期结束时达到成年）中，民主的合法性正遭遇着全面危机。以前，不少政治学家一厢情愿地以为，代议民主制一经确立，便不再会垮台。对此，该项目主持人用两篇论文的标题说出了自己的判断：一篇题为"分崩离析的危险"，另一篇题为"分崩离析的迹象"。⑤

① Jeffrey A. Winters and Benjamin I. Page, "Oligarchy in the United States?", *Perspectives on Politics*, Vol. 7, No. 4 (December 2009), pp. 731 – 751; Jeffrey A. Winters, *Oligarchy*, Cambridge：Cambridge University Press, 2011, pp. 211 – 253.

② Mogens Herman Hansen, *The Tradition of Ancient Greek Democracy and Its Importance for Modern Democracy*, Copenhagen：The Royal Danish Academy of Science and Letters, 2005, p. 23.

③ Paul Cartledge, *Democracy：A Life*, Oxford：Oxford University Press, 2016.

④ Paul Cartledge, "Ancient Greeks would not recognise our 'democracy' – 'they'd see an 'oligarchy'", *The Conversation*, June 3, 2016, http：//theconversation. com/ancient – greeks – would – not – recognise – our – democracy – theyd – see – an – oligarchy – 60277.

⑤ Roberto Stefan Foa and Yascha Mounk, "The Danger of Deconsolidation", *Journal of Democracy*, Vol. 27, No. 3 (July 2016), pp. 5 – 17; Roberto Stefan Foa and Yascha Mounk, "The Signs of Deconsolidation", *Journal of Democracy*, Vol. 28, No. 1 (January 2017), pp. 5 – 15.

五　抽签浴火重生

正是在代议民主逐步陷入危机的过程中，更严肃的思考者开始试图跳出选主的框框，重新审视一些在他人看来不是问题的问题，如民主的含义到底是什么？选主到底是不是实现民主的唯一方式？实现民主还有哪些更有效、更可行的方式？[①] 自 20 世纪 60 年代中期以来，世界各地的人们已提出了种种代议民主的补充方案或替代方案，如"人人拥有财产的民主"[②]"参与民主"[③]"激进民主"[④]"商议民主"[⑤]"直接民主"[⑥]"经济民主"[⑦]"E—民主（数码民主）"[⑧]"包容民主"等。[⑨] 正是在对代议民主一波又一波的反思热潮中，抽签也趁势浴火重生了。

抽签上一次有可能成为代议民主替代是在约一个世纪之前（如图 3 所示）。在 19 世纪最后十几年，曾出现过一批与抽签有关的出版物，其中既有学术性研究，也有政论小册子。亚里士多德的《雅典政制》被发现（1879 年、1890 年）与出

① 王绍光主编、欧树军译：《选主评判：对当代西方民主的反思》，北京大学出版社 2014 年版。

② J. E. Meade, *Efficiency*, *Equality and the Ownership of Property*, London：George Allen & Unwin Ltd, 1964.

③ Carole Pateman, *Participation and Democratic Theory*, Cambridge：Cambridge University Press, 1970.

④ Stanghton Lynd, "The New Radicals and 'Participatory Democracy'", *Dissent*, Vol. 12, No. 3（July 1965）, pp. 1 – 10；Macpherson, C. B. *The Life and Times of Liberal Democracy*, Oxford：Oxford University Press, 1977.

⑤ Joseph M. Bessette, "Deliberative Democracy：The Majority Principle in Republican Government", in Robert A. Goldwin and William A. Schambra, eds., *How Democratic is the Constitution?*, Washington, D. C.：AEI Press, 1980, pp. 102 – 116；Joshua Cohen, "Deliberation and Democratic Legitimacy", in Alan Harmlin and Philip Petit, eds., *The Good Polity*, Oxford：Blackwell, 1989.

⑥ Benjamin R. Barber, *Strong Democracy：Participatory Politics for a New Age*, Berkeley：University of California Press, 1984.

⑦ Robert A. Dahl, *A Preface to Economic Democracy*, Berkeley：University of California Press, 1985. 这表明达尔的民主观发生了变化，认识到多元民主无力解决经济不平等带来的政治不平等问题，亦见 David Held, *Models of Democracy*, 3rd edition, Cambridge：Polity Press, 2006, pp. 169 – 172.

⑧ Christa Daryl Lowder Slaton, *Televote：Expanding Citizen Participation in the Quantum Age*, Ph. D. dissertation, University of Hawaii at Manoa, 1990, http：//scholarspace. manoa. hawaii. edu/bitstream/10125/10119/2/uhm_ phd_ 9030581_ r. pdf；James H. Snider, "Democracy On – line：Tomorrow's Electronic Electorate", *The Futurist*, Vol. 28, No. 5（September – October 1994）, pp. 15 – 19；Barry N. Hague and Brian D. Loader, *Digital Democracy：Discourse and Decision Making in the Information Age*, London：Routledge, 1999.

⑨ Takis Fotopoulos, *Towards an Inclusive Democracy*, London：Cassell, 1996.

版（1891年）也起到了推波助澜的作用。① 在这些出版物中，有的直截了当地呼吁用抽签代替票选；② 有的用抽签作为区分古典民主制、共和制与现代代议制的一个指标；③ 还有的会指出抽签的长处、票选的短处。神奇的是，至少有三份出版物都用同一个词形容票选会选出什么样的人：幕后人、操纵者（wire—pullers）；而抽签不同，它选出的是听话的人（sycophant）。④ 不过，这些出版物似乎没能在政界掀起波澜。此后半个多世纪，几乎没有人再谈及抽签在现代政治中可能的运用。

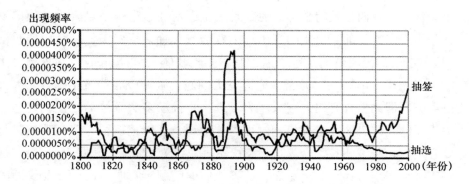

图3 谷歌 Ngram 中"抽签""抽选"出现的频率

当代最早倡导抽签的人可能是黑人马克思主义理论家 C. L. R. 詹姆斯（1901—1989）。他于1956年发表了一篇鼓吹直接民主的论文，标题是"每一位厨娘都可以治理国家"，副标题是"古希腊民主研究与其对今天的意义"。⑤ 这里标

① Aristotle（Translated by Frederic G. Kenyon），*On the Constitution of Athens*，London：George Bell and Sons，1891.

② Anonymous，*Election by Lot the Only Remedy for Political Corruption*，Montréal：Dawson Brothers，1884.

③ Arthur M. Wolfson，"The Ballot and Other Forms of Voting in the Italian Communes"，*The American Historical Review*，Vol. 5，No. 1（Oct.，1899），pp. 1 – 21；A. H. J. Greenidge，*A Handbook of Greek Constitutional History*，London：Macmillan and Co. Ltd.，1896，pp. 163 – 164.

④ G. F. Schomann，*Athenian Constitutional History：As Represented in Grote's History of Greece*，London：James Paeker and Co.，1878，p. 81；Anonymous，*Election by Lot the Only Remedy for Political Corruption*，Montréal：Dawson Brothers，1884，pp. 7，14，20；James Wycliffe Headlam，*Election by Lot at Athens*，Cambridge：Cambridge University Press，1891，p. 36.

⑤ C. L. R. James，"Every Cook Can Govern：A Study of Democracy in Ancient Greece，Its Meaning for Today"，*Correspondence*，Vol. 2，No. 12（June 1956），pp. 1 – 32.

题明显借用了列宁的说法，① 副标题则明示论文的重点是古希腊的民主制。詹姆斯详细讨论了抽签在雅典民主制中的作用，他确信这种机制同样适用于当代，因为他完全赞同列宁的理念：经过学习，普通劳动人民也具备治国理政的潜质。不过，由于詹姆斯的激进身份，他的观点并没有在主流学界和政界引起广泛的注意。② 此后十几年间，只有在 1959 年出版了两份研究政治中抽签的论文，一位作者是考古学家，另一位是社会学家，其文章都属纯学理性质，完全不涉及民主理念。③

1970 年，当人们对政治精英的反感（见图 1）、对直接民主的兴趣（图 2）达到一个峰值时，在西方政治学界，尤其是民主理论领域占有举足轻重地位的罗伯特·达尔出手了。他那年出版的一本小书题为《革命之后？美好社会中的政治权威》。该书指出，代议民主（达尔称之为"多头政体"，Polyarchy）与理想民主的距离必须以光年（light years）计，它有三大问题：资源分布严重不平等、大公司权力巨大、所谓民主政府权力巨大。为了进一步推动多头政体的民主化，达尔认为至关重要的是重启抽签这种机制。更具体地说，达尔建议，为多头政体里每一位重要官员（市长、州长、众议员、参议员、总统）配备一个顾问委员会；这些官员每年必须定期与其顾委会见面，回答他们的问题，听取他们对重要议题的辩论，考虑他们提出的政策建议。每个顾委会由几百位抽签产生的成员组成，他们任期一年，不得连任；如果成员是穷人或失业者，他们可以为参与顾委会活动获得津贴。达尔深知，在抽签与有关抽签的讨论消失近 200 年后，很多人会对他的提议感到震惊。因此，他书中涉及抽签的部分主要是为了回应各种可能的疑问。④

尽管达尔在西方政治学界的地位很高，在该书出版前不久，刚卸任美国政治

---

① 在 1917 年十月革命前的几周，列宁曾说过这样一段话："我们知道，不是随便哪一个粗工和厨娘都能马上参加国家管理的。在这一点上，我们同立宪民主党人，同布列什柯夫斯卡娅，同策列铁里是意见一致的。我们同这些公民不一致的地方是我们要求立刻破除这样一种偏见，似乎只有富人或者富人家庭出身的官吏才能管理国家，才能担任日常管理工作。我们要求有觉悟的工人和士兵来领导学习管理国家的工作，并且要求立刻开始这样做，即立刻开始吸引一切劳动者、一切贫民来学习这一工作。"见列宁《布尔什维克能保持国家政权吗？》（1917 年 9 月底—10 月 1 日〔14 日〕），《列宁全集》第 32 卷，人民出版社 1985 年版，第 306—307 页。

② 到 2017 年年初，谷歌学术搜索显示，这篇论文共被引用 12 次。

③ Mabel Lang，"Allotment by Tokens"，*Historia：Zeitschrift für Alte Geschichte*，Bd. 8，H. 1 （Jan.，1959），pp. 80 – 89；Vilhelm Aubert，"Chance in Social Affairs"，*Inquiry*，Vol. 2，No. 1 – 4 （1959），pp. 1 – 24.

④ Robert A. Dahl，*After the Revolution？Authority in a Good Society*，New Haven：Yale University Press，1970，pp. 122 – 125.

学会会长,但他的这项提议以及他这本书当时遭到冷遇。[1] 不过,达尔并没有放弃这个想法。在其后几十年间,他至少在五个出版物中一而再,再而三地提出用抽签机制改造代议民主,[2] 其中最著名的是在 1989 年出版的《民主及其批评者》曹海军、佟德志译一书。这本书的一个基本论点是,民主在历史上已经经历了两次转型:第一次转向民主城邦,第二次转向共和主义、代表制与平等。该书的最后一部分题为"迈向第三次转型";在这里,达尔勾勒了一幅民主的未来图景,抽签是其中一个关键机制。他认为,克服代议民主下政治不平等的一个有效途径,是用抽签的方式在立法机构之外创造出一个可以代表大众的"微型大众"(Minipopulus,简称"微众")。其具体建议是,在全体公民中随机抽取大约 1000 人,组成"微众",它的任务是就某一个政策议题展开为期一年的商讨,并最终公布其政策建议。这些人不必聚集在一处开会,可以借助现代通信工具"碰面"。还可以设想,由一个"微众"设置政策议程,另设多个"微众",每个"微众"专就政策议程上的某个议题进行商讨。各级政府都可以设置这种"微众",也可以选派一些学者、专家、政府工作人员为这些"微众"提供咨询服务。"微众"还可以召开听证会、委托研究机构提供背景报告,对民众关心的政策问题展开讨论与辩论。由于"微众"是随机产生的,在达尔看来,它们完全可以代表全体公民;它们的判断就是全体公民的判断。[3] 不过,达尔并不主张用抽签取代选举,它只是对现行政治体制的补充。[4]

---

① 谷歌学术搜索显示,该书在达尔所有著作中引用率几乎是最低的,且大多数引用发生在 1990 年以后。

② Robert A. Dahl, "On Removing Certain Impediments to Democracy in the United States", *Political Science Quarterly*, Vol. 92, No. 1 (Spring, 1977), p. 17; Robert A. Dahl, "Sketches for a Democratic Utopia", *Scandinavian Political Studies*, Vol. 10, No. 3 (1987), pp. 204 – 206; Robert A. Dahl, "Political Equality in the Coming Century", in Keith Dowding, James Hughes, and Helen Margetts, eds., *Challenges to Democracy: Ideas, Involvement, and Institutions*, London: Palgrave, 2001, p. 15; Robert A. Dahl, "Democratic Polities in Advances Countries: Success and Challenge", in Atilio A. Boron, ed., *New Worldwide Hegemony: Alternatives for Change and Social Movements*, Buenos Aires: CLACSO, 2004, pp. 63 – 65.

③ Robert A. Dahl, *Democracy and Its Critics*, New Haven: Yale University Press, 1989, p. 340; 罗伯特·达尔:《民主及其批评者》,曹海军、佟德志译,吉林人民出版社 2006 年版,第 480 – 481 页。

④ 20 世纪 90 年代,本人在耶鲁大学政治系任教时,曾与达尔教授讨论过抽签的利弊。他当时仍持这种看法。

六 耶鲁学派的兴起

达尔本人论述中有关抽签的部分一般都很简短，但我们不应由此得出结论，抽签在他思想中无关紧要。一批曾在耶鲁大学学习、工作过的人后来成为抽签的倡导者，这不完全是偶然的，恐怕都直接或间接受到了达尔的影响。

例如，曾于 20 世纪 70 年代在耶鲁大学求学的詹姆斯·费希金成为商议式民调的主要推动者。在 1991 年出版的《民主与商议：民主改革的新方向》一书中，他颇具创意地提出了一种"商议式民调"；这种民调与普通民调的相同之处是从人口中抽取统计上具有代表性样本；不同之处是，被抽签出来的人要集中起来对某个议题进行深入讨论（商议），之后才对他们进行调查，其意见可以作为政策建议。换句话说，商议式民调就是抽签与商议的结合物。① 从 20 世纪 90 年代初到现在，费希金已在这方面出版了好几本书与很多文章，从规范与实证的角度阐述商议式民调的可行性、可欲性。②

与费希金一样，伊森·里布从本科到政治学博士学位都是在耶鲁大学获得的。里布在 2004 年出版了一本书，题为《美国的商议民主：有关设立第四权的建议》。这里所谓第四权是指，在立法、行政、司法三权之外，再设立一种不受金钱、权势影响的民众权，它由 525 位经过分层随机抽签的个人组成。该书十分详细地解释了第四权的构成、运作方式，它与其他三权的关系。费希金的构想中，抽签产生的机构只有建议功能，而里布构想中的第四权则享有立法功能。③

另一位从耶鲁大学获得政治学博士学位的学者，凯文·奥利里于 2006 年出版了《拯救民主：在美国实现真正代表制的方案》一书，他的构想同样新颖、大胆。他建议，在美国国会的 435 个选区，分别建立 435 个民众大会（Assemblies）；每

---

① James S. Fishkin, *Democracy and Deliberation*：*New Directions for Democratic Reform*, New Haven：Yale University Press, 1991.

② James S. Fishkin, *The Voice of the People*：*Public Opinion and Democracy*, New Haven：Yale University Press, 1995；Bruce Ackerman and James S. Fishkin, *Deliberation Day*, New Haven and London：Yale University Press, 2004；James S. Fishkin, When the People Speak：Deliberative Democracy and Public Consultation, Oxford：Oxford University Press, 2009. Bruce Ackerman 是耶鲁大学法学院与政治学系双聘教授。

③ Ethan J. Leib, *Deliberative Democracy in America*：*A Proposal for a Popular Branch of Government*, University Park, PA：Pennsylvania State University, 2004.

个民众大会由在当地选民中随机抽取的 100 位公民组成;他们将就本地、国内和国际主要政策议题进行辩论与商讨。这 43500 位居住在全国各地的人构成"人民院"(People's House),可对参、众两院的立法进行否决,也可提出法案供参、众两院考虑。奥利里的设想受到不少人的好评,包括他在耶鲁大学求学时的老师罗杰·史密斯(Rogers Smith),其评语是:"说到美国政治,一个巨大的丑恶现实是,虽然我们在海外贩卖民主,没几个美国人奢想可以影响他们自己的政府。也许,现实只能如此。也许,在一个三亿人的国度,只能由精英统治,民主至多只能偶尔把几个无赖赶下台。但是,越来越多勇敢的思想家与行动家相信,我们可以做得更好;奥利里就是其中的佼佼者。"①

还有一些人虽然不曾在耶鲁大学求学,但在那里的工作经历也让他们对抽签产生了强烈的兴趣。我本人于 20 世纪的最后十年在该校的政治学系工作时,曾与达尔有过不少接触。从曼宁 1997 年出版的书中,② 我第一次了解到抽签在政治制度史、思想史上的地位。为此,我专门约达尔见面,希望听听他对抽签的看法。现在回想起来,没有那次对谈,也许我根本不会有写这篇文章的计划。

现在芝加哥大学任教的约翰·麦考米克曾在耶鲁大学政治学系工作过五年。在 2011 年出版的《马基雅维利式民主》最后一章,他笔锋一转,开始设想如何改造美国现有的代议民主制。他提议,成立一个类似罗马共和国时期的保民院,由 51 名不富有、无官职、年龄超过 21 岁的普通公民组成,经抽签产生,任期一年,不得连任,不得重复担任。保民院是授薪制,每周工作五天,每天工作六个小时;雇主必须为其成员保留原有工作。该机构的主要职责是研究、讨论联邦政府事务;它可以邀请学者、专家提供相关背景信息;它有权以多数表决方式否决国会立法、行政命令和最高法院的判决,也可以召集全民公投;如果 51 票中有 38 票以上赞成,保民官在其一年任期内有权对现任联邦官员启动弹劾程序。③

现任耶鲁大学政治学系副教授的法国人海伦·兰德摩尔对抽签作用的解释颇有新意。她于 2013 年出版了《民主的理由:政治、集体智慧与多数统治》,为的

---

① Kevin O'Leary, *Saving Democracy:A Plan for Real Representation in America*, Stanford:Stanford University Press, 2006.

② Bernard Manin, *The Principles of Representative Government*, New York:Cambridge University Press, 1997.

③ John P. McCormick, *Machiavellian Democracy*, Princeton:Princeton University Press, 2011, Chapter 7 "Post - Electoral Republics and the People's Tribunate Revived", pp. 170 - 188.

是给民主提供一个认识论基础。亚里士多德有句名言"几个脑瓜比一个脑瓜好"（many heads are better than one），与中国体现民间智慧的成语"人多智广""三个臭皮匠，顶个诸葛亮"如出一辙。兰德摩尔的新书力图论证，这就是民主的认识论基础。① 除了这本书以外，她还发表了一批论文，试图从认识论角度为用抽签方式挑选人民代表提供支持论据。② 有意思的是，兰德摩尔这方面的思考受到一位在芝加哥洛约拉大学财务系任教的华裔教授的影响。从那位教授两篇论文的标题就可以看出是什么吸引了兰德摩尔：一篇是"异质主体的问题解决"；③ 另一篇是"不同类型问题解决者组合可以超越强能力问题解决者组合"。④ 这两篇论文证明，解决问题时，重要的是参与者的多样性、异质性，而不是参与者个体的能力。这就从根本上消解了对抽签的疑虑，因为不少人对抽签有保留的理由是，抽出来的人不如选出来的人聪明。而抽签产生的组合肯定比选举产生的组合更具多样性、异质性。

如果说抽签只是达尔理论体系中一环的话，在他的学生与年轻同事那里，抽签已是他们论述的重心。由于这么多在耶鲁大学学习或工作过的人从事与抽签相关的研究，有人称他们已形成了一个"民主改革的耶鲁学派"，其最显著的特征就是通过不同途径共同推动抽签在政治中的运用，如达尔"微众"、费希金的"商议式民调"、里布的"第四权"、奥利里的"人民院"、麦考米克的"保民院"、兰德摩尔的"集体智慧"。⑤

其实，自达尔出版《革命之后》起，世界各地学者对抽签的研究兴趣越来越大，掀起了一波又一波浪潮；所谓"耶鲁学派"只不过是一簇比较引人注目的浪花而已。

---

① Hélène Landemore, *Democratic Reason: Politics, Collective Intelligence, and the Rule of the Many*, Princeton: Princeton University Press, 2012.

② Hélène Landemore, "Deliberation, Cognitive Diversity, and Democratic Inclusiveness: An Epistemic Argument for the Random Selection of Representatives", *Synthese*, No. 190 (2013), pp. 1209 – 1231.

③ Lu Hong and Scott E. Page, "Problem Solving by Heterogeneous Agents", *Journal of Economic Theory*, Vol. 97, No. 1 (2001), pp. 123 – 163.

④ Lu Hong and Scott E. Page, "Groups of Diverse Problem Solvers Can Outperform Groups of High – Ability Problem Solvers", *Proceedings of the National Academy of Sciences*, Vol. 101, No. 46 (2004), pp. 16385 – 16389.

⑤ J. H. Snider, "From Dahl to O' Leary: 36 Years of the 'Yale School of Democratic Reform'", *Journal of Public Deliberation*, Vol. 3, No. 1 (2007), http://services. bepress. com/jpd/vol3/iss1/art9/.

七　世纪之交的转折

在达尔之后，20 世纪 70 年代对抽签进行研究的主要不是政治学者，而是经济学者、① 历史学者、② 统计学者、③ 决策学者，④ 且这些研究基本上是纯学术性的，不涉及对现有政治体制的改革。唯一由政治学者撰写的书呼吁美国人不再参与毫无意义的选举，投身于一场宪制革命：取消参、众两院，代之以一院制的国会；国会议员的 50% ~ 60% 应由随机抽取，其余 40% ~ 50% 的议员仍由选举产生。⑤这是比达尔更为激进的主张；也许正因为如此，这本印制粗糙的书没有产生任何影响，几乎被人忘却了。⑥

尽管如此，这本书可以看作发出了 80 年代的先声。在接下来的 20 世纪 80 年代，情况的确发生了变化。几位思路开阔的人士不约而同地提出，应该用抽签替代或补充票选。

一位是从天主教教士转化为社会主义者的澳大利亚哲学家约翰·本黑姆，⑦ 他于 1981 年发表了两篇题为"统计民主"的文章，历数票选的弊端，建议用随机抽签的方式构建决策机构。⑧ 几年后，他出版了一本书，标题是《民主是可能的吗？选举政治的出路》，更系统地鼓吹抽签，并把这种在统计意义上具有代表性的民主

① Dennis C. Mueller, Robert D. Tollison and Thomas D. Willett, "Representative Democracy via Random Selection", *Public Choice*, Vol. 12（Spring 1972）, pp. 57 – 68.

② E. S. Staveley, *Greek and Roman Voting and Elections*, London: Thames & Hudson, 1972.

③ Stephen E. Fienberg, "Randomization and Social Affairs: The 1970 Draft Lottery", Science, Vol. 171, Issue 3968（January 1971）, pp. 255 – 261.

④ Peter C. Fishburn, "Acceptable Social Choice Lotteries", in Hans W. Gottinger and Werner Leinfellner, eds., *Decision Theory and Social Ethics: Issues in Social Choice*, Boston: D. Reidel Publishing Company, 1978, pp. 133 – 152.

⑤ Ted Becker, *Un – Vote for a New America: A Guide to Constitutional Revolution*, Boston: Allyn and Bacon, 1976, pp. 183 – 185, 192 – 193.

⑥ 谷歌学术搜索显示，截至 2017 年 2 月 7 日，这本书共被引用 5 次，除去一次作者自引，两次俄文引用，剩下的两次引用来自同一位作者。

⑦ 见他的自传 John Burnheim, *To Reason Why: From Religion to Philosophy and Beyond*, Sydney: Sydney University Press, 2011.

⑧ John Burnheim, "Statistical Democracy", *Radical Philosophy*, No. 27（1981）, pp. 5 – 12; John Burnheim, "Statistical Democracy: How Is a Socialist Democracy Possible?", *Thesis Eleven*, No. 3（1981）, pp. 60 – 71.

改称为"抽签民主"（Demarchy）。①

另一位是新西兰政治学家理查德·穆根，他发表于 1984 年的文章回顾了抽签在雅典民主中发挥的独特作用，并倡导在基层治理中广泛运用抽签这种民主机制。② 在新西兰后来的选举制度改革中，穆根发挥了积极作用。

还有两位奇人在 1985 年出版了一本小册子《公民立法机构》，其中一位作者是欧内斯特·卡伦巴赫，小说家、电影评论家、生态乌托邦的倡导者；另一位是迈克尔·菲利普斯，银行家、世界上第一种信用卡——万事达卡的创立者。这本小册子建议用随机的方法来挑选美国众议员，而不是用选举来挑选。与本黑姆的看法相似，《公民立法机构》主张废除选举，但不抛弃代议制（用抽签选代表，而不是票选代表），借以消除代议民主与参与民主之间的对立。这两位作者认为，如果采取抽签的方式，任何政治、经济势力都不再能造成不平等的利益代表或社会区隔。这样一来，就不必浪费竞选所需的时间及金钱了，所有的社会群体都有均等的机会进入国会，国会议员的构成就能在很大程度反映人口的构成。③

除此之外，在 20 世纪 80 年代中期，本杰明·巴伯出版了一本影响很大的著作《厚实民主》。④ 他把代议民主称作"浅薄民主"（Thin democracy），把普通公民直接参与其运作的政治体制称作"厚实民主"（Strong democracy）。该书的最后一章提出改造代议民主的十二条方案，其中至少四条都与随机抽签相关。⑤

1988 年，一位政治学者敏锐地捕捉到了新的时代气息，他在一篇对几本新书

---

① John Burnheim, *Is Democracy Possible? The Alternative to Electoral Politics*, Sydney：Sydney University Press, 1985, 可在此下载：http://setis. library. usyd. edu. au/democracy/。哈耶克大概是最早发明"Demarchy"这个词的人，但哈耶克赋予这个词的意义是"受到限制的民主"，与本黑姆的用意完全不同，参见 F. A. Hayek, "The Confusion of Language in Political Thought", *Occasional Paper*, No. 20 (1968), the Institute of Economic Affairs, London, pp. 31 – 36.

② Richard G. Mulgan, "Lot as a Democratic Device of Selection", *Review of Politics*, Vol. 46, No. 4 (October 1984), pp. 539 – 560.

③ Ernest Callenbach and Michael Phillips, *A Citizen Legislature*, Berkeley：Banyan Tree Books, 1985.

④ 中译本把书名译为"强势民主"，似乎容易引起误解。本杰明·巴伯：《强势民主》，彭斌、吴润洲译，吉林人民出版社 2006 年版。

⑤ Benjamin R. Barber, *Strong Democracy: Participatory Politics for a New Age*, Berkeley：University of California Press, [1984] 2003, Chapter 10, "The Real Present：Institutionalizing Strong Democracy in the Modern World", p. 261.

（包括本黑姆的《民主是可能的吗》）的书评中指出，民主理论正在开辟"新的方向"。① 果然，达尔在次年出版的《民主及其批评者》中再次阐发抽签的民主潜质。再过两年，费希金出版了《民主与商议》，力推带抽签环节的商议式民调，把它看作"民主改革的新方向"。从图4中可以看到，20世纪80年代的确是抽签重生的转折点。在这个十年里，有关抽签的出版物数量达136种，是70年代相关出版物的两倍多，相当于1749—1969年这220年间同类出版物的总量！

进入20世纪最后10年，如图2所示，商议民主理论异军突起，引起了学术界内外的广泛注意。大多数读者对此的注意似乎集中在"商议"过程上，但值得关注的是，参与商议的人如何产生？能否用抽签的方式产生？抽签具有何种优势？同样，其他各种替代或补充代议民主的方案似乎也可借助于抽签，使得这十年中有关抽签的出版物数量再上一个台阶，达到近200种（如图4所示），其中一些现在已成为该领域的经典，如费希金的三本书《民主与商议》（1991）、《正义对话》（1992）、②《人民的声音》（1995），③ 芭芭拉·古德温的《抽签正义》（1992）、④《迈向新社会主义》（1993）、⑤《小群体中的民主》（1993），⑥ 美、德三位学者主编的《公民参与中的公平与能力》（1995），⑦艾米丽·霍普特曼的《将选择放在民主之前》（1996），⑧ 伯纳德·曼宁的《代议政府的原则》（1997），⑨ 两位英国

---

① Barry Holden, "New Directions in Democratic Theory", *Political Studies*, Vol. 36, No. 2 (1988), pp. 324 – 333.

② James S. Fishkin, *The Dialogue of Justice: Toward a Self – Reflective Society*, New Haven: Yale University Press, 1992.

③ James S. Fishkin, *The Voice of the People: Public Opinion and Democracy*, New Haven: Yale University Press, 1995.

④ Barbara Goodwin, *Justice by Lottery*, Chicago: University of Chicago Press, 1992.

⑤ W. Paul Cockshott and Allin Cottrell, *Towards a New Socialism*, Nottingham: Bertrand Russell Press, 1993.

⑥ John Gastil, *Democracy in Small Groups: Participation, Decision Making, and Communication*, Philadelphia: New Society Publishers 1993.

⑦ Ortwln Renn, Thomas Webler, and Peter Wiedemann, eds., *Fairness and Competence in Citizen Participation: Evaluating Models for Environmental Discourse*, Boston: Kluwer Academic, 1995.

⑧ Emily Hauptmann, Putting Choice before Democracy: A Critique of Rational Choice Theory, State University of New York Press, 1996.

⑨ Bernard Manin, *The Principles of Representative Government*, New York: Cambridge University Press, 1997.

社会活动家的《雅典式选择：大刀阔斧改革英国上院》（1998）。[①]

八　抽签理论：从边缘到主流

21 世纪刚刚过去了 16 年，但我们已经可以很有把握地说，这将是抽签重生的世纪。图 4 很直观地告诉我们，21 世纪头 10 年，有关抽签的出版物数量接近此前 20 年的总和；而过去 7 年有关抽签的出版物数量几乎相当于此前 260 年的总和！最近一些年，涉及抽签的理论探索大幅增加。有出版社已推出了"抽签与公共政策"系列丛书，现已出版九本专著。[②] 一些大学与研究机构举办了相关的研讨会，如 2005 年，加拿大英属哥伦比亚大学举办了有关公民大会的专题研讨会；[③] 2008 年，普林斯顿大学举办了研讨会，讨论"超越选举：新型代表的民主正当性"；[④] 巴黎政治大学（Sciences Po）政治研究中心（Cevipof）分别于 2008 年、2011 年与 2012 年举办了三次有关抽签的研讨会；[⑤] 爱尔兰的都柏林三一学院于 2012 年 10 月举办了研讨会讨论"作为民主体制的抽签"。[⑥] 另外，一些学术刊物出版了与抽签相关的特刊，如《星座：批判与民主理论国际季刊》（Constellations：An International Journal of Critical and Democratic Theory）于 2010 年出版了有关抽签的专刊，其中包括当代著名政治理论家菲力普·佩蒂特的文章；[⑦] 又如《美好社会》（Good Society）于 2011 年出版了八篇评论约翰·麦考米克《马基雅维利式民主》一书的专辑。[⑧]

---

① Anthony Barnett and Peter Carty, *The Athenian Option：Radical Reform for the House of Lords*, London：Demos, 1998.

② 见 Imprint Academic 出版社的网页，http：//www. booksonix. com/imprint/bookshop/category. php？09。

③ 研讨会的成果是上文提到的 Mark E. Warren and Hilary Pearse, eds. , *Designing Deliberative Democracy*。

④ 见研讨会网页，http：//lapa. princeton. edu/eventdetail. php？ID＝243。

⑤ 第一次研讨会的成果被收入 Oliver Dowlen and Gil Delannoi, eds. , *Sortition：Theory and Practice* (Charlottesville, VA：Imprint Academic, 2010) 一书。第二次研讨会的主题是"直接民主与抽签"，其论文集可在此下载：http：//www. cevipof. com/fichier/p_ publication/978/publication_ pdf_ cahier. 56. 23. pdf。第三次研讨会的广告见此，http：//www. cevipof. com/fichier/p_ rencontre/210/rencontre_ programme_ fr_ programmesortition3rd. pdf。

⑥ 研讨会的初步报告可以在此下载：http：//www. tcd. ie/policy – institute/assets/pdf/Lottery_ Report_ Oct12. pdf。

⑦ 见 *Constellations*, Vol. 17, No. 3 (September 2010)。

⑧ 见 Symposium：John McCormick's Machiavellian Democracy, *Good Society*, Vol. 20, No. 2 (2011)。

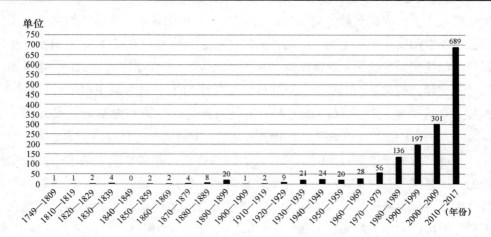

图 4　与抽签（Sortition）相关的学术出版物数量，1749—2017 年

资料来源：根据 Google Scholar 数据绘制。

20 世纪 90 年代以前，除个别例外，参与抽签讨论的多是学术界的边缘人物；但随着巴伯、费希金、曼宁、麦考米克等人加入，越来越多学术界主流人物也开始参与其中，如布鲁斯·阿克曼、[1] 乔恩·埃尔斯特、[2] 桑福德·列文森、[3]、尼尔·达克斯伯里。[4] 2010 年以前，讨论抽签的场合往往是小型研讨会，难以引起广泛注意；现在这类讨论已开始登堂入室、进入大型学术活动。在美国政治学会的 2011 年大会上，主席卡罗尔·佩特曼的年度演说谈及了抽签在民主参与中的作用。[5] 一年后担任同一职务的简·曼斯布里奇也对抽签很有兴趣，[6] 她在自己的年

①　Bruce Ackerman and James S. Fishkin, *Deliberation Day*, New Haven and London： Yale University Press, 2004.

②　Jon Elster, Securities against Misrule： Juries, Assemblies, Elections, Cambridge： Cambridge University Press, 2013.

③　Sanford Levinson, *Our Undemocratic Constitution： Where the Constitution Goes Wrong（and How We the People can Correct It）*, Oxford： Oxford University Press, 2006.

④　Neil Duxbury, *Random Justice： On Lotteries and Legal Decision - Making*, Oxford： Oxford University Press, 1999.

⑤　Carole Pateman, "APSA Presidential Address： Participatory Democracy Revisited", *Perspectives on Politics*, Vol. 10, No. 1（March 2012）, pp. 7 - 19.

⑥　Jane Mansbridg, "Should Blacks Represent Blacks and Women Represent Women? A Contingent 'Yes'", *The Journal of Politics*, Vol. 61, No. 3（August 1999）, pp. 628 - 657；John Parkinson and Jane Mansbridge, eds., *Deliberative Systems： Deliberative Democracy at the Large Scale*, Cambridge： Cambridge University Press, 2012.

度主席演说中再次提及抽签对民主的意义。① 到了 2016 年，美国政治学会的年度大会不仅专门安排了一个圆桌讨论，关注"抽签与民主理论转型"，还有多个小组讨论与抽签相关的议题，这在以前是从未出现过的。② 在这次大会上，一本刚刚从佛兰芒文译为英文并受到欧美大众媒体广泛关注的小书《为民主而反对选举》也引起了政治学家们的热议，而这本书倡导的正是，以抽签为基础、重构民主制度。③ 该书的主张也得到了古希腊史学家保罗·卡特利奇的呼应。④

最近参与关于抽签讨论的学者有一个共同特点，那就是敢于跳出主流民主理论的无形紧箍咒，探索在现代条件下重新启用抽签这个民主、共和利器的必要性与适用性。抽签可以从哪些方面弥补以选举为特征的代议民主的弊端？抽签在多大程度上可以实现更高质量的代表性？抽签与商议应如何结合？从认识论角度看，抽签有何种价值？这些价值对人民当家做主有什么意义？抽签适用于哪些领域？只是特定领域，还是可以适用于所有决策领域？抽签适用于哪些层级？只是基层、地区、全国，还是也包括像欧盟那样的超国家组织？由抽签产生的机构产生的商议结果应在多大程度上影响政府最终决策？它们是只具有参考价值，还是也应具有约束力？这些都是他们试图回答的问题。尽管他们看法不尽相同，但努力的方向却是一致的，即必须进一步开发抽签的民主潜能。

抽签逐步摆脱边缘地位、引起越来越多主流学术界人士的关注，这说明代议民主框架内的思考已近枯竭，有必要另辟蹊径、探索民主新路。同等重要的是，可以毫不夸张地说，一大批学者试图发展与抽签相关的理论，这在历史上是前所未有的。从古希腊到古罗马、再到意大利城邦共和国，抽签之所以被采用，往往没有任何理论的引领，几乎都是为解决实际问题不得已而为之。政治思想家们对

① Jane Mansbridge, "APSA Presidential Address: What Is Political Science For?", *Perspectives on Politics*, Vol. 12, No. 1 (March 2014), pp. 8 – 17.

② Ahmed R Teleb, "Sortition finally in the public eye? A report – back from APSA in Philadelphia", *Equality by Lot*, *The Blog of the Kleroterians*, September 5, 2016, https://equalitybylot. wordpress. com/2016/09/05/sortition – finally – in – the – public – eye – a – report – back – from – apsa – in – philadelphia/.

③ David Van Reybrouck, *Against Elections: The Case for Democracy*, London: The Bodley head, 2016.

④ Paul Cartledge, "Ancient Greeks would not recognize our 'democracy' – they'd see an 'oligarchy'", *The Conversation*, June 3, 2016, http://theconversation. com/ancient – greeks – would – not – recognise – our – democracy – theyd – see – an – oligarchy – 60277; Paul Cartledge, "And the lot fell on··· sortition in Ancient Greek democratic theory & practice", March 31, 2016, https://blog. oup. com/2016/03/sortition – ancient – greece – democracy/.

它基本上视而不见;即使对它有所评论,往往不过是只言片语,导致有关抽签的思考无法系统化、理论化,难以隔世流传。结果,威尼斯共和国于 18 世纪末消亡后,抽签在政治中的应用便从人们的记忆中彻底消失近 200 年。这也就是说,缺乏相关理论大概是抽签长期一蹶不振的重要原因。① 反过来,抽签理论的逐步繁荣也会促进抽签在实际政治的复兴。

九 抽签实践:遍地开花

的确,在对抽签的理论探索一步步深入的同时,抽签试验也遍地开花了。从 20 世纪 70 年代起,各国出现了一系列抽签的实践。如德国的"计划单元"(Planning Cells)、② 丹麦的"共识会议"(Consensus Conference)、英国的"公民审议团"(Citizens' Jury)、巴西的"参与式预算"(Participatory Budgeting)等。③ 这些试验的共同特点是,除了都包含着参与、商议的成分外,这类活动的参与者都是经过抽签挑选出来的普通民众。与古希腊和中世纪城邦不同,这时的抽签已经没有了宗教的神秘主义意涵,挑出的人不再被看作神的选民。经过欧洲与俄罗斯统计学家在 19 世纪末 20 世纪初的探索,无论在操作上还是在理论上,随机抽样已被确定为在人口中挑选出有代表性样本的方法。④ 因此,随机抽签出来参加这些活动的人具有了代表人口整体的正当性。在 20 世纪的最后二十来年,世界各地基于抽签的试验在代议民主的大池塘中引起了阵阵涟漪。

---

① Oliver Dowlen, *The Political Potential of Sortition: A Study of the Random Selection of Citizens for Public Office*, Exeter: Imprint Academic, 2008, pp. 217 – 218.

② Detlef Garbe, "Planning Cell and Citizen Report: a report on German experiences with new participation instruments", *European Journal of Political Research* Vol. 14, No. 2 (1986), pp. 221 – 236.

③ 参见 Ortwln Renn, Thomas Webler, and Peter Wiedemann, eds., *Fairness and Competence in Citizen Participation: Evaluating Models for Environmental Discourse*, Boston: Kluwer Academic, 1995; Usman Khan, *Participation Beyond the Ballot Box: European Case Studies in State – Citizen Political Dialogue*, London: UCL Press, 1999; Brian Wampler, *Participatory Budgeting in Brazil: Contestation, Cooperation, and Accountability*, University Park, PA: The Pennsylvania State University Press, 2007.

④ 参见 Jelke Bethlehem, *The Rise of Survey Sampling*, Hague: Statistics Netherlands, 2009。如果说以前对如何抽取有代表性的样本还有争议的话,奈曼在 1934 年发表的论文被认为在这方面是具有里程碑意义的转折,见 Jerzy Neyman, "On the Two Different Aspects of the Representative Method: The Method of Stratified Sampling and the Method of Purposive Selection", *Journal of the Royal Statistical Society*, Vol. 97, No. 4 (1934), pp. 558 – 625.

进入 21 世纪后，抽签方面涌现出两大类最引人注目的试验。一类是"商议式民调"（Deliberative Polling），另一类是"公民大会"（Citizens' Assembly），两种试验已经遍布各国。

商议式民调的主要推动者是前面提到过的詹姆斯·费希金，这种民调与普通民调的相同之处是从人口中抽取统计上具有代表性样本；不同之处是，被抽签出来的人要集中起来对某个议题进行深入讨论（商议），之后才对他们进行调查，其意见可以作为政策建议。[①] 换句话说，商议式民调就是抽签与商议的结合物。到目前为止，已有十几个国家进行过商议式民调，而中国是试点最多的国家，包括浙江的温岭、台湾、香港和澳门。[②]

公民大会的大规模试验始于加拿大的两个省。英属哥伦比亚省于 2004 年、安大略省（加拿大最大的省）于 2006—2007 年举办过有关选举制度改革的公民大会。其参与者都是从本省各个选区以抽签方式挑选出来的，每个选区一男一女，他们都是普通公民，不是职业政客。选举制度的改革之所以不让选举产生的议会搅和，是因为议员们都各怀鬼胎，让他们改革自己从中受益的选举制度，无异于与虎谋皮。让没有既得利益的普通民众讨论选举改革，结果才会更客观、更公正。公民大会经过反复商议形成的改革建议最后需要经过高门槛的全民公投批准。[③]

与以前的试验相比，近年来的抽签试验适用范围更广、影响力更大。抽签的理念开始引起越来越多国家政治人物的关注。

在法国，2006 年总统大选时的社会党人候选人塞格琳·罗雅尔（Segolene Royal）许诺，如果当选，她将组建一个由抽签产生的市民议会；市民议会将与现

① James S. Fishkin, *Democracy and Deliberation：New Directions for Democratic Reform*, New Haven：Yale University Press，1991.

② 有关商议式民调的试点，见斯坦福大学商议民主研究中心的网站，http：//cdd. stanford. edu/polls/。实际上，温岭的做法并非是受到费希金理论的启发，而是本土智慧的产物，参见慕毅飞《温岭公共预算民主恳谈的实践与思考》，见刘平、鲁道夫·特劳普 - 梅茨编《地方决策中的公众参与：中国和德国》，上海社会科学院出版社 2009 年版，第 106—115 页。除了温岭市的泽国镇以外，近十余年来，江苏无锡市、黑龙江哈尔滨市、上海闵行区、河南焦作市、四川巴中市白庙乡、安徽淮南市、广东佛山市顺德区等地都进行过参与式预算改革，其中有些地方参与群众是由随机抽取的方式产生的，如云南省盐津县的四个镇，参见马骏《盐津县"群众参与预算"：国家治理现代化的基层探索》，《公共行政评论》2014 年第 5 期，第 5—34 页。

③ Mark E. Warren and Hilary Pearse, eds. , *Designing Deliberative Democracy：The British Columbia Citizens' Assembly*, Cambridge：Cambridge University Press, 2008；Patrick Fournier, Henk van der Kolk, R. Kenneth Carty, André Blais, and Jonathan Rose, *When Citizens Decide：Lessons from Citizen Assemblies on Electoral Reform*, Oxford：Oxford University Press, 2011.

存的国民议会一道参与修宪的讨论，最后拿出草案提交全民公决。[1]

在荷兰，2007 年全国性的选举制度改革采取了加拿大模式，由 142 位通过抽签选取的公民经过大半年的讨论，最后向议会提交改革建议。[2]

在冰岛，2008 年金融危机导致了其银行体系的崩溃，由此引发了民众对政府的极度不信任。2010 年，议会决定启动修宪，但不允许政党染指新宪法的准备与起草过程。[3] 作为替代，冰岛设立了"国事论坛"（the National Forum），即由计算机随机选出 950 个 18 岁以上的公民，提出他们认为应该被列入新宪法的议题，并且将讨论结论公开于网络上。而制宪会议（the Constitutional Assembly）的 25 名成员不是来自体制内的政治精英（议会成员不得参选），而是从 522 位来自各行各业的普通公民中选出，包括教授、记者、学生、工会工作者、物理学家、牧师等。这 25 人起草宪法的过程完全透明，时时与民众沟通。[4] 虽然这次修宪因程序问题（实质是政治精英的抵制）并未最终完结，但它被哈佛大学法学院教授劳伦斯·莱斯格称为全球宪政史上最民主的修宪过程。[5]

在芬兰，政府也考虑借鉴冰岛的经验，让集体智慧在未来决策中扮演更重要的角色。[6]

在爱尔兰，2011 年设立的制宪大会（the Constitutional Convention）借鉴了加

① 罗雅尔建议的英文版见 http：//www. southsearepublic. org/article/626/read/royals_ participative_ democracy.

② Patrick Fournier, Henk van der Kolk, R. Kenneth Carty, André Blais, and Jonathan Rose, *When Citizens Decide: Lessons from Citizen Assemblies on Electoral Reform*, Oxford: Oxford University Press, 2011, pp. 25 – 26; J. H. Snide, "Citizens Assemblies: A Mechanism for Enhancing Legislative Transparency and Accountability", June 19, 2007, http：//www. w3. org/2007/06/eGov – dc/papers/NAS – eGovernmentPositionPaper. pdf.

③ Björg Thorarensen, "Why the making of a crowd – sourced Constitution in Iceland failed", *Constitutional Making and Constitutional Change*, http：//constitutional – change. com/why – the – making – of – a – crowd – sourced – constitution – in – iceland – failed/.

④ Björg Thorarense, "Constitutional Reform Process in Iceland: Involving the People into the Process", paper presented at Oslo – Rome International Workshop on Democracy, November 7 – 9, 2011, https：//www. uio. no/english/research/interfaculty – research – areas/democracy/news – and – events/events/seminars/2011/papers – roma – 2011/Rome – Thorarensen. pdf.

⑤ Paul Fontaine, "Why Does The New Constitution Matter? An Interview With Dr. Lawrence Lessig", *Reykjavík Grapevine*, November 11, 2016, http：//grapevine. is/mag/interview/2016/11/11/why – does – the – new – constitution – matter – an – interview – with – dr – lawrence – lessig/.

⑥ Tanja Aitamurto, Crowdsourcing for Democracy: A New Era in Policy – Making, Parliament of Finland, January 2012, http：//cddrl. fsi. stanford. edu/sites/default/files/Crowdsourcing_ for_ DemocracyF_ www. pdf.

拿大模式，它的 100 位成员中，66 人是随机抽取的普通公民，33 人是政党推选的政客，主持人由政府任命。[1] 制宪大会共提出 18 项宪法修改建议和 20 项对其他法律的修改建议。为了应对另外几项极具争议性的政策议题（如堕胎、公投、议会任期限制、气候变化），爱尔兰于 2016 年设立公民大会，其成员由 99 位随机抽取的普通公民构成，外加一名政府提名的最高法院法官担任主席。公民大会最终会向议会提交修法建议。[2]

在英国，早已有人建议用抽签的方式改造上议院，[3] 区域性的公民大会也已有先例，[4] 现在议会上、下院已开始认真讨论是否有必要建立全国性的制宪会议。[5]

除此之外，美国加州也曾有人提议为选举制度改革设立公民大会。[6]

从过去四十余年的演变可以看出，一度失传的抽签现在已失而复得。它在 20 世纪末还只是激起一阵阵涟漪，现在已经扩展为一波波潮涌。未来，它有可能形成排山倒海的巨浪吗？让我们拭目以待！

本文不是为了证明，抽签是实现民主理念的唯一正确方式；也不是为了证明，选举一无是处。在不同的时代、不同的历史文化背景下，实现民主理念也许可以采取很多种，甚至无数种方式，根本不存在某种唯一正确的方式，选举不是，抽签也不是。推进民主应该多轮驱动，不应单轮驱动。如果这有助于释放大家对民主理念实现方式的想象力，我们的目的就达到了。

---

[1] Alan Renwick and Jean – Benoit Pilet, *Faces on the Ballot: The Personalization of Electoral Systems in Europe*, Oxford: Oxford University Press, 2016, pp. 208 – 209.

[2] 抽签过程中共抽取 99 位成员与 99 位替补，如果被抽中的成员因种种原因无法到任，则由替补接任。见公民大会官方网站 https://www.citizensassembly.ie/en/。

[3] Anthony Barnett and Peter Carty, *The Athenian Option: Radical Reform for the House of Lords*, London: Demos, 1998.

[4] Citizens' Assembly project, "Citizens' Assembly Pilots", http://citizensassembly.co.uk/#.

[5] The Political and Constitutional Reform Committee, Do we need a constitutional convention for the UK?", March 28, 2013, http://www.parliament.uk/documents/commons – committees/political – and – constitutional – reform/CC – Report – FINAL – to – TSO. pdf; The House of Lords Library Note, "Constitutional Conventions: Possible Options in the New Parliament", March 20, 2015, http://researchbriefings.files.parliament.uk/documents/LLN – 2015 – 008/LLN – 2015 – 008. pdf; Lucinda Maer, "Citizens' Assemblies and Constitutional Conventions", *House of Commons Library Briefing Paper* No. 07143 (July 28, 2016), http://researchbriefings.files.parliament.uk/documents/SN07143/SN07143. pdf.

[6] iSolon. org, "Government Reports & Legislation Completed Citizen Assemblies", http://jhsnider.net/CitizensAssembly/GovernmentDocuments. htm.

国家—市场关系的两种取向[①]

欧树军[②]

[**内容摘要**]　"国家为市场而治理"与"国家因市场而治理"既是两种相对的政治—经济观念，也代表着两种不同的国家—市场关系模式。无论是亚当·斯密的古典经济自由主义，还是各种（作为一种治理术的）新自由主义思潮，都将市场经济的基本原则界定为自由放任，国家与市场的关系表现为"国家为市场而治理"，国家的作用是服务于市场的创建、生长、成熟。而"国家因市场而治理"则认为市场不是自生自发、渐进发展的，主张"政府干预的必要性源于市场经济的内在缺陷"。一个政治共同体在不同的发展阶段需要对不同的发展目标做出审慎的选择，这一目标必然会影响其国家—市场之间的关系模式。对于中国这样的巨型国家和复杂社会而言，应认识到并充分重视发展目标的多样性，在自身与他国的政治经济发展实际经验教训的基础上，做出问题导向、脚踏实地、深思熟虑的选择，而非不假思索地奉行某种无法自持的"自生自发的市场自由"思维。

[**关键词**]　国家—市场关系　发展政治学　发展经济学　发展目标　现代化

国家与市场的关系在政治经济学研究中历久弥新。当今中国已经从市场转型的初级阶段步入了市场经济的深水区，国家不再主宰一切，市场也不再是辅助作用，中国已经宣布要"使市场在资源配置中起决定性作用和更好发挥政府作用"。但是，由于现实态势的复杂多变，在理解和处理国家与市场关系之际，人们往往需要反复权衡不同的政治—经济观念、关系模式和发展目标的优劣利弊及其先后

① 作者感谢山东大学政治学与公共管理学院副研究员李振的建议，也感谢中国人民大学国际关系学院政治学系硕士研究生李立敏的研究助理工作。

② 欧树军，香港中文大学政治与行政学哲学博士，中国人民大学国际关系学院政治学系副教授，研究兴趣包括政治经济学、比较政治、国家理论、民主理论等。

次序，需要具体情况具体分析，需要既能抓住"牛鼻子"又善于"弹钢琴"，因此，在不同的发展阶段，都有必要讨论国家在经济生活中究竟应该发挥什么作用。

观念决定行动，知往方可鉴今，本文将围绕国家在经济生活中的作用这个核心议题，先梳理"国家为市场而治理"和"国家因市场而治理"两种政治—经济观念，再比较其中所蕴含的两种国家—市场关系模式，最后讨论不同阶段的发展目标与国家—市场关系模式之间的关系。

一 "国家为市场而治理"

"国家为市场而治理"与"国家因市场而治理"既是两种相对的政治—经济观念，也代表着两种不同的国家—市场关系模式。"国家为市场而治理"这个说法来自法国思想家米歇尔·福柯晚年的两次法兰西学院系列演讲，它们分别是1977—1978年的"安全、领土与人口"和1978—1979年的"生命政治的诞生"。[①]这两次系列演讲剖析了自由主义治理术的思想谱系，自由主义治理术的出现被视为现代国家诞生的标志[②]，其合理性就孕育于"国家为市场而治理"所代表的政治—经济观念和国家—市场关系模式之中。

米歇尔·福柯的思想史考察既与亚当·斯密的经济自由主义理论建构相契合，又与卡尔·波兰尼对亚当·斯密的颠覆性批判相一致。亚当·斯密的《国富论》[③]抽象而概括地提出了一整套古典经济自由主义理论，卡尔·波兰尼的《大转型》[④]用丰富的经济史、社会史和政治史依据予之以解构和批评。福柯的"安全、领土与人口"和"生命政治的诞生"则从思想史角度厘清了作为一种"权力的技艺"的自由主义，不仅如此，自由主义所扬弃的重商主义和重农主义也都被视为一种权力的技艺，或者一种统治的技艺，也就是一种"治理术"。

---

① ［法］米歇尔·福柯：《安全、领土与人口》，钱翰、陈晓径译，上海人民出版社2011年版；［法］米歇尔·福柯：《生命政治的诞生》，莫伟民、赵伟译，上海人民出版社2011年版。

② ［法］米歇尔·福柯：《生命政治的诞生》，莫伟民、赵伟译，上海人民出版社2011年版，第144页。

③ ［英］亚当·斯密：《国民财富的性质与原因的研究》（《亚当·斯密全集第二、三卷》），郭大力、王亚南译，商务印书馆2014年版。

④ ［英］卡尔·波兰尼：《大转型：我们时代的政治经济起源》，冯刚、刘阳译，浙江人民出版社2007年版。

作为三者的共通之处，这种治理术对自由的理解是从流通这个空间概念开始的。17 世纪之前的欧洲城市是封闭的，17—18 世纪的欧洲城市在空间、司法、行政和经济上都是开放的，一个好的城市国家必须符合几何学原理，主权的政治功效与空间的分配高度相关，国家的要素在其空间上要能够循环流通起来，不仅农民、工匠、官僚和君主这些基本要素必须流通起来，观念、意志、命令、商业等要素也必须流通起来。由此，在政治上，确保通过首都规划的几何化、领土的首都化和国家的首都化，来组织人员、商品和空气等要素的流通，消除危险因素，区分好的流通与坏的流通，并让好的流通最大化；在经济上，确保主权范围内的商业贸易可以实现最大限度的经济增长，这就是重商主义的主旨①。

重商主义所回应的社会经济问题是从 16 世纪初开始西欧社会频繁发生的粮食短缺。为了避免粮食短缺，重商主义主张严格限制粮食的生产与流通，包括禁止囤积粮食、禁止出口、禁止涨价，限制粮食的耕作面积、价格、储存，控制粮食在地区之间、国与国之间的流通，从而将粮价降到最低，压低农民的利润，既让市民得以用最小的成本保持温饱，也将工人的工资尽可能压低，这一方面是为了防止城市出现影响统治正当性的暴动；另一方面又可以积累金银财富，提高国家实力。② 在这个时期，君主所代表的中央政府权力不断强化，逐渐在全国打破地区壁垒，统一管制专营权、专卖权、生产方式和产品质量，并限制国内商业竞争，补贴民族产业，禁止原材料外流，鼓励制成品出口，对外则推行民族主义、保护主义、殖民主义。

但是，控制粮食价格却并没有解决粮食短缺问题，因为粮价越低，反而让丰收的农民更容易破产，进而降低种植面积，导致人们随时遭受食品短缺打击。所以，重农主义反其道而行之，把粮食的自由流通、自由贸易作为基本原则，主张取消囤积禁令，取消出口禁令，为市场松绑，甚至允许通过行政补贴保证粮食涨价，允许出现稀缺，允许出现饥饿，允许自由流通和自由出口，只要不是所有人、所有市场都短缺、都昂贵，就可以避免大规模的、普遍的饥荒灾难，放任他们各行其是，不要无事生非，要无为而治，由此必然需要一整套建立在世界市场尺度上的、以"经济人"的各种行为要素为分析单位的（政治）经济学分析方法。这

---

① ［法］米歇尔·福柯：《安全、领土与人口》，钱翰、陈晓径译，上海人民出版社 2011 年版，第 7—18 页。

② 同上书，第 24—38 页。

种分析方法不仅把经济学视为物理学，也把政治学视为物理学，自由就是流通，流通就是自由，权力只能通过每个人的自由才能运行，这样一来，自由不仅变成了一种意识形态，也变成了一种权力的技艺，这就是自由放任主义（laissez—faire）的终极源头。① 在重农主义影响下，从 17 世纪末开始，英国、法国等西欧国家相继确立粮食的自由贸易体系，只保障生命财产、契约自由等基本方面，只对土地所有者征税、只征收直接税，反对其他一切形式的政府干预，支持国内外商业、贸易自由化。这个时候，经济自由主义作为一种政治经济学与国家理由对接起来，提出了一种治理模式，即市场模式，市场所提供的不仅仅是公平的交换、公平的分配，也是供求决定价格这个自然机制所支配的真理化的场所。② 因此，好的治理应该按照真理来治理，也就是应该按照市场模式来治理。

18 世纪 70 年代，作为工业革命的产物，亚当·斯密以劳动分工为理论基石，以自利动机导致利他的社会效果为合理性依据，以人人在道德上平等为伦理支撑，以"完全自然的发展、完全自由的选择、自然的趋利避害驱动"为基本假设，区分了经济的自然状态与政治社会，自然分工与社会分工，野蛮社会、文明社会、退步社会、静止社会、进步社会和进步国、文明国、富裕国，比较了真实价格与名义价格、自然价格与市场价格、有效需求与绝对需求、自然的不平等与政策的不平等、自然地租与垄断地租等内容，进而创立了一套系统的古典自由主义政治经济理论，通过市场自由来建立自然的或低廉的价格，实现"共同富裕"和"上不封顶的富裕"，通称为"经济自由主义"③。现代经济学奉亚当·斯密的经济自由主义理论为经济学正源，进而主张最低限度的政府干预，包括④国防、司法、公共工程和公共设施、教育、维护君主尊严，以及保障这些支出的必要税收。

但这种看法也许只体现了亚当·斯密的经济理论，而忽视了亚当·斯密的政治（经济）理论，亚当·斯密在《国富论》中同样重视生产力联合与生产关系联

---

① ［法］米歇尔·福柯：《安全、领土与人口》，钱翰、陈晓径译，上海人民出版社 2011 年版，第 24—38 页。

② ［法］米歇尔·福柯：《生命政治的诞生》，莫伟民、赵伟译，上海人民出版社 2011 年版，第 63—79 页。

③ ［英］亚当·斯密：《国民财富的性质与原因的研究》（《亚当·斯密全集第二卷》），郭大力、王亚南译，商务印书馆 2014 年版，第 7—359 页。

④ ［英］亚当·斯密：《国民财富的性质与原因的研究》（《亚当·斯密全集第三卷》），郭大力、王亚南译，商务印书馆 2014 年版，第 263—384 页。

合、自然联合与特殊联合、自由劳动与奴隶劳动、最方便的债权人与最不方便的债务人、临时救济与永久救济、政府信用与私人信用、政府稳定与银行稳定、自然自由与法律限制、自由竞争与社会福利、生产性劳动与非生产性劳动、私人浪费与政府浪费，以及地主、劳动者、商人和制造业者这些文明社会的三大阶级的价值来源和不平等的阶级关系，还讨论了领主制、继承法、包税制、行政、军事等社会与政治制度①，这些问题都不是市场的"无形之手"自身所能解决的，必然涉及国家的作用。

不过，即便姑且接受亚当·斯密的头脑里只有经济自由主义理论，学术界通常认为，斯密的这套经济自由主义理论过了七十年之后，即 19 世纪中叶的英国最终形成了全国统一的土地市场、货币市场、劳动力市场以及以帝国霸权所保障的全球化自由贸易网络之后，才真正取代重商主义、重农主义变成了英国的基本国策。这个时候，市场真正全球化了。

19 世纪 70 年代兴起的边际主义主张将政府对经济的干预降至最少，并出于功利自由主义的原则，主张只有在大多数情况下让自然的经济规律发挥作用，区分穷人和赤贫者，将有劳动能力的穷人排除在福利救济之外，并充分利用其劳动力来创造财富，才能实现"最大多数人的最大幸福"。19 世纪 80 年代的新古典主义的"国家恐惧症"更加严重，他们把国家视为市场的守夜人，只需要发挥保障市场运行的基本作用，包括维护主权和领土完整；制定和实施法律，维持社会基本秩序；界定产权，保护产权；监督合同的执行；维系本国货币的价值。② 如果国家的作用超出这个范围，就是在侵害和破坏市场这个自然的机制。

20 世纪 70 年代的芝加哥学派也被称为"新兴古典主义"，则延续了古典—新古典的传统，主张"经济放任主义和政治保守主义"，包括摈弃凯恩斯主义，建立"有限政府"，这不仅是因为监管往往仅仅有利于监管者，还因为国家的货币政策、财政政策往往是无能无效的，后者才是大萧条的真正原因。美国国际经济研究所的约翰·威廉姆森（John Williamson）在此基础上提出了"华盛顿共识"，认为只有彻底的市场自由、贸易自由、资本流动自由，才能实现政治、经济、社会效用的最大化，因此，应该建立最少的政府开支，最低的税收，最少的监管，最弱的

---

① ［英］亚当·斯密：《国民财富的性质与原因的研究》（《亚当·斯密全集第二卷》），郭大力、王亚南译，商务印书馆 2014 年版，第 363—402 页。

② 王绍光：《国家在市场经济转型中的作用》，《当代中国研究》1994 年第 2 期。

干预，最小的福利，并推动全球化。"华盛顿共识"是新自由主义的集大成者，其具体政策主张主要分为四个方面：在财政政策上，要求加强财政纪律，政府支出的重心从经济回报率高的领域，转向基本医保、基础教育、基础设施等有助于改善收入分配的领域；在货币政策上，主张利率自由化，建立竞争性的汇率制度；在贸易与资本政策上，主张贸易自由化，降低资本准入门槛，外来投资自由流动；在宏观政策上，鼓吹私有化，放松监管，消除市场进出障碍，保护产权。也许正是因为新兴古典主义极力希望建立以"完全自然的发展、完全自由的选择、自然的趋利避害驱动"为前提的非常完美却很不现实的市场经济，它虽然占领了大学校园的经济学教科书，却没有任何国家和政府敢于将其经典教义在自己的领土和人口上真正付诸实践。

总之，无论是亚当·斯密的经济自由主义，还是边际主义、新古典主义经济、奥地利学派、芝加哥学派、货币供应学派、理性预期学派、公共选择学派、产权经济学派、竞争市场学派等各种（作为一种治理术的）新自由主义思潮，都将市场经济的基本原则界定为自由放任，国家与市场的关系表现为"国家为市场而治理"而非"国家因市场而治理"，国家的作用是服务于市场的创建、生长、成熟，其基本观念可以简称为"国家干预越少，市场经济越好"。从经济自由主义到新自由主义，之所以主张自由放任，主张"国家为市场而治理"，实质是出于形形色色的"国家恐惧症"。这种"国家恐惧症"[①]认为，问题的关键不是国家应该如何限制市场、防止"市场失灵"，而是什么也无法证明"市场失灵"，市场的所有缺陷和不足都是因为国家的存在。既然如此，国家就要接受市场的监督，而非市场接受国家的监督。实质上，这就等于说，市场成为国家的内在原则，市场是国家的合理性、正当性的授予者。

二 "国家因市场而治理"

与"国家为市场而治理"相反，"国家因市场而治理"主张"政府干预的必要性源于市场经济的内在缺陷"，市场不是自生自发、渐进发展的，"自我调节的

---

① ［法］米歇尔·福柯：《生命政治的诞生》，莫伟民、赵伟译，上海人民出版社 2011 年版，第 63—79 页。

市场从来没有真正存在过"①，市场运行及其后果所导致的缺陷赋予了政府干预的必要性。重商主义反对国内税费负担，却又希望从国家手中获得专营权、专卖权。重农主义希望用国家权力来确保粮食、商品、货币的自由流通。古典自由主义希望国家主动收缩放权，以建立市场并扩大市场的作用。这也说明，市场往往是政府干预的结果，市场形成与运行的每一步都离不开政府干预。

"自由放任是有计划的，而计划却不是"②。正是看到了市场从来都不是自我调节、自生自发、渐进发展的产物，看到了市场资本主义所带来的毁灭性社会后果，看到人异化为劳动力商品之后的悲惨境遇，欧文等早期社会主义者才反对自由放任，主张要把经济生活放在社会整体之中，主张保护人的社会性从而恢复人的整体性③，这个主张让被剥夺了普选权和福利救济权的工人群体得以成为一个阶级，而国家应该成为保障工人阶级利益的工具。马克思主义和新马克思主义都强调国家的工具性，资本主义国家是保障资本家阶级、推行资本控制，尤其是金融资本控制的工具，市场资本主义是维护资产阶级法权的工具。任由市场自由放任下去，人类社会就失去了存在的必要性，在市场经济这个"撒旦的磨坊"不断扩张的同时，社会出于自我保护的需要不断向国家和政府施压，要求其出面干预市场经济，这种双向运动不断地协调着政府干预主义与经济自由主义之间的关系，并让后者成为 19 世纪文明转向 20 世纪文明的重要组成部分。在政治经济学意义上，波兰尼把两次世界大战的肇因归结为二者之间关系的失控。因此，无论是最早的乌托邦社会实验、早期社会主义，还是新马克思主义、新经济政策、指令型计划经济，种种社会主义的理念从 16 世纪开始就把经济生活放在社会整体之中，国家有权力、有必要介入、主导乃至支配经济生活，并不承认市场具有支配国家生活和个人生活的合理性和正当性。

事实上，发达国家的政府在其工业化进程中发挥了非常积极的作用。④ 对于希望赶超先进国家、发达国家的落后国家、发展中国家而言，对于需要从自由竞争的资本主义转向国家干预的资本主义的国家而言，其政府也都需要在经济生活中

---

① [英]卡尔·波兰尼：《大转型：我们时代的政治经济起源》，冯钢、刘阳译，浙江人民出版社 2007年版，第 1 页。

② 同上书，第 121 页。

③ 同上书，第 110—111 页。

④ 参见张夏准著，肖炼等译《富国陷阱：发达国家为何踢开梯子？》（修订版），社会科学文献出版社2009 年版。

发挥至关重要的作用，这正是贯穿德国历史学派、进步主义的制度学派、凯恩斯主义和发展经济学的经济理念主线。

19世纪40年代至20世纪的第一次世界大战前，为了结束德国的分裂、落后状态，德国历史学派反对自由放任，主张大规模的、积极的政府干预，国家培育工业、交通和经济增长，保护不成熟的本国工业，广泛干预经济事务以实现赶超战略，并维护工人健康、福利和效率，改善普通人的生活环境。国家在经济中的作用极大扩张，推动普鲁士统一了德国。

在进步时代的美国，社会中下层对不受约束的自由资本主义发起了各种反抗运动，在进步主义思想影响下，制度学派主张国家应在"市场失灵"的领域进行干预，从而实现社会进步，改善工人生活境遇，促进收入的公平分配，这些领域包括①：提供"公共物品"，比如国防、道路、桥梁、控制环境污染；保持宏观经济稳定；让经济的"外部性"内在化；限制垄断；调节收入和财富的分配；弥补市场的不完全性和信息的不对称性。

1929—1933年大萧条之后，面对经济的严重停滞与衰退，凯恩斯主义提出政府实施恰当的财政、货币和收入政策来积极干预经济，促进充分就业、价格稳定和经济增长，为了应对衰退或萧条，政府应增加开支或减少税收，增加货币供给来降低利率。如果遇到总支出过度引发的通货膨胀，政府应减少自身支出，增加税收以减少私人消费支出，或减少货币供给以提高利率、抑制过度投资支出。凯恩斯主义让罗斯福新政获得极大成功，也推动了第二次世界大战后至20世纪70年代初的美国和欧洲经济的复兴。但是，在三十多年的经济繁荣高度增长时期结束之后，人们迎来了通胀时代，凯恩斯主义因此成为新自由主义的最大敌人。不过，由于成功扭转了经济衰退，凯恩斯主义深入人心，人们普遍接受了国家干预经济的合理性和正当性。

1945年以后，发展中国家竞逐国家富强，接受了发展经济学的关键主张，即国家有责任推动经济增长和经济发展，包括政府主导市场经济的发展，制定国民经济与社会发展蓝图，通过产业政策推动增长的转型能力，以及制定并推行相应的社会政策。这种发展理念成就了"亚洲四小龙"和以"金砖国家"为代表的新兴经济体。

---

① 王绍光：《国家在市场经济转型中的作用》，《当代中国研究》1994年第2期。

因此，中国的结构主义认为，国家在经济生活中所应发挥的作用很大。首先，国家至少要发挥新古典经济学派的作用，包括维护主权和领土完整；制定和实施法律，维持社会基本秩序；界定产权、保护产权；监督合同履行；维系本国货币价值。其次，国家应在"市场失灵"的领域进行干预，包括提供公共物品，保持宏观经济稳定，使经济的外部性内在化，限制垄断，调节收入与财富分配，弥补市场的不完全性和信息的不对称性。最后，各国政府因其政治经济结构需要而发挥的特殊功能，包括主导向市场经济的转型过程，在市场发育不全时帮助克服市场缺失，发挥公共投资和利用产业政策，集中社会资源超前和强化公路、桥梁、铁路、通信、航空灯基础设施，环境保护，建立社会保障体系。①

简言之，"国家因市场而治理"所代表的政治—经济观念认为，无论是走在转型道路上，还是已经跻身市场经济，"市场失灵"的风险远远大于"政府失灵"，市场有内在的不足和缺陷，国家必须出面矫正。因此，总的原则应该是"国家监督市场"而非"市场监督国家"。

三 发展的目标与国家—市场关系

如果说一个政治共同体的理想秩序是由经济增长、公平平等、民主自由、稳定安全、国家自主、环境保护等基本发展目标所构成的，那么不争的事实在于，这些美好的发展目标既不会自动实现，也不是一朝一夕之功所能实现的；不同的发展阶段可能需要确立不同的发展目标，这又需要在这些不同的发展目标中间做出审慎的抉择。一旦一个国家确立了特定历史阶段的发展目标，也就不可避免会影响其国家—市场之间的关系模式。美国政治学者亨廷顿曾经指出，20 世纪 50 年代直至 80 年代初，发展经济学和发展政治学基本上背道而驰，前者从（财富的）集中走向分散，后者从（权力的）分散走向集中②。首先，20 世纪 50 年代，第三世界接受了经济学家的建议，把经济增长作为首要发展目标并且的确在此后十年实现了这个目标，但经济增长并不必然能够改善第三世界亿万人的生活状况。因此，到了 20 世纪 70 年代初，发展中国家的核心发展目标变成了以减少绝对贫困

---

① 王绍光：《国家在市场经济转型中的作用》，《当代中国研究》1994 年第 2 期。

② ［美］塞缪尔·亨廷顿等著，罗荣渠主编《现代化：理论与历史经验的再探讨》，上海译文出版社 1993 年版，第 331—357 页。

和减少不平等为两大目标的公平。这个阶段的国家—市场关系模式先是"市场为主、国家为辅",更侧重"国家为市场而治理",然后又转向"国家为主、市场为辅",更侧重"国家因市场而治理"。

在接受了市场作为国家合理性的授予者这个定位之后,不可避免地,从 20 世纪 50 年代末到 60 年代初,西方政治学关心如何按照西方民主模式来分配权力实现民主。而 20 世纪 60 年代后期直至 70 年代末,在意识到了市场内在的缺陷之后,在认识到政治学和经济学都不可能是物理学之后,政治学者转向研究如何为了实现政治秩序而集中权力。到了 20 世纪 80 年代末 90 年代初,发展政治学和发展经济学的重心再次发生变化,随着历史被宣告终结,政治学的焦点从权力的集中转向权力的分散,发展经济学则又从强调国家的作用走向强调市场的作用。20 世纪 90 年代末的亚洲金融危机和 21 世纪末的美国金融危机,又将二者的焦点再次颠倒过来。

近四十年来,在上述种种政治—经济观念的影响下,对于中国的国家—市场关系,存在几种典型的看法,比如传统计划经济派、市场失灵派和新古典经济学派,中国政府则逐渐形成了"社会主义市场经济"的正式立场①。而在"社会主义市场经济"中,国家与市场关系的取向也处在不断与现实调适的过程之中,这种调适的最新结果即"使市场在资源配置中起决定性作用和更好发挥政府作用",需要解决的主要问题被界定为:"市场体系不完善、政府干预过多和监管不到位",这可以说是"国家为市场而治理"与"国家因市场而治理"的某种结合。

"国家为市场而治理"强调"市场决定资源配置是市场经济的一般规律",市场决定作用的基础是统一开放、竞争有序的市场体系,要发挥市场的决定作用,先要完善现代市场体系,包括建立公平的市场规则,建立全国统一的要素市场,发挥市场决定价格的机制,"凡是能由市场形成价格的都交给市场,政府不进行不当干预"。这些方面同时也说明市场恰恰是政府干预的产物。

"国家因市场而治理"体现为中国政府主张对市场经济的深度干预,包括宏观经济稳定、公共服务、公平竞争、市场监管、市场秩序、可持续发展、共同富裕、弥补市场失灵、公有制为主体、多种所有制经济共同发展的基本经济制度、转变

---

① 参见中国共产党第十八届中央委员会第三次全体会议公报、《中共中央关于全面深化改革若干重大问题的决定》,2013 年 11 月 12 日中国共产党第十八届中央委员会第三次全体会议通过。值得注意的是,党的十九大报告将"和"改为了逗号。

政府职能[①]、发挥中央和地方两个积极性的现代财政制度、城乡一体化发展、开放型经济新体制、教育改革、促进就业创业、合理有序的收入分配格局、更加公平可持续的社会保障制度、改革医药卫生体制、创新社会治理体制、生态文明制度建设以及军队与国防改革。

可以看出，中国政府在经济生活和社会生活中的作用非常大，远远超出经济自由主义和新自由主义所主张的"守夜人国家"作用，也不仅仅是弥补"市场失灵"，还发挥着推动经济增长的作用；不是单纯"为市场而治理"，还具备更多"因市场而治理"的因素。

在实践中，"国家为市场而治理"与"国家因市场而治理"两种声音也一直在相互竞争。在国家发展、区域发展、边疆治理、内外关系、工业化、信息化与网络安全、城镇化、经济带与城市群等发展战略上，在"三农"政策、土地政策、国企国资、民企民资、外企外资、就业政策、创新政策等经济政策上，在金融监管和货币政策上，在城乡统筹、户籍、社会治理、社会安全、住房、医疗、养老等社会政策上，在旨在解决城乡差距、地区差距、行业差距、收入差距的收入分配政策上，在学前教育、中小学、大学、职业教育、科技政策、创新体制、激励机制、文化政策、媒体政策、公共舆论治理、公共卫生等教科文卫政策上，以及能源政策、资源政策、公用事业、公共产品、公共服务、公私合作、政府绩效评估等方方面面，都能看到两种声音在政策理念、政策方向、政策选项上的角力。

这种角力充分揭示了"中国问题"的复杂性。作为一个人多地少、资源紧张、地区政治经济社会发展不平衡的"超级大国"，中国既是世界第二大经济体又是世界上最大的发展中国家，虽然综合国力不断增强，但一旦按照人均口径计算又与发达国家在不少方面存在明显差距，普通人在市场经济生活中面临的不公平、不安全、不平等问题仍然比较突出，尤其是住房、教育、医疗、养老等生活与发展成本的压力较大，这些因素都决定了中国政府无法照搬其他市场经济国家政府的

---

① 参见中国共产党第十八届中央委员会第三次全体会议公报、《中共中央关于全面深化改革若干重大问题的决定》。具体包括宏观调控、经济结构协调和生产力布局，防范区域性、系统性风险，扩大企业自主决策权（关系国家安全和生态安全、涉及全国重大生产力布局、战略性资源开发和重大公共利益等项目的除外），纠正单纯以经济增长速度评定发展成果的政绩偏向，建立国家统一的经济核算制度、资产负债表、房产和信用基础数据平台，最大限度减少中央政府对微观事务的管理，把直接面向基层、量大面广、由地方管理更方便有效的经济社会事项下放地方和基层管理，加强发展战略、规划、政策、标准等制定和实施，以及推广政府购买服务等。

经济作用；而大型现代复杂社会的某些共性，也决定了中国政府既存在"不该管的地方管得太多"的问题，更存在"该管的地方还管得不够"的问题。

这主要是因为，对于中国这样的巨型国家和复杂社会而言，任何单一的发展目标都过于简单化，中国兼顾经济增长、公平平等、稳定安全、民主自由、国家自主、环境保护等目标的全面发展的必要性，远远超过当今世界上的其他任何国家。这说明，我们不能盲目接受机械的、线性演进的、乐观主义的现代化理论，不能单纯强调单一发展目标的优先或至高无上，而应认识到并充分重视发展目标的多样性，充分重视不同目标的实现条件、实现程度及其结构、文化、行动者以及国际因素的影响，尤其是不同目标及其实现程度之间的相互制约①。

同时，现代化并不等于西方化，每个文明都应该坚持发展模式的自主性。英国、西欧、北欧尤其是美国的现代化道路都是非常独特的。一个现代的中国社会、非洲社会、印度社会、伊斯兰社会不一定能走向丹麦、走向瑞典、走向德国、走向美国，而应该致力于独立自主探寻适合自己的美好社会，找到一种适合自身的能够发挥政治、经济、社会与文化因素积极影响的发展模式②。

只有更好地实现包括经济增长、公平平等、民主自由、稳定安全、国家自主、环境保护在内的全面发展目标，才有可能建立一个适合全体中国人的、更加美好的社会，也才有可能为人类社会做出更大贡献。但是，所有美好的事情不会一起发生，所有美好的理想不会自动实现，经济增长带来的不一定是公平平等、稳定安全、民主自由、国家自主，要想同时实现两个或更多的发展目标，追求全面的发展，需要克服观念与行动层面的种种挑战。

四 结语

对于意欲在国内外纷繁复杂、瞬息万变的形势下竞逐国富民强的当代中国而言，究竟是从"因市场而治理"转向"为市场而治理"，还是从"为市场而治理"转向"因市场而治理"；是从"国家监督市场"转向"市场监督国家"，还是从"市场监督国家"转向"国家监督市场"；是"市场配置市场资源、市场机制配置

---

① 欧树军：《民主的质量比民主的形式更重要》，《中国社会科学报》2017 年 6 月 13 日第 8 版。
② ［美］塞缪尔·亨廷顿等著，罗荣渠主编《现代化：理论与历史经验的再探讨》，上海译文出版社1993 年版，第 331—357 页。

政治资源、社会资源乃至一切资源",还是各安其位,"市场配置市场资源、政府配置政府政治资源";以及,究竟如何合理安放政治—经济、国家—市场、国家—社会、国家—人民、内外贸易、内外秩序之间的相互关系,是内外有别还是内外一致,都仍然需要在自身与他国的政治经济发展实际经验教训的基础上,做出问题导向、脚踏实地、深思熟虑的选择,而不是不假思索地奉行某种无法自持的"自生自发的市场自由"思维。

政府的原型：中国第一
政府之治道经义

姚中秋[*]

[**内容提要**]　帝尧初步建立华夏政治共同体，帝舜继位为王，乃建立中国最早的政府（第一政府），《尚书·舜典》对其建立过程和政府职能有颇为详尽的记载。由于《尚书》之为经的地位，此政府模式成为中国历代政府之范本，几千年来，中国政府虽有复杂变化，但不离此道。本文将简要分析舜所建立的中国最早政府之目的、职能，进而指出此政府行共和制，具有八个特征。认真对待这一政府，探究其立政之道，是当代中国政治学发展的必由之路。

[**关键词**]　尧舜　政府　共和　华夏国家　治道

帝尧初步建立华夏政治共同体，帝舜继位为王，乃建立中国最早的政府，《尚书·舜典》对其建立过程和政府职能有颇为详尽的记载。由于《尚书》之为经的地位，此政府模式成为中国历代政府之范本，几千年来中国政府虽有复杂变化，但不离此道。本文将简要分析舜所建立的中国最早政府之目的、职能，进而探究其背后的善治之道。本文将解读之经文如下：

> 月正元日，舜格于文祖，询于四岳，辟四门，明四目，达四聪，咨十有二牧，曰："食哉，惟时柔远能迩，敦德允元，而难任人，蛮夷率服。"

＊　姚中秋，山东大学儒学高等研究院教授。

舜曰:"咨四岳!有能奋庸熙帝之载,使宅百揆,亮采惠畴?"

佥曰:"伯禹作司空。"帝曰:"俞,咨禹!汝平水土,惟时懋哉!"禹拜稽首,让于稷、契暨皋陶。帝曰:"俞,汝往哉!"

帝曰:"弃,黎民阻饥,汝后稷,播时百谷。"

帝曰:"契,百姓不亲,五品不逊。汝作司徒,敬敷五教,在宽。"

帝曰:"皋陶,蛮夷猾夏,寇贼奸宄。汝作士,五刑有服,五服三就,五流有宅,五宅三居。惟明克允!"

帝曰:"畴若予工?"佥曰:"垂哉!"帝曰:"俞,咨垂!汝共工。"垂拜稽首,让于殳斨暨伯与。帝曰:"俞,往哉!汝谐。"

帝曰:"畴若予上下草木鸟兽?"佥曰:"益哉!"帝曰:"俞,咨益!汝作朕虞。"益拜稽首,让于朱虎、熊罴。帝曰:"俞,往哉!汝谐。"

帝曰:"咨四岳,有能典朕三礼?"佥曰:"伯夷!"帝曰:"俞,咨伯!汝作秩宗。夙夜惟寅,直哉惟清。"伯拜稽首,让于夔、龙。帝曰:"俞,往,钦哉!"

帝曰:"夔!命汝典乐,教胄子:直而温,宽而栗,刚而无虐,简而无傲。诗言志,歌永言,声依永,律和声。八音克谐,无相夺伦,神人以和。"夔曰:"於!予击石拊石,百兽率舞。"

帝曰:"龙,朕堲谗说殄行,震惊朕师。命汝作纳言,夙夜出纳朕命,惟允!"

帝曰:"咨汝二十有二人!钦哉!惟时亮天功。"

三载考绩,三考,黜陟幽明,庶绩咸熙。

以下将择其中较为重要之大义予以疏解。笔者对此经文已有详尽阐释①,故此处不作字词考证、字句解释,只阐发其中之政治哲学意蕴。

一 政府之首要职能:养民

粗略观察帝舜委任的官员之职责可见,中国最早政府之首要职能是养民、厚

---

① 姚中秋:《尧舜之道:中国文明的诞生》,中国文联出版社 2016 年版,第 255—343 页。

生，具有显著的生产型政府特点，政府积极地为民众的生产活动创造条件，承担这一职能的有司空、后稷、共工、虞四部门。

众人首先公推禹为司空，职责为"平治水土"。此任命有其具体历史背景：当时正在洪水期中，治水自为第一要务。然而，治水与治土相提并论，并接着任命弃播种百谷，可见此任命并非只为应急，而有深意焉。

首要的问题是，圣贤何以费劲治水？此问题起自与西方文明之对照。

《旧约·创世记》记，神见人在地上败坏，乃发动洪水毁灭人类，唯独绕过挪亚一家，挪亚一家乃"进入方舟，躲避洪水"。此做法似乎具有典范意义：其后，以色列人在埃及遭迫害，摩西乃领导其"出埃及"；再后则有以色列人灭国，失去其家园而"大流散"。这群信神者一直在流动中，客居于土地；当然，神教教义说，人在此世只是客居，最后是要到神的国的。

作为欧美文明另一源头的古希腊，其人均为自他地入侵殖民。当其城邦稳定有力后，则向外殖民。似乎正是基于这样的历史，《法律篇》在理论上构建城邦，首先讨论的是选择合适的邦址[1]，值得注意的正是这里的选择，柏拉图认为，国土是可以选择的；当然，随后，立法者也选择人民的来源和数量。

到近代，《鲁滨孙漂流记》似乎很精准地表达了西方人的心声：要到荒岛，以自己的意志从头建立理想的生活和社会[2]。西方强大之后，立刻在海外广建殖民地，格劳秀斯、洛克、斯密的理论思考都有浓厚的殖民背景。英国人在北美建立殖民地，殖民者相信自己可在新大陆建立全新的、因而最为美好的社会；而美国之成为大国，则端赖所谓"西进运动"，依托武力向西部拓殖。

大体上可以说，在西人看来，土地于城邦、国家是外在的，人只暂时寄存于脚下的土地而已，为建成其理想社会，可自由选择其所赖以生存之土地。现实是不完美的，理想社会和城邦必定不在此土，人应作"方舟"，漂泊至遥远的陌生之地，方可建成理想城邦。热衷于以现代技术发现外星球，好莱坞拍摄人类移民外星球的电影，正体现如此观念。这样，迁徙、殖民、征服就成为西人建立政治体之基本途径。

中国人的观念则异于此，尧舜禹时代即已清晰可见。洪水到来，人们没有逃

---

① 参见《法律篇》第四卷开头。

② 参见李猛《自然社会：自然法与现代道德世界的形成》，生活·读书·新知三联书店 2015 年版，导论涉及这一点。

避，而是奋力治水，前赴后继，最终成功于禹，其脚下的土地终成为宜居之地。由此可见中国这个共同体有安土重迁之品行，其中体现的则是人的主体意识：生活、国家之好坏，不在于环境而在于人，美好的生活不在远方，就在当下自身的努力中。《大学》曰"为政在人"，也可以说，美好社会在人而非在土地。

本此精神，中国人始终致力于深耕自己脚下的土地。当然，几千年来中国的疆域不断扩展，但均从既有之地向外平推，即苏秉琦、费孝通所说之"滚雪球"①。尧舜禹时代，中国在黄河中游南北两岸，夏、商、周均有所扩展。春秋后期到战国，各国拓垦，而成就秦汉大国规模。此后，北方人口南迁，长江、太湖流域、东南沿海陆续得以垦殖，到清朝又有东北之垦殖。

这样，在中国疆域内，土地差不多都经过人之加工和开发利用，也即人文化。今日世界还有不少国家保有大量原始土地，未经人之加工。而在中国漫长历史中，中国人以自己的生命深度垦殖土地，华夏族群之生命乃与脚下的土地浑融为一体，此为人文化成之第一义。

由此机制，才有"中国"：由一中点向外稳步成长。中国始终在此一舞台上，而未变换舞台，其历史绵延于时间维度上，主题是生长，而非空间迁转。正因此，中国历史才是连续的，且历史的中国就在当下，每个中国人的生命皆可以在此持续上溯，有这一点，中国之作为国家，中国人的国家观念，完全不同于西人。当中国人说及中国，乃是山川、历史、人文、祖先的生命融为一体的活泼泼的有机体，而绝不仅为一个政治单位。研究中国政治而不明乎此，则不得其门而入。

在治水基础上治土，禹也即经营国土，其成果是《禹贡》。此是中国第一份地理调查报告，为后世图籍传统之滥觞。内容大体分三部分，第一部分记九州，先记其范围，治水大事，土壤性状，贡品，最后记每州由水路入河至于王都之路径。第二部分记山川，第三部分记五服制。此书标志着，借助于国家的制度化力量，自然上分立的山川，熔铸为一体，中国与其土地合一。

治土的另一重要维度是建立土地制度，以为经济、社会、政治秩序之基础。自尧舜禹以来，中国的地制可分两大阶段：前期是禹所建立之封建的共有制，战国以来则是私有制。值得一提的是，由于中国不是通过征服建立的，所以没有奴

---

① 苏秉琦：《中国文明起源新探》，人民出版社 2013 年版，第 131 页；费孝通主编《中华民族多元一体格局》（修订本），中央民族大学出版社 1999 年版，第 4 页。

隶制这样的经济形态。相反，不论在井田制下、私有制下，土地均由自主的农户拥有、耕种，农户向来是社会、政治、文化的基本单位。农户在自家土地上生产、生活，虽然辛苦，不乏希望，战国以来，可以农业生产剩余供养子弟求学，改变家庭命运。

农户也可转而从事工商业，政府不鼓励，但也不禁止。尤其是唐中期以来，大多数农户兼营工商业。农民也可在地理上自由流动，农业与工业之间没有隔阂，农村与城市之间自由往来，这是千余年来中国社会之基本图景，也是中国经济生机之所在。正是凭借这种制度，中国以很低的人均土地面积，支撑了人口的持续增长与文明的积累演进。

帝舜建立的第二个官职是后稷，由周人祖先弃担任，职责是"播时百谷"。

首先值得注意的是，帝舜君臣把"黎民阻饥"作为政府需要解决之重大问题提出，显示出华夏政治自始即有之道德属性。在巫术或神教之政中，饥荒很难成为问题，饥荒甚至会被视为神对人的惩罚，在一神教经中，唯一真神常惩罚地上的民众。但尧舜敬天，而天生生不已，天要每个人生。故让每人各遂其生，是法天而治的王者之首要责任，任何人因饥饿而死，都是王者之过。

故饥荒始终是华夏—中国政治积极面对之最为重大的问题之一，二十四史对饥荒有大量详尽记录。在现代工业兴起、生产效率大幅度提高之前，各文明普遍面临饥荒问题，唯有中国史籍对饥荒有详尽记载，这是因为，在道德的政治传统中，解决饥荒问题被认为是王者之责，记载饥荒就是一种切实的归责行为，人们相信，面对饥荒，统治者须作道德反省。

本乎这一观念，帝舜等圣贤所建立的政府，介入农业生产。周人祖先弃"诞后稷之穑，有相之道"①，帝舜乃策命后稷掌管天下粮食种植事业。由此，政府介入农业生产活动。禹也为解决这一问题作出贡献，"懋迁有无，化居"②。中国是个大国，各地丰歉不一，歉收地方有饥荒之虞，禹安排丰收地区的粮食外运接济，并安排不适宜生存地区之民众外迁。凡此种种措施，旨在保障民众维持生存。

以上是帝舜设立的头两个职位，随后，帝舜任命两位圣贤分别负责教化、刑罚，在此之后，帝舜接连有两个任命：

---

① 参见《诗经·大雅·生民》。
② 参见《尚书·益稷》。

任命垂管理王室之工事。这一任命的位置还算靠前，在祭祀事务之前，可见，在帝舜看来，工对维护华夏之文化、政治秩序具有重要意义。考察历史可知，共工所负责之工大体包括工业、工程两类事业。

最早出现的工业当系满足普通民众需求、产量较大的工业，如皮毛、葛麻加工、石器、木器、骨器加工业，以及需要足够技术的陶器加工业。此类必需品工业发展推动贸易扩展，提升农业生产效率，由此人们更易积累财富，而人的禀赋天然不同，必定出现贫富差异，进而形成阶层分化，社会结构趋于复杂。而管理复杂社会不能不依赖具有专业治理能力之君子。君子为强化和巩固其权威，需有威仪；为此，不能不需要礼器，乃催生新的工业种类：礼器加工业，最早是玉器加工业；大约在尧舜禹时代，又兴起青铜器加工业。与普通工业不同，礼器加工业是王室经营的。

垂的职责不止于管理礼器加工。在尧舜时代，伴随着华夏政治演变，交通运输业、工程建筑业等产业也快速发展，《周易·系辞下》说：

> 黄帝、尧、舜垂衣裳而天下治，盖取诸乾坤。
> 刳木为舟，剡木为楫，舟楫之利，以济不通，致远以利天下，盖取诸涣。
> 服牛乘马，引重致远，以利天下，盖取诸随。
> 重门击柝，以待暴客，盖取诸豫。
> 断木为杵，掘地为臼，臼杵之利，万民以济，盖取诸小过。
> 弦木为弧，剡木为矢，弧矢之利，以威天下，盖取诸睽。

这里提到礼服、船、车、弓箭等物品，均有相应的加工业；同时，城市、房屋建设需要建筑业。凡此种种生产活动的组织，均在"工"的职责范围内。

故自诞生以来，中国政府就高度重视工程、工业。据这段记载可见，王者的权威在很大程度上正来自于其制作器物，故圣人反复申明《周易》"制器"之大用："易有圣人之道四焉"，其中包括"以制器者尚其象"；"夫易，开物成务，冒天下之道，如斯而已者也"；"备物致用，立成器以为天下利，莫大乎圣人"。[①] 中国人之热衷于工程、工业，渊源在此。

---

① 参见《周易·系辞上》。

帝舜委任益负责草木鸟兽之事，此关乎自然资源之使用和生态的维护。"虞"后世文献称虞人，关于其职责，《周礼·地官司徒》有山虞、泽虞两官。山泽虽不宜人居，却可带来多种物产：山出林木，有飞禽鸟兽；泽出芦苇，有虫鸟鱼鳖。这些是对人有益之自然资源：包牺氏时代，人以渔猎为生；到尧舜禹时代，人已定居务农，但渔猎之所得对人仍极为重要，如皮毛为服，山林出柴，山中还出各玉、金，可制作礼器。最重要的是，祭祀之奉献亦出自山泽。对此加以妥善管理，维持生态系统的可持续性，让人民、国家与万物共生。

总结以上圣贤所建立的第一政府，有四个部门与资源、生产有关，可见，中国第一政府之首要职能是养民、厚生。大约正是基于这一点，禹曾对舜说："於，帝念哉！德惟善政，政在养民。水、火、金、木、土、谷，惟修；正德、利用、厚生、惟和。"① 利用，就是让万物对人之用得以发挥，厚生就是让万民生命得以顺遂，唯有如此，方可以和顺天下。

政府以此为首要职能，若做横向的文明比较，可谓独一无二。中国以西的共同体构建之道要么借助神教，要么通过武力征服。神教共同体之首要职能是严格约束信众事神，遵守神的律法、命令；征服所建立的世俗政治体首先关注权力和利益之分配。古希腊人、罗马人皆以实施正义为城邦第一要务，然雅典人所谓正义不过是"助友损敌"②，罗马人的正义不过是"给予每个人他应得的部分的这种坚定而恒久的愿望"③。唯有中国第一个政府，以养民、厚生为要务。

何以如此？当溯源于尧舜所确立的中国人之根本信仰，即敬天。《周易·系辞下》曰："天地之大德曰生"。重要的正是这个"生"字，天生万物与人，则天比以人各遂其生为心，天要人生下去，生得好，生生不已；王者法天而治，养民、厚生自为王者之大责。汉文帝曾下诏书自责，这大约是历史上第一份罪己诏：

> 朕闻之：天生蒸民，为之置君以养治之。人主不德，布政不均，则天示之以灾，以诫不治。乃十一月晦，日有食之，适见于天，灾孰大焉！朕获保宗庙，以微眇之身托于兆民君王之上，天下治乱，在朕一人；唯二三执政，犹吾股肱也。朕下不能理育群生，上以累三光之明，其不德大矣。令至，其

---

① 参见《尚书·大禹谟》。
② 参考《理想国》卷一的论述。
③ 查士丁尼：《法学总论》，商务印书馆 1997 年版，第 5 页。

悉思朕之过失，及知见思之所不及，匄以告朕。及举贤良方正、能直言极谏者，以匡朕之不逮。因各饬其任职，务省繇费以便民。朕既不能远德，故恫然念外人之有非，是以设备未息，今纵不能罢边屯戍，而又饬兵厚卫，其罢卫将军军。太仆见马遗财足，馀皆以给传置。①

汉文帝首先肯定，天生万民，有设君之位，以养民、治民，此即君之基本职责，首先是养民，其次是治民。君之不德则体现为"不能理育群生"，不能理之，不能养育之。改过之道在于轻徭薄赋，减轻民众负担，以不妨碍民众养其生。此为历代君王、士大夫之基本政治观念，可能不少人做不到，但无人否认这一大义。

二　政府的重要职能：兴起礼乐，施行教化

养民、厚生固然重要，然政府职责绝不限于此。《孝经》曰："天地之性，人为贵。"人之所以为人，不仅因为其有肉体，故而需要物质之养育；更有其心，故亦有向上成长、成己成人之内在需求，为此，中国第一政府也积极承担另一个职能：兴起礼乐，施行教化。帝舜设立三个部门从事于此。

任命禹平治水土、弃播时百谷之后，帝舜任命契为司徒，其职责是"敬敷五教"。

舜首先指出设立此部门的原因："百姓不亲，五品不逊。"《尚书·尧典》记载：帝尧"平章百姓"，百姓指百个邦国，其通过礼制聚合成为华夏国家，但相互尚欠亲近之情；由此形成内部尊卑有别的五个社会等级，也即"五品"，各自名分意识也未确立，在下者不顺于在上者。亲、逊也可扩展及于所有人，人际之优良关系无非亲与逊：亲者，相亲相爱也；逊者，逊顺也。人们相互不亲、不顺，则难以形成稳定社会政治秩序。

教化旨在让人有亲和逊之自觉，何谓"五教"？孟子曾指出：

> 禹疏九河，瀹济漯，而注诸海；决汝汉，排淮泗，而注之江，然后中国可得而食也……后稷教民稼穑，树艺五谷，五谷熟而民人育。

---

① 参见《史记·孝文本纪》。

　　人之有道也，饱食、暖衣、逸居而无教，则近于禽兽。圣人有忧之，使契为司徒，教以人伦：父子有亲，君臣有义，夫妇有别，长幼有序，朋友有信。放勋曰："劳之来之，匡之直之，辅之翼之，使自得之，又从而振德之。"圣人之忧民如此。①

　　孟子指出施行教化之必要性：圣人忧民，也即爱民，故不仅努力地让"民人育"，也即，各遂其生；同时也"振德之"，提振之，使之有德。至于教化，则"教以人伦"。父子、夫妇、兄弟、朋友、君臣五伦概括人世间之基本人际关系：父子、兄弟属于至亲的血亲关系，夫妻属于异性相亲关系，朋友则是陌生人之间的平等关系，君臣是尊卑有别的公共关系。五伦正，则家内、国内、天下自有良好秩序。何以正五伦？圣人施以五教：父子有亲，也就是父慈、子孝；君臣有义，君臣以义而合，各尽其义，也即各自承担职分，双方虽有尊卑之别，但分工合作，从事共同的事业；夫妇有别，也即夫妇在家中分别扮演不同角色，形成分工合作关系；长幼有序，也即兄友、弟恭；朋友有信，朋友本为陌生人，以信而合。人知亲、知顺，则社会既有条理又有情谊，自有良好秩序。

　　帝舜设立的第七个职位是秩宗，管理祭祀之礼。

　　"秩宗"的职责是在各种祭祀活动中协助王。"宗"者，尊也，"秩"者，次序也，《史记·五帝本纪》集解引郑玄注曰："注次秩尊卑。"据此，秩宗即《周礼》所谓"大宗伯"，其职为"掌建邦之天神、人鬼、地示之礼，以佐王建保邦国"，此即"三礼"。天神、人鬼、地祇涵括一切神灵，秩宗职责是编制祀典，排列祭祀神灵之次序，安排相关祭仪，并辅助祭祀活动。

　　由此可见，秩宗不是巫师，也非一神教之专业传教士，而是国家专司祭祀事务之官员；至于祭祀，各有其主：普通神灵的祭祀主体是各级君子，祀典规定其所当祭者；至于最为崇高之神灵，则由王祭祀，经常，公卿诸侯也来助祭。秩宗仅辅助礼仪而已。

　　当然，祭祀事务非常重要，由祭祀三礼生发出各种礼，《礼记·祭统》谓："凡治人之道，莫急于礼。礼有五经，莫重于祭。"祭祀之礼有重大教化作用，《祭统》谓："夫祭之为物大矣，其兴物备矣。顺以备者也，其教之本与？""是故

---

　　① 参见《孟子·滕文公上》。

君子之教也，必由其本，顺之至也，祭其是与？故曰：祭者，教之本也已。"又谓："夫祭有十伦焉；见事鬼神之道焉，见君臣之义焉，见父子之伦焉，见贵贱之等焉，见亲疏之杀焉，见爵赏之施焉，见夫妇之别焉，见政事之均焉，见长幼之序焉，见上下之际焉。此之谓十伦。"[①] 可见，国家之所以设祭祀之官，固然为安顿天地鬼神，同样为实施教化。

祭祀必有乐。秩宗之后，帝舜设立政府第八个部门：命夔主管乐和乐教。

此处经文次序值得注意：帝舜首述乐教，其次论乐。可见，政府立乐，以教化为宗旨。"绝地天通"之后，人间治理不靠神意，而靠君子之德能。尧舜均有卓越德能，帝舜所策命之君子也有德能，但如何让未来承担领导责任之君子也有德能？有赖于教育，乐教有助于养成君子之德，故帝舜命夔以乐教培养君子之子弟以四德：直而温，宽而栗，刚而无虐，简而无傲，此乃治理者必备之德。

舜之教唯在养德，这些未来的君子不需学习通神能力，也不需专门学习武技。盖从尧舜开始，即确立德治之道。当然，以周代君子风范推测，君子也会学习礼、乐、书、数、射、御，此为君子之必备技能；而帝舜从维护华夏共同体秩序角度肯定，君子首当有德。

经文接下来论乐之构成。帝舜在此对夔特别指明乐之构成，别有深意。乐舞之由来久矣，尤其是巫觋降神，必用乐舞，在特殊风格的音乐、舞蹈中，巫觋进入迷狂状态，与神沟通，此为"巫乐"，由屈原《楚辞》若干篇章可想见其大概。帝尧"绝地天通"，屈神而敬天，巫觋退隐至于俗文化中。但乐感人最深，故圣人用以施教，然不能不别立新乐，帝舜之策命即完整描述新乐之组成，其最显著特点正在于，此乐始于"诗"，且帝舜谓"诗言志"。由此可见，帝舜立乐，非为求神，而为表达君子之心志，以此引领君子养成其德。王者之乐始于言志之诗，则歌、声、律、音、舞等必有重大调整。郑玄《诗谱序》引用这句话并谓"然则诗之道放于此乎"，诚然。

此乐的风格必定是典雅、庄重、古朴的，可收到"和正以广"[②] 之效。故帝

---

① 《中庸》也阐明祭祀之礼的教化之用："春、秋修其祖庙，陈其宗器，设其裳衣，荐其时食。宗庙之礼，所以序昭穆也；序爵，所以辨贵贱也；序事，所以辨贤也；旅酬下为上，所以逮贱也；燕毛，所以序齿也。践其位，行其礼，奏其乐，敬其所尊，爱其所亲，事死如事生，事亡如事存，孝之至也。郊社之礼，所以事上帝也；宗庙之礼，所以祀乎其先也。明乎郊社之礼、禘尝之义，治国其如示诸掌乎！"

② 参见《礼记·乐记》。

舜策命夔典乐标志着中国之乐走出巫乐，而为肃穆清明之雅乐。巫乐旨在悦神，雅乐旨在安民，故见之于乐者，亲疏贵贱、长幼男女之理也。由此才有为政之乐，施教之乐，由此乐方有乐教，乐方有养成君子、化民成俗之效。故《礼记·乐记》记："昔者，舜作五弦之琴以歌南风，夔始制乐以赏诸侯。故天子之为乐也，以赏诸侯之有德者也。德盛而教尊，五谷时熟，然后赏之以乐。故其治民劳者，其舞行缀远。其治民逸者，其舞行缀短。"

综合以上三个部门的职责，可见帝舜建立的中国第一政府在养民之外，也承担教民之大任。这个教化体系是复杂的：有针对普通民众的人伦之教，有针对君子群体的乐教，还有覆盖所有人的祭祀之礼教。其中虽有祭祀鬼神之礼，但并不教人信仰人格神，并依神律统治，故此政府不是神权政府——当然也不能说其为世俗政府，此政府在超乎神、俗之中道上。归根到底，帝舜所建立的复杂教化体系，旨在教人有德，教人为人，教人互爱而顺人，此为良好社会政治秩序之基础。养民厚生让新生的华夏共同体之人民愿意共同生活在一起，礼乐教化则让人们明乎共同生活之道。

三　政府第三类职能：刑罚与政令

在上述八个部门之外，帝舜还设立另两个部门：在负责教化的司徒之后，排在第四位的是士，负责刑罚。

帝舜首先指出，之所以设此部门，因为"蛮夷猾夏，寇贼奸宄"。外部的蛮夷侵扰华夏，内部则有抢劫、杀人、叛乱、与蛮夷勾结等犯罪活动，对此予以惩罚，方可维护社会政治秩序。值得注意的是，帝舜并列外、内扰乱秩序之行为，且以外为主；相应地，皋陶一人而兼具对外、对内职能，此即"兵刑合一"之制。《国语·鲁语上》曰："刑五而已，无有隐者，隐乃讳也。大刑用甲兵，其次用斧钺；中刑用刀锯，其次用钻笮；薄刑用鞭扑，以威民也。故大者陈之原野，小者致之市朝，五刑三次，是无隐也。"

接下来，帝舜阐明用刑之大经大法。此前，舜已创建刑制并运用之："象以典刑，流宥五刑，鞭作官刑，扑作教刑，金作赎刑。眚灾，肆赦；怙终，贼刑。钦哉，钦哉，惟刑之恤哉！流共工于幽洲，放驩兜于崇山，窜三苗于三危，殛鲧于羽山，四罪而天下咸服。"此处则对此运用予以细化。

最后一个官职，帝舜命龙为"纳言"，其职责是"出纳朕命"。名为"纳言"，实际职责是出言、发布王命。

帝舜设立纳言一职，是中国的政治、治理趋向复杂之必然。此前，各邦国自有其政令系统，因规模较小，君子群体常在一起，政令可以面对面地传达而不失真。尧舜建立华夏，治理诸多邦国，分布于广阔疆域。王与邦国君子之间、各邦国君子相互之间，面对面沟通机会不多，政治信息之远距离如实传达成为大问题。设立纳言，有助于消除"谗说"，准确发布王命于天下，保持政治稳定。

故纳言之职的必要性在于中国自诞生起，就是超大规模的文明与政治共同体。纳言一旦设立，政府则处在透明状态，王者政令昭告天下。纳言当为史官之前身，其记录王命、进而保存王命，积累形成先王之政典，而为后世所取法，此即先王之法，由此，社会治理有法可依。

以上两个职位，大体在狭义的统治范畴内：对破坏华夏秩序的内、外犯罪者，皋陶以暴力予以惩罚；纳言则强化王对天下的统治，让王命畅行于天下。两者均有助于稳定社会政治秩序。

通观以上三类政府职能，养民有四个部门，排序占据了第一、第二、第五、第六；教民有三个部门，排序占据了第三、第七、第八；维护秩序仅有两个部门，排序在第四、第九。中国第一政府的轻重缓急，一目了然。这个政府不是权力统治民众的机器，而是有德能者服务万民的机制。仅就此而言，这个最早的政府是最好的政府。

四 共和制

以上简要讨论帝舜建立之中国第一政府的主要职能，这立刻引发一大问题：何以是帝舜建立中国历史上第一个政府？因为这个时代开始了以人治人，以人治人才有设立政府之必要。《国语·楚语下》记楚国传史之智者观射父描述中国早期历史如下：

> 古者民、神不杂，民之精爽不携贰者，而又能齐肃衷正，其智能上下比义，其圣能光远宣朗，其明能光照之，其聪能听彻之。如是，则明神降之。在男曰觋，在女曰巫。

　　是使制神之处位次主，而为之牲器时服，而后使先圣之后之有光烈，而能知山川之号、高祖之主、宗庙之事、昭穆之世、齐敬之勤、礼节之宜、威仪之则、容貌之崇、忠信之质、禋洁之服而敬恭明神者，以为之祝。

　　使名姓之后，能知四时之生、牺牲之物、玉帛之类、采服之仪、彝器之量、次主之度、屏摄之位、坛场之所、上下之神、氏姓之出，而心率旧典者为之宗。

　　于是乎有天、地、神、民、类物之官，是谓五官，各司其序，不相乱也。民是以能有忠信，神是以能有明德。民、神异业，敬而不渎。故神降之嘉生，民以物享。祸灾不至，求用不匮。

　　此所谓"古者"当为巫师统治时代，亦可谓神权统治时代。神灵对人间事务有其意志，巫觋专司与神沟通，以巫术降神，"其聪能听彻之"，听神之言，转达于人。宗、祝则辅助之。治理之全部权威源出于神灵，由巫觋掌握和分配，巫师在共同体内享有崇高权威。由考古发现可见，东方沿海各族群普遍有浓厚的巫觋之风。红山文化、良渚文化遗址均发现大规模祭坛；大型墓葬中出土大量精美玉器，其上刻有与神灵相关的神秘图案，显然用于宗教礼仪。可见，在这两个社会，巫觋享有崇高权威。

　　在此治理体系下，神意不可测，故既无稳定规则，亦不需官职分工，由巫师据神意随机命人即可。故此时确有治理，但无职能分工而结构稳定的政府。观射父接着说：

　　及少昊之衰也，九黎乱德，民神杂糅，不可方物。夫人作享，家为巫史，无有要质。民匮于祀，而不知其福。蒸享无度，民神同位。民渎齐盟，无有严威。神狎民则，不蠲其为。嘉生不降，无物以享。祸灾荐臻，莫尽其气。

　　颛顼受之，乃命南正重司天以属神，命火正黎司地以属民，使复旧常，无相侵渎，是谓绝地天通。

　　其后，三苗复九黎之德。

　　尧复育重黎之后，不忘旧者，使复典之。

前后有两个乱世：首先是九黎乱德，其次是三苗乱德。此时，神灵丧失权威，暴力似乎成为社会勉强维系秩序的唯一手段。对此，《尚书·吕刑》开篇有详尽叙述：

> 若古有训：蚩尤惟始作乱，延及于平民，罔不寇贼，鸱义，奸宄，夺攘，矫虔。苗民弗用灵，制以刑，惟作五虐之刑曰法。杀戮无辜，爰始淫为劓、刵、椓、黥。越兹丽刑并制，罔差有辞。民兴胥渐，泯泯棼棼，罔中于信，以覆诅盟。虐威庶戮，方告无辜于上。上帝监民，罔有馨香德，刑发闻惟腥。
>
> 皇帝哀矜庶戮之不辜，报虐以威，遏绝苗民，无世在下。乃命重、黎，绝地天通，罔有降格。群后之逮在下，明明棐常，鳏寡无盖。皇帝清问下民，鳏寡有辞于苗。德威惟畏，德明惟明。乃命三后恤功于民：伯夷降典，折民惟刑；禹平水土，主名山川；稷降播种，家殖嘉谷。三后成功，惟殷于民。士制百姓于刑之中，以教祗德。穆穆在上，明明在下，灼于四方，罔不惟德之勤，故乃明于刑之中，率乂于民棐彝。

可见，九黎、三苗虽有政府，但高度残缺，主要依靠暴力威吓，难以持久，颇为类似于后世的秦制。

圣人起而救世，现有颛顼之树立敬天，为三苗打断。但帝尧接续，舜又继之而起，终于构建华夏共同体，凝定中国文明之大道，其中至关重要者，正是创造了可持续的、完整的政府。

《尚书·尧典》记载：帝尧"克明俊德，以亲九族；九族既睦，平章百姓；百姓昭明，协和万邦"，联合诸族、诸姓、诸邦，缔造华夏共同体，同时塑造了天下秩序；此前，中国这块疆域有多个文化区，政治意义为一体的中国于此诞生。帝尧进而"乃命羲和，钦若昊天"，继承颛顼更化信仰的事业，确立敬天之礼，超越各族群所崇拜的地方性神灵，在信仰上合众为一。在完成了这些事业之后，帝舜继尧为王。

可见，尧舜已经完全走出巫术迷信，又没有走向神权统治，于是走向了《中庸》所说的"以人治人"，也即"人治"。排除了神的支配，由人治人，则为了在人间形成秩序，当然需要政治，尤其是需要王者，需要政府，如此，共同体才能有效组织，以人的力量为自己更好的生活生产和分配公共品。从尧舜缔造华夏，即确立了中国文明的立国之道：以王为中心①。此王道国家的运作，必以政府为枢纽，其政府的组织必定趋于完整。

相反，在中国以西，不少大型共同体是借神灵联合为一体的，如《旧约》所记希伯来人之建国，欧洲的中世纪，在其中，可通神之神职人员享有最高权威；古希腊早期城邦政治，也带有深厚的神权色彩，此由《荷马史诗》清晰可见；后期希腊城邦政治，也以神庙为中心。有些看起来十分现代的社会，如基于契约论之政治不过是准神治而已，因为，人民无非是行走在大地上的神，契约论是一个神话。政府在凡此种种共同体中的地位，远低于其在中国；以中国第一政府为标准，凡此种种政府的职能也是严重残缺不全的。

在中国，政府至关重要，而第一政府是共和的，即一群有德能者共同治理。

在天之下，所有人相互平等，故每人都是治理主体。受此约束，人在人际塑造和维护良好秩序，只能依靠人自身所有之卓越品质即德行，示范于人，或给人带来看得见的好处，以获其权威。一切神教和准神教政治均依靠神意而不依靠人的德行，以人治人，则德行是权威之本，故《尧典》首先记帝尧之德："钦、明、文、思、安安，允恭克让"，帝尧之建立华夏不依赖神权，也不依靠暴力，乃以其卓越的德行。身处"侧陋"的舜，同样是依凭其德，具体而言是其大孝之德，得以继尧为王的。人治的、真正的政治之根本议题正是，发现有德者，授之以位，此政治的宗旨则是养成万民之德。

神在同一时间只可拣选一位先知，主权者只可为一个，有德者则不然，尤其是敬天之后，确定了人人皆可"克明俊德"。另外，任何人，作为个体，其德、能都极为有限，故只要略微大一点的共同体，欲解决略微复杂一点的公共事务，就不可能由一个权威治理。即便有一个令众人敬仰的权威如圣王尧舜，其能力也是有限的，也须与其他人共同治理。

故帝尧在治理过程中，频繁征询四岳意见，并由共工、鲧等人以其专业之德能承担相应治理职能。在舜的即位仪式上，代表各地诸侯的十二牧诚命舜以治国之道："敦德允元，而难任人。"敦德者，厚遇有德之人；允元者，信任善人。十二牧要求帝舜给贤能以发挥作用的空间，让其共同参与治理。难任人者，让佞人

---

① 此意笔者申论于《王道之凝定：〈五帝本纪〉的政治哲学解读》，刊《北大政治学评论》第一辑。

为难也。① 简言之，组织政府的基本原则就是以德分配权力，有德者有其位，无德者不得其位。于是，帝舜任命九人在九个位上，从而组成中国第一政府。

那么，这些君子是如何得其位的？经文对选举程序有颇为详尽的记载。首先，帝舜发问，表达了组成政府之意愿，众人乃共同推荐禹，帝舜接受、任命。禹推让于稷、契、皋陶，帝舜乃接受其推荐，分别任命其为后稷、司徒、士。接下来，帝舜有三次单独发问，众人有三个"佥曰"：帝舜发问"畴若予工"，四岳同声荐垂，帝舜予以任命。其次，帝舜发问"畴若予上下草木鸟兽"，四岳同声荐伯益，帝舜予以任命。最后，帝舜发问"咨四岳，有能典朕三礼"，众人同声荐伯夷，帝舜予以任命。伯夷推让于夔、龙，故帝舜最后任命夔典乐、龙作纳言。

由此可见，任命官员绝非王所独断，而由君子群体经审议后共同做出抉择。经前文记载：鲧之担当治水之职，系帝尧咨询于四岳，四岳提出人选，帝尧指出其缺点，四岳坚持，帝尧乃接受之。帝尧欲禅位，也咨询于四岳，四岳提出舜，帝尧接受，舜予以考察。帝舜延续了帝尧用人之制度，任命九官，总体都是王与四岳共同决定，此可谓之审议式选举。审议式选举把重点放在发现和推举贤与能上，把权力交给有德有能者。《论语·颜渊篇》：

> 樊迟问仁，子曰："爱人。"问知，子曰："知人。"樊迟未达。子曰："举直错诸枉，能使枉者直。"
> 樊迟退，见子夏曰："乡也吾见于夫子而问知，子曰'举直错诸枉，能使枉者直'，何谓也？"子夏曰："富哉言乎！舜有天下，选于众，举皋陶，不仁者远矣。汤有天下，选于众，举伊尹，不仁者远矣。"

经由如此选举程序，遴选出真正有德能者，共同治理天下、处理公共事务的政府。王当然具有崇高权威，但其与其他人的关系，绝不可能如神意传达者与其执行者间之关系，而只能是从事共同事业的伙伴，形成分工、合作关系。需要特别强调的是，尧舜是没有排他性主权观念的，中国人始终没有这种观念。

在遴选九人之后，帝舜称其所任命之官员的职能是"时亮天工"。亮者，相也。天生人，天要每个人都生下去，生得好，此即"天工"。但天不言不行，故如

---

① 孔子曾告颜子为政之道曰："放郑声，远佞人。郑声淫，佞人殆。"参见《论语·卫灵公篇》。

皋陶所说："天工，人其代之。"人代天养治万民，首先是王，但王不是神，亦非神的代言人，其德能有限，为承担起上天赋予的职责，养活万民，治理天下，不能不与其他君子合作。但这些君子的权威，也来自于天，他们也是在代天养治万民。就此而言，君臣的关系是工作伙伴，以义而合，共同治理天下，而不是由一个主权者行使全部权力。

由君子审议式选举程序组成共治的政府，可谓之"共和制"。如同美国的共和制不是古代的民主制①，中国第一政府也不是古希腊式直接民主政制，理由很简单：此制只可能建立于小规模的城邦政治体，而尧舜建立华夏，为一超大规模政治共同体，由众多族群构成，分布于广阔地域上，故其政制必为共和——美国之行共和，理由相通。

从治理效能上看，共和制优越于大众民主制，因为政府成员经过遴选程序产生，有德、有能。而帝舜建立政府的程序不是大众投票选举，但这其实也是美国制宪者之初衷，只不过日益滑向大众投票选举。大众投票选举只是选举制度之一种，且绝非最好者：它或许可以选出受人欢迎者，未必能、通常不能选出有德有能者。相反，帝舜安排的君子审议式选举，则有更大的概率发现并选举天下之德能最为卓越者。

如此选举产出的官员共治，方可达成政府之宗旨："天下为公"，因为，它可以最有效地服务于公众。从《周易·系辞下》对历代王者创制作器之详尽记述可见，中国人始终以为，政府的正当性不可能来自某种程序，在非神教的中国文明中，任何律法、程序都不可能是神圣的；政府的正当性必定来自于其向民众提供公共品之效能。以人治人的政府的权威只能出自其惠泽万民的持续努力，故帝舜建立政府，设计其位，乃瞄准民众的身心需求，予以全幅的满足。

有西方学者论证，正是治水催生了"东方专制主义"②。这部分描述了历史事实，但用语充满偏见。因为，的确，相比于西方，中国第一政府是职能齐全而有效的，可为民众提供个体所不能生产的各种公共品，然而，它绝不是专制的。事

---

① 《联邦党人文集》第十四篇指出，共和制不同于民主制，而美国宪法所要建立的不是民主政体，而是共和政体；第三十九篇指出，所谓共和政体就是政府"从大部分人民那里直接、间接地得到一切权力，并由某些自愿任职的人在一定时期内或者在其忠实履行职责期间进行管理"。参见汉密尔顿等《联邦党人文集》，程逢如等译，商务印书馆2004年版，第193页。

② 比如德裔美国学者魏特夫著《东方专制主义：极权的比较研究》。

实是，洪水引发人口、族群聚合，各族群间联系趋于强化，完全有可能引发冲突、战争，其他文明的国家形成过程，也确实是通过武力征服，进而建立殖民式专制统治。然而，在中国，当族群聚合时，圣贤设计一系列规则、制度，强化各族群间的合作、信赖，使之建制化，从而有华夏政治共同体之成立，它绝非东方专制主义，而是共和国家。

这个政府有效地提供公共品，造福人民，人民因而支持政府，政府以其权威维护秩序；这个政府所维系的高度文明，吸引周边族群不断加入，中国持续成长。中国这么大，这么久，内部这么多样，是所谓专制主义所可解释的吗？相反，作此论断者所在之文明，数千年来，常以征服立国，或把人交给神，到现代则陷溺于种种人造神话，其政治始终幼稚贫弱，既无建立大规模共同体的能力，即便勉强建立亦终于解体；而今，身处文明冲突中，是死是活已不由自主矣；可笑其学者仅凭一时之成功而妄论中国，甚可怜也。

五　中国政府之特征

以下本乎帝舜建立政府的过程、政府职能，掘发此政府之若干特征，以推明圣人立政之大道。

第一，全体政府而非局部政府。

在中国以西，国家经常以征服、殖民等方式建立，权力专属于征服的阶层或族群；若由教会建立大规模共同体，权力自由教士阶层垄断。由此而有其所谓公民和政体理论：公民是区隔性身份，相对被征服的奴隶而言，有人是公民，必然意味着有人不是公民，至少不是完整意义上的公民。公民催生了身份政治，西方政治始终是身份政治，直至今天，所谓现代政党也通常明确表示其代表某个或若干阶级、族群。身份政治恰恰意味着国家不是一体。至于所谓政体，如亚里士多德所说关涉城邦权力之归属，政体就是统治权在不同群体之间的分配格局：权力属于一人就是君主制，权力属于富人就是贵族制，权力属于大众就是民主制。政体成为政治的关键问题，恰恰意味着其政府不是全民的而是局部的。

华夏政治共同体形成的过程完全排除了身份政治：中国不是由某族群征服其他族群建立的，也不是先知、教主建立的，而是尧舜禹领导来自多个族群的君子共同建立的，这个国家是所有人的，即《礼运》所说之"天下为公"，《吕氏春秋·贵公篇》解释说："天下非一人之天下也，天下之天下也。"天下也不是某个阶级、某个族群的。天下是天下所有人共有的，此为几千年来中国人之基本政治观念，中国从来没有过制度化的身份政治。

由此决定帝舜建立政府的机制："选贤与能。"候任的君子来自各个族群，他们是自然涌现的，有德有能；在帝舜的朝廷上，帝舜主持君子们协商、审议，分配各君子到最恰当的位上，共同行使治理权。经此选举过程产生的政府官员不是某阶层或族群之代表，从经文所记载的选举过程可见，他们不是以某团体之代表身份，而是完全依凭其德与能进入政府，自然不必为其所在团体争取利益之最大化，故此政府不是某集团或阶级以权力统治其他集团、阶级的机器，而是君子以其德能积极作为、服务天下人之政府。

因此，帝舜建立的政府是全体政府而非局部政府，属于所有人，服务于所有人。这也构成中国政治之根本原理，后世的察举制、科举制都对所有人开放，所有人均可经由这样的选举程序进入政府，且以造福天下为己任，而绝无政党意识。中国始终保持一体，并扩展、生长，此一制度因素居功甚伟。

哪怕是现代中国政治，受到西方观察冲击，建立所谓政党制度，所有成功的政党也都主张向所有人开放，以服务全体人民为其宗旨，而非如西方那样为群体斗争之工具。孙中山、钱穆先生等也都对西方政党理论有自觉的批判性反思。

纵观人类文明，只有帝舜始建的中国政府做到了"天下为公"。近世以来，中国人羡慕西人所谓民有、民治、民享观念，而未辨析其所谓"民"，作为整体，仅存在于契约论的政治神话中，而在现实政治总呈现为局部之民治、民享。亚里士多德主张，凡顾及全邦人民的共同利益而为之图谋优良生活者为正宗政体，反之，仅图统治阶级的利益者为变态政体，但由于政体本身之非整体性，几乎不可能有顾及全体人民共同利益的政体。经由政党政治过程建立的现代政府，显然更是局部政府，其竞选纲领通常明确宣布自己主要为某些群体服务，为此不惜推翻前任政府的法律和政策，损害其所照顾的群体之利益。其结果是，种族、阶级、宗教乃至于性别、性取向等身份区隔日益严重，最终导致政治体之解体，这几乎是西方历史上所有国家无可逃避的宿命。今天我们看到，整个欧美世界正由于身份政治，再一次走向内爆、解体。

第二，分职的政府而非分权的政府。

既然天下为公，则政府必定是分职的，而不会是分权的。

帝舜建立的政府不是某集团为确立其权力而建立的，而是多族群为解决其共同面临的问题而建立的，此政府是内生的而非外生的，政府的各种职能、权力生发于解决共同问题的过程中。如《尧典》记载，帝尧联合各个族群之后，立刻展开治水事业；治水当然伴随着治土；在此过程中，圣贤发现人民面临饥荒威胁，乃发展农业；随着治水、治土，人们认识到了结为一体的效用，乃决意强化共同体的凝聚力，由此而有教化，而有兵刑；如此等等。

归根到底，是生命成长的逻辑催生了政府的各种职能。人有如此需求，政府不能不有如此职能；人的生命是完整的，政府的职能也不能不是完整的。故第一政府详尽划分了政府的职能。这构成中国政治的一大传统，放眼人类各大文明，中国政府的职能早早达到完整状态。后世的《周礼》也十分充分地张扬了这一传统。政府设计的重心不是权力的分立和制衡，而是提供尽可能丰富的公共品。唯有如此职能完整的政府，才能最好地服务于民众。

西方政治实践和理论似乎把重点放在分权制衡上，原因在于，其政体设计旨在确认、增进特定群体的权力、利益，由此必定引发持续不断的集团斗争，斗争结果体现在政体中则形成所谓分权制衡制度，旨在防止某个群体垄断全部权力和利益。比如，古罗马贵族与大众之斗争造就混合政体，其中有分权制衡原理。近世欧洲各国脱胎于封建制，孟德斯鸠所说的英格兰三权分立制度，正是对集团斗争结果之确认。

此制度确实有助于防止特定集团在政治过程中独享权益，但不利于利益之生产。事实上，几乎所有实行分权制衡制度的城邦、国家，均以殖民主义、帝国主义为基础，从外部获取大量利益，由此制度相对公平地分配。古罗马最为典型，英国、美国同样如此。当帝国主义运作良好，这种分权制衡机制也运作良好。一旦帝国主义遭遇挫折，外部利益流入减少甚至枯竭，造成内部再分配的压力，为保有或获得微薄的利益，各集团频繁而坚定地否决其他集团的诉求，分权制衡制度恶化为"否决政治"[1]，国家政治运作陷入僵局，最终走向解体。

第三，有为的政府而非守夜人政府。

全体政府的职责不是在不同群体之间分配和再分配权力和权益，而是面对全

---

[1] 福山指出，当代美国正陷入否决政治中。参见弗朗西斯·福山《政治秩序与政治衰败：从工业革命到民主全球化》，毛俊杰译，广西师范大学出版社2015年版，第442—460页。

体民众的身心需求积极有为，故帝舜所建立的政府是有为的政府，其职能是完整的，不仅提供安全、秩序——此即西人所说的"守夜人政府"；这个政府同样自觉地承担起养民、教民的责任。唯有如此全职能的政府，方能助成国民生命之健全成长。

道家之所以主张政府无为，西方人之所以主张守夜人政府，乃因相信政府是恶的，故有所谓"政府是必要的恶"之说。此信念实形成于特定政治环境中，难成普遍论断：在西方身份政治中，政府只为特定群体服务，当然是必要的恶，限制其能力、使之最小化，符合统治集团之外所有人利益。

受到如此约束的政府固然不易作恶，然而反过来也不易有为，则民众所需要之公共品，必定无人提供。故守夜人政府或许是不坏的政府，却绝不可能是好政府。上天设立政府的目的是为了得到更好的公共品，如果把重点放在限制它、约束它，让它无所作为，还不如不要政府——因而，主张政府是必要的恶的人士，常走向无政府主义。但真正的无政府，意味着无文明。

从经文可见，尧舜建立政府的事业是自然展开的，无人认为政府是恶的，民众有这样的需求，政府自然应当有此职能。政府成立的唯一目的是提供民众所需要的公共品，这样的政府当然是善的。政府以及全社会应当致力于让政府更好地承担自己的职能，造福民众。当然，政府是由人组成的，确实可能作恶，但这更多的只是组成政府的人的问题，而不等于政府是恶。食物会噎死人，但你不能说食物是恶的。通过制度设计防范政府作恶是重要的，但最重要的问题依然是通过制度设计让政府为善，重点就是选贤与能。

第四，人本的政府而非制度主义的政府。

帝舜等圣贤建立了中国第一政府，其理念直接而单纯：政府须有所作为，尽力为天下人提供公共品，故候任者的德能至关重要，将有特定德能者置于相应位置上，即可惠泽天下，而这正是设立政府的目的所在。

至关重要的是做到有德者有其位，这是中国政治思考的关键所在。位的搭配、结构即构成所谓制度安排、体制或政体。圣贤当然重视政体问题，比如设立何种部门，各部门间如何分工合作。但积极有为的政府不会受限于此制度安排，这不是目的，只是工具。没有什么制度是神圣的，制度是完全可以调整的，决不应让制度妨碍政府有效担当其职能。

西人之倾向于制度主义，乃因两个原因：其一，其制度变动的动力在于集团斗争，经过斗争所形成的不同群体的权力、利益格局，即构成其所谓政体或制度安排，对于各方尤其是新进入权力结构的集团而言，此制度安排是不可变动的。当然，由此必定出现制度僵化，迎来新一轮集团斗争。其二，西人信神，神以言对人颁布律法，故其律法是神圣的。西人因此也相信，由神圣律法构成的制度是可以完美的，故西人政治哲学多有"历史终结论"倾向。

天不言，天不对人颁布律法，法律是人制定的，制度是人创设的，故中国人从不迷信法律，也就不相信人可以构建出完美的制度。同样，中国人也不认为，制度是对特定群体利益的确认和保障。

中国政治思考的中心向来是养民、教民等职能之有效履行，故从无制度迷信，从而确立了为政者的主体地位，如孔子所说："文、武之政，布在方策，其人存，则其政举；其人亡，则其政息。人道敏政，地道敏树。夫政也者，蒲卢也。故为政在人，取人以身，修身以道，修道以仁。"① 政治的根本问题从来有二：其一，养成有德能者，为此，必须兴办士君子养成之学；其二，设计良好的程序，选贤与能。

黄宗羲对此似乎有异议："即论者谓有治人无治法，吾以谓有治法而后有治人。自非法之法桎梏天下人之手足，即有能治之人，终不胜其牵挽嫌疑之顾盼，有所设施，亦就其分之所得，安于苟简，而不能有度外之功名。使先王之法而在，莫不有法外之意存乎其间。其人是也，则可以无不行之意；其人非也，亦不至深刻罗网，反害天下。"② 但追本溯源，先王也是人，有先王其人而后有其法，故人仍然是最为根本的。

社会治理，归根到底是以人治人，法出自人，制度在人的行为中。人始终是治理的中心问题：有德有能之人，方可以为治理者；治理者也应以其教、政助成人民有德有能。

第五，生产型政府而非分配型政府。

帝舜所建立的政府是生产型的。共工一职表明，政府本身从事某些特殊产品的生产，当然，政府的生产性职能主要体现在，政府以厚民众之生为己任，鼓励生产性活动，并为民众从事生产提供便利。自此以来，中国的政府始终是生产

① 参见《中庸》。
② 参见《明夷待访录·原法》。

型的。

此可追本于信仰：敬天。天生人，天必定要人生下去、生得好，生生不已；政府代天工而兴，自当助人之生，其中包括政府从事生产活动，为人民的生产活动尽可能创造便利条件。如大禹所说，"德为善政，政在养民"，养民方为善政。"正德，利用，厚生，惟和"，通过生产活动用万物之利，以厚人之生，才能达到人际之和。政府若不能让人民各遂其生，即无以保有其统治。

政府用力于生产，还有另一原因：人只能依靠自己解决生存问题。这一点，若与西方对比则较为清晰：西方很多国家通过殖民征服建立，并持续通过战争等手段从外部获得利益，其生产活动也常由掠夺来的奴隶承担，如古希腊诸城邦，乃至美国建国前后的南方。所谓公民不必从事生产活动，则其所组成、运作的政府，当然不会是生产型的，必定是分配型的。集团斗争的政治生态也必定让政府成为分配型的。

经文已提示政府在鼓励生产方面可用力之处：经文提到"三礼"，后世政府有籍田之礼，王者亲自耕作，以示范天下；帝舜任命的第一个职位是禹平治水土，历代政府出台诸多措施，平治水土，这包括鼓励垦荒，防治水旱之患，兴修水利设施；帝舜命后稷播种百谷，历代政府也积极地推广生产技术，比如推广良种；帝舜任命共工之职，历代政府积极修建、维护道路、桥梁、运河等公共基础设施；帝舜任命虞，历代政府积极采取措施，维护生态等。

纵观人类历史，中国政府的生产色彩最为浓厚，在中国政治思考中，今人所说的"经济"始终占有重要比例。《洪范》列举八政，首先是食，其次是货；历代官史都有《食货志》。孟子对于经济制度问题有很多思考，儒家士大夫为政地方、中央，也有诸多实践。需要强调的是，这些思考、实践的重心始终在鼓励生产，而非福利之分配、再分配。

同样值得强调的是，历代政府高度关注土地制度，其目的是尽可能确保每个家庭保有最低限度的生产资料，自食其力，以生产养活自己。因而，传统中国社会结构以自耕农家庭为主体，又因为没有身份制的约束，自耕农家庭可以多种经营以抵御风险。几千年来，家庭是小微企业，中国经济之生态始终不同于中国以西，比如，奴隶制、农奴制、工农分割、城乡分割等不见于中国。政府通过鼓励家庭以生产自养，养成人民普遍自主、自立的精神，这样的人民又在士君子领导下在基层自我治理。自立的经济、自主的家庭、自治的社会构成善治之大本。

第六，既非神权政府，也非价值中立的世俗政府，而是文教的政府。

"绝地天通"后，尧舜不是通神的巫师，也不是聆听上帝之言的先知，而是纯粹的政治之王，王政与神灵崇拜无关。但这当然不意味着中国无教。相反，尧舜高度重视教化。帝尧确立敬天，这是教；帝舜任命九个官职，其中三个与教化相关：契以伦常教化天下所有人；夔以乐教化君子之子弟；秩宗伯夷通过祭祀展开教化。可见，教化是尧舜所建立的政府之重要职能。

然而，这三种教化都不是教人信神，略需一辨者系秩宗。秩宗的职责是事鬼神，帝舜诚命"夙夜惟寅，直哉惟清"。寅者，敬也。鬼神神妙不可测，人当敬之，故有祭祀之礼，秩宗的职能就是协助祭祀。敬，则祖先"如在"，神灵"如在"，如《中庸》所说，"洋洋乎如在其上，如在其左右"。然而，圣人以为，人应敬鬼神，但不依赖鬼神，故帝舜又命以"直"和"清"。"直"者，不曲不邪也，妥善地安排各种神灵的祭祀，列入祀典的神灵当安排合宜的祭祀；未列入祀典的神灵，则不应祭祀。子曰："非其鬼而祭之，谄也"①，此即不直。"清"者，清洁、清明，不淫、不滥、不浊。巫觋降神，精神陷入迷狂，其所传达者之言也浑浊不清，即为不清。巫觋所降之神灵深度参与人间事务，就是不清。帝尧屈神而敬天，天是清的，天不介入人间事务；天清，则鬼神清。祭祀也应清。清，则心智始终清明。

敬、直、清三者构成唐虞以来中国人对待神灵之基本态度、精神。归根到底，尧舜以为，人当依凭自己的德行解决自己的问题；谄媚神灵，希冀神灵介入人间具体事务，既降低了人格，也污慢了神灵。敬、直、清，则天、神、人各得其所。用孔子的话说："务民之义，敬鬼神而远之，可谓知矣。"②

排除了对鬼神的依赖，尧舜所立中国之教是德教、礼教、文教，教人做人，教人自我成长，教人尽己之性。至孔子，删述六经，发展出另一种形态的文教，"学文"之教，《论语·述而篇》曰"子以四教：文，行，忠，信"③，弟子学六经之文，而见之于行，有忠、信之德。孔子之后，儒家士人广泛兴学于民间；西汉中期后，政府又系统兴学。由此，以学六经为中心的文教，成为中国最为重要的教化机制。

---

① 参见《论语·为政》。
② 参见《论语·雍也》。
③ 参见《论语·述而》。

帝舜任命教化人员，教化内在于政府，自然形成政教合一之制。自古以来，施行教化就是王者的重大责任，教化与政治是融为一体的。然而，如此政教合一绝无西方政教合一的恶果，因为此教不是神教，也无其独立于政府的建制化教会。神教以信神为中心，信此神则必定排斥彼神，故西方历史充斥着宗教冲突与战争，为求和平，西方乃建立政教分离制度。然而，这样的制度对中国圣人之教是多余的，因为此教根本就不教人信神。相反，由于在政府之外没有建制化教会专司教化，政府必须承担教化之责，否则，教化难以遍及所有人，则难有良好社会政治秩序。

故帝舜所建立的中国第一政府既不是神权政府，但也不是所谓世俗政府。由于神教的排他性，西人乃在两个极端摇摆：古代偏于神权政治，国家甘作某教或某宗派之工具，以政治权力压迫其他教或宗派，引发复杂的神教、政治冲突；近世则偏于世俗政治，国家保持所谓价值中立，至晚近则为所谓文化多元主义，引发国家碎片化。两个极端均撕裂政治共同体，致其解体。唯华夏圣人之教，无过无不及，有教而不以拜神为中心，可通行于所有人，贯通所有神教，凝聚共同体而让人成长。

第七，刑罚最小化的政府。

从次序上看，帝舜先命契为司徒，教化民众，其次命皋陶为士，施行刑罚。圣人置教化于刑罚之先，确定教化是社会治理之基础。治国首需广施教化，教天下之人以夫妻、父子、兄弟、朋友、君臣之伦常，让人人对自有的内在之仁有所自觉，明白自己在各种场景中面对他人之义。经由教化，绝大多数人会明乎自己之义，且依礼而行，由此即可形成良好秩序。少数人不循教化，则以刑治之，如孔子所说：

> 圣人之治化也，必刑、政相参焉。太上，以德教民，而以礼齐之。其次，以政言导民，以刑禁之，刑不刑也。化之弗变，导之弗从，伤义以败俗，于是乎用刑矣。[①]

首务教化，可大幅度降低社会管理成本；若不施教化，民不知义，缺乏是非

---

① 参见《孔子家语·刑政》。

感，必定无知而胡作非为；如此，则罚不胜罚，而终究难以形成良好秩序。先务教化，实为最明智的治理之道。

先务教化，而后用刑，也贯穿于士的工作中。皋陶为士，其职责虽为用刑，亦始终不忘教化，舜曾称许皋陶曰："汝作士，明于五刑，以弼五教。期于予治，刑期于无刑，民协于中，时乃功。"[①] 皋陶用刑，不只惩罚已发现之犯罪分子，更重要的目的是辅弼五教，也即在用刑过程中，让当事人、让所有人明白五伦之义。由此，刑罚也有教化功能。

教化为先的基础在"克明俊德"，人皆可以"明明德"[②]。人实有善质，所谓"俊德"，故可以教化。经由教化之启发，人完全可自我提升，"克明俊德"。由此，每人均可为社会形成良好秩序之主体。治国者若以为人性恶，必然重刑罚，刑罚必出于垄断性权力机构，除了一人之外的所有人只能是被治者，无从发挥主体作用，万民只能由单一国家权力统治。法家即作如此看法，然而，据此而建立的秦制终究行之不远。

西人主张法治，即因其神教认定，人有罪，故不可能"克明俊德"，只能寄望于神：神言，以其言对人颁布律法，全面规范人的灵魂、身体，人绝对遵守神的律法和命令，则可以得救。由此形成以法律统治人的观念。西方世俗法治理论与此同构，只不过用享有绝对权威的城邦、在早期现代政治哲学中则是用主权者替代了神而已。借助人之外的绝对力量约束人、管理人，法治或许确实可以塑造秩序，但此种秩序终究是非人的，因为它仅止于防范人的相互伤害，以维护和平——此即霍布斯所追求的唯一目标；但它取消了生命成长的可能。它可以带来和平和正义，却不能带来美、善。

第八，维护天下秩序的普适政府。

最后，帝舜所建立的政府是普世政府，可以维护普遍的天下秩序。

上文所论圣人教化之道是唯一可普世的教化之道。帝舜对契之敷教之道提出要求：宽。宽有两义：首先，教义宽，宽容而不排他。其次，敷教之道宽，运用多种方式。两者又密切相关，宽为尧舜以来中国之教化体系的根本特征。

"绝地天通"之前，分立的族群各信其神，排斥其他的神，不把其他族群的人

① 参见《尚书·大禹谟》。
② 参见《大学》。

视为同类，族群之间争战不已，是为不宽。神通过巫师降临人间，全面管制人间事务，人无以自主，同样是不宽。

由此神教发展出的一神教也是不宽的。《旧约·出埃及记》记上帝在西奈山颁布十诫，首先要求人不可信奉别的神。此即不宽。故唯一真神信仰者有较强攻击心，对崇拜其他神灵者常有不宽容之心，并倾向于以暴力捍卫或扩张自己的神灵信仰。在历史上，常有宗教战争之发动，或者对异教，或者对本教内之异端，造成深刻的撕裂。神教兴起，本欲以一神之普照，求万众之归一，历史却已证明，神教恰是人类通往普遍秩序的最大障碍。

颛顼、尧舜带领华夏走上一条完全不同的教化之道，根本在敬天。天无人格，不言。天非神灵，当然非唯一真神。天不要求人的绝对服从，天无所谓唯一真理。天遍覆无外，无所谓唯一、排他。天是宽的，不取消各种神灵，均可在天中找到其位置。故在天之中，多神完全可以共存。舜之任命秩宗就是为了妥善安排对各种神灵的祭祀，由此形成"一个天，多种鬼神"的格局。在孔子兴起文教后，则形成"一个文教、多种神教"的格局①。此后历史中，中国以西的神教陆续传入中国，在中国广泛传播，并大体相安无事，没有爆发宗教战争。

在天之下，中国人的心也是宽的：一个人敬天，又可崇拜其他神灵。对其他人崇拜什么神灵，中国人并不过问，也无意强迫他人尊崇。《礼记·曲礼》曰"礼闻来学，不闻往教"，此即教化之宽。

如此宽和的教化之道正是塑造和维护人类普遍秩序也即天下秩序的唯一正道，而王者也向来就是"无外"之心。

十二牧对舜提出王者之大义曰："柔远、能迩"。迩者，近也。从王者立场看，天下之人只分远、近，无分乎宗教信仰，无分乎种族肤色，无分乎语言，也无分乎风俗习惯，无分乎高贵卑贱。从诞生起，华夏即非立基于某个单一属性，而是多样之聚合：华夏内部的信仰、种族、语言、风俗是丰富多样的，当然不可能按其中任何一种加以区隔。故华夏之王观天下只是远近而已，比起任何其他区隔，远、近之别是最为抽象的。所谓远近，不只是地理上的，主要是政治上的、文化上的。凡在王化之下、接受王之权威者，就是近人；凡不在王之下、不服从王之权威者，就是远人。远近的天下观只关心一个问题：某个族群是否愿意生活在此

---

① 关于这一点，参见姚中秋《一个文教，多种宗教》，《天府新论》2014 年第 1 期。

一政治与文明的共同体内，至于其是何等样人，有何种属性，无关紧要。

此后中国人看天下，只分近人、远人，如周初太保召公训成王谓："犬马非其土性不畜，珍禽奇兽不育于国，不宝远物，则远人格；所宝惟贤，则迩人安。"① 周成王病逝前对顾命大臣们说："尔尚明时朕言，用敬保元子钊弘济于艰难，柔远能迩，安劝小大庶邦。"② 周王策命晋文侯曰："父往哉！柔远能迩，惠康小民，无荒宁。简恤尔都，用成尔显德。"③ 孔子继续发明此义：

> 丘也闻：有国有家者，不患贫而患不均，不患寡而患不安。盖均无贫，和无寡，安无倾。夫如是，故远人不服，则修文德以来之。既来之，则安之。④
>
> 叶公问政，子曰："近者说，远者来。"⑤

圣贤期待人类共同生活在一个共同体中，所谓天下为一家，但拒绝"同"，力图把强制最小化。天下秩序不是由一个力量统合所有要素的普遍均质秩序，而是远近有别的共存共生秩序，因而是开放的可生长秩序。

也正是借助这种政治智慧，过去几千年中，中国持续生长，而成为一个世界。中国内部就是丰富的，就是天下，而此天下始终在生长。纵观几千年人类历史，只有中国如此，中国的成长历程内含人类走向普遍秩序之正道，即柔远能迩、敷教在宽。

相比之下，西方古典的城邦国家、现代的民族国家，都与普遍秩序完全悖反。它以种族或民族、宗教、语言等因素区隔人，取消了政治的普遍性，也就取消了政治体生长的可能。也因此，西方的政治版图始终是破碎的，其政治体始终有解体的倾向。在此破碎的政治脉络中，西方国家却倡导所谓"普适"价值，自相矛盾而不自知。

---

① 参见《尚书·旅獒》。
② 参见《尚书·顾命》。
③ 参见《尚书·文侯之命》。
④ 参见《论语·季氏》。
⑤ 参见《论语·子路》。

六 结语

帝舜组建的中国第一政府，经由君子审议协商程序，遴选出天下最有德能者组成，承担养民、教民、保民之职能。这构成中国历代政府之范本，其中有人类通往善治之大道。四千多年来在中国有效运作之政府，无不以此为范本，凡偏离此一大道者，无不迅速乱亡。

这一政府范本大大不同于中国以西各文明历史上存在的政府，尤其是近世西人之政治观念。其成效若何？如宪法序言所说："中国是世界上历史最悠久的国家之一"，中国差不多是世界上唯一文明未断裂而保持连续的国家；而且，中国在这四千多年间持续生长，在历史的绝大多数时期都是世界上规模最大的政治共同体；尤其可贵的是，中国内部始终保有高度凝聚力。中国没有建制化教会，维护其文明生命力的唯一主体，就是政府。

最可惊者，历四千余年复杂历史变迁，尤其是欧美强力及其所伴观念和制度之猛烈冲击，今日中国政府之组织程序、职能，乃至于为政者之基本观念，仍与四千多年前的政府一以贯之。由此可见，此一政府内在地具有强大的生命力，正是这样的政府正在带动中国初步实现富强。

这个始建于尧舜、在漫长历史中持续成长、今天仍有生命力的政府范本及其中的善治之道，当为中国政治学研究之基本对象，原因很简单：它成功了，一次又一次地取得成功。政治学不是神学，教人期待天堂或曰历史的终结；政治学是实践性学科，当历史、现实的实践已显示此政府模式一次又一次地取得成功，那么，政治思考者就必须认真对待它，探究其成功的机制。今天，至少中国的政治学者应认真对待这个政府模式。

谓政治学之开放乎？那就对中国政治的漫长历史开放；谓政治学之创新乎？入手处正在中国自身的政治实践，历史的和现实的。20世纪的中国，尤其是在学界，是没有中国政治学的，只有西方或苏联政治学在中国；这倒也完全可以理解，因为19世纪末、20世纪的欧美，确实强于中国。然而，放眼历史，细察现实，时至今日，仍言必称希腊、言必称欧美，甚无谓也。

政治学应当回到现实，最大的现实是，四千多年来，中国就是靠着尧舜所建立的政府，成长为世界上最成功的文明与政治共同体，并正在走向世界之巅，人类正在经历"世界历史上的中国时刻"，则中国政治学应当做什么，不是一清二楚吗？

回到中国的开端，进入中国漫长的历史中，细察中国的现实，则政治学就有可能构建其新范式，此范式不仅有助于中国进一步成长，更有助于人类找到"各正性命、保合太和"的善治之道。中国学者在这方面有先天优势，其所需要者，唯在转向而已。

立国之道的新和旧：钱穆与
中国政治学的自觉

任　锋①

[内容提要]　　中国文化传统极重政治，却未发展独立分科的政治学，这一现象在钱穆看来是出于中西文化系统的差异。中国传统由于"政学相通"而重视与实践世界的辩证张力，强调和合会通的通人通学，政治学内在于经史之学的大传统内，与政治社会机制形成了精妙的动态关系。钱穆强调现代立国必须以学术自觉独立为前提，政治学须配合文化传统自创自造，自适国情。探索立国之道与政学传统之间的机制，构成钱穆终生学思的一个中心关怀。以分科而论，钱穆可谓20世纪学人中最具原创性的政治学家、政治思想家。他瞩目的是一个更为广义的、源自中国文化系统的大政治学，以人道为根基，主张大群主义，推崇政治一统，重视以保守安足维系开创之业，倡导传统本位的现代化。在激活并更新文化自信的前提下，重建中国政治学的起点应是回到钱穆，承续其理性反思意识与传统维新精神。

[关键词]　　钱穆　中国政治学　立国之道　政学相通　经史之学

如何重建传统与现实在政治变迁中的有机联系，于当下是一个兼具实践与理论挑战性的紧要问题。生于反传统主义高涨的现代中国，钱穆先生凭藉经由中西深入比较而笃定更新的文化自信，为中国传统及其本位之现代化、普适性提供了广阔深远的辩护与申张。其学思范围，不仅限于世人熟知的史学、理学，且覆盖政治学、社会学、心理学等西来专业学科。在钱穆的政治思维中，既包含针对时

---

① 任锋，香港科技大学人文学博士，中国人民大学国际关系学院副教授，博士生导师，主要研究领域为政治思想史、政治理论。

代大问题而激发的政论思想，也有围绕中国政治学而生成的学术性检讨。对于我们重识传统与现实之间的文化—政治联系，理解并追踪先哲的思维轨迹是整装再发的基本前提。

一　中西比较视野下的"政学相通"

1983 年冬，钱穆以耄耋之年撰就《现代中国学术论衡》一书，其中包括《略论中国政治学》及围绕哲学、史学、社会学、教育学而发的诸多专题论文。我们不妨以这篇论文为中心线索，一方面纵向涵摄其平生政学的主要论调；另一方面兼及与此相关联的其他学科性论述，来理解作者的洞见主张。

《略论中国政治学》一开始，就指出政治学作为西来学科的一个主要特点，即学院系统培养出来的政治学专家往往缺乏政治实践经验，而近代西方政治人物重视术谋又罕由学院产出。钱穆由此转入对中国文化传统的讨论，通过比较而豁现二者差异在于政学关系，即政治与学术之转换问题①。

"中国文化传统极重政治"②，钱先生聚焦孔子，以儒、墨、道、法之学术兴替概览春秋以来学术文化传统，述及近世《大学》等四书系统之形成，乃概言，"可见中国孔子儒家之学以心性为基本，治平为标的，一切学问必以政治治平大道为归宿。故曰：'学而优则仕，仕而优则学。'仕与学兼重并进。未有学而不能从政，仕而不经由学者。此一传统，乃为两千五百年来孔子儒学之大传统。但中国向来无政治学一名称"③。

就学术知识形式言，"中国学问，最重在政治，而独不有政治学一名，是诚大值研寻之一问题矣"④。孔子儒家四科之学，言语、政事直指政治，德行和文学另包含政学深意，关系更高政治理想，"德行一科，乃抱有更高政治理想。用之则行，舍之则藏，非一意于仕进，而更多恬退。其文学一科，则不汲汲于仕进，而更用心在古籍中，熟悉历代政治往迹，培养政治理想，主要则仍在政治上"⑤。然

---

① 钱穆：《现代中国学术论衡》，九州出版社 2012 年版，第 185 页。
② 同上。
③ 同上书，第 186—187 页。
④ 同上书，第 189 页。
⑤ 同上书，第 189 页。

而古人并不以狭义的专家身份，如教育学家、哲学家、政治学家，来界定孔子。

中国文化传统重视政治，而未单独衍生出专门的政治学，非是国人理论学术思维未能胜过实践理性，而是蕴含了文化系统的特质差异。钱穆指出，"然岂可舍却其他各门学问，而可以专门有一项政治学。又岂在大学四年过程中，以一青年初学，即可从事此项学问，而可以有其独立之成就。此则与两千五百年来中国孔子儒学之大传统大相违背。亦可谓，依中国观念言，乃无说以通者。中国之学，弥传而弥广大，乃益见其会通。西方之学，愈后而愈分裂，乃互见其冲突。此亦一例"。中国之学重视和合会通，西方之学凸显分别自胜，这是钱穆始终强调的一个文化差异①。可以说，中国文化传统中，既重视政治学之内容与其他学问的会通，也重视学问思想与实践经验的转换，其学术思维在重会通之文化系统中呈现高度实践取向。"西方政教分，政学亦分。其为学又主分，乃有政治学一专门，其实际政治则尚术不尚学。中国则学而优则仕，仕而优则学，必政学相通。尚术则为人所不齿。"②

这个"政学相通"的文化特征，在传统学术体系中表现为经史之学。"中国教育分小学大学两阶层，亦可谓修身齐家乃小学大众之学。治国平天下，则为大学，大人之学。治平大道，当先通经史。经学尚在孔子前，孔子《春秋》是经学中最后一书。司马迁以下，中国乃正式有史学。治乱兴亡，多载实际政务，政治思想政治理论皆本实际政治来。此与经学无大异。故中国经史之学，可谓即中国之政治学。"③ 相比小学大众之学，治平之学乃属于少数人相对精英性的"大人之学"，此是合于政治社会之实际讲。经史之学，就是中国政治学。经学是更为古老的政学资源，秦汉之后由经而绎史，然二者都是以实际政治为本来抒发政治思想、政治理论、政治智慧。

钱穆进一步结合秦汉之后士人政府的文治经验，从政治体制、政治社会学视角阐发中国政治学相对于实际政治的两重性格。一方面，以汉唐察举、科举等考试用人程序为例，指出"中国之所谓士，无不重政治学"，"亦可谓学校教育已全由民间任之，政府则操有考试权与分发任用权。而政治学之重在实际练习与经验，

---

① 钱穆：《现代中国学术论衡》，九州出版社2012年版，第187页。
② 同上书，第194页。
③ 同上书，第187页。

亦居可知"①；另一方面，"中国人之政治学，常必有超于实际政治之一种理想之存在。此当为研究中国学术史者所更值得注意之一事"②。相应于士人成长轨迹，社会中的学校教育与政府之间衍生并转递出体制内部上层与下层的思想学术—政治张力，"士人在野，早于政治上之传统大理论，及历代之治乱兴亡，有相当之知识。目睹当前政治实况，心怀不满。于是进入政府下层，与政府上层乃时有意见相左。而上层人物又极知看重此层，于是遂特于直言极谏倍加奖励。实则所谓直言极谏，不只是臣下之对君上，尤其是政府下层之对其上层，即后进之士之对其先进。此乃中国政治一传统精神，适切配合于中国政府之实际传统体制，而寓有一番极高明之甚深含义"③。通过士大夫群体，将社会与政府、社会代际之间的结构性张力转换为先进与后进之间经由体制内表达的动力。

钱穆以汉之贾谊、郑玄、宋之胡瑗为例，说明第二方面，"因政治终必为实际所限，不能全符理想。则中国之政治学，自深一层言之，其重理想尤更重于经验，亦断可知矣。唯中国人之政治理想，仍必本于实际政治来，非凭空发挥为一套政治哲学之比，此则当明辨"④。政治学本于实际政治，而又能生发超越的理想精神，非政治哲学之空言，亦非诡俗媚势。这一点，与士人群体及其政治社会安排密不可分。

中国政治学，受儒家士人在政治社会间地位影响，往往于谦退中见精神著理想。"故儒林必重政治，而又多主隐退。至少能退者之地位，则更高于能进者。知进而不知退，则不足挂齿矣。"⑤钱穆特别以宋以降之儒家传统，说明此中大义。如司马光避新政而撰《资治通鉴》，以史学为政治学，朱熹撰《通鉴纲目》申明正统论。尤其元清两代，"中国儒林一意主退者，最多在元、清两代。如顾亭林，如黄梨洲，如王船山，皆以明遗民在异族政权下决心不出仕。然其治学，则可谓仍以政治为重，此为不失儒林之真传"⑥。

钱穆重点表彰顾、黄、王之著述，发扬传统政学精神，大有功于中国现代之开新。"王船山偏居三湘，与中原儒林少交接，然亦终身不仕。但其学则源自东

---

① 钱穆：《现代中国学术论衡》，九州出版社 2012 年版，第 188 页。
② 同上书，第 188 页。
③ 同上书，第 188 页。
④ 同上书，第 189 页。
⑤ 同上书，第 189 页。
⑥ 同上书，第 189 页。

林，亦终生不忘政治。观其最后著作《读通鉴论》《宋论》两书，今人皆以史论目之，不知其乃一部政治学通论，于历代政治上之大得大失，以及出仕者之大志大节所在，阐发无遗。下及晚清，革命前，梨洲《明夷待访录》及船山此两书，经《国粹学报》重刊，几乎尽人传诵，其有助于革命事业者至钜，此亦治近代史者所宜知也。又《明夷待访录》尚远在法国卢骚《民约论》之前，而其《原君》《原臣》《原法》诸篇，明确有历史证据，明确系往圣陈言，明白平允，远出卢骚《民约论》之上。则中国传统政治思想，显有未可一笔抹杀者。"① 迨及晚清，曾国藩增益乾嘉之学，恢复古政学规模，"乾嘉诸儒以义理、考据、辞章分学术为三方面，义理专重人生，而独缺政治。国藩又增经济一目，经国济民，正为治平大道，即政治学，与近人以财货为经济者大异其趣。而国藩乃以居乡办民团，弭平洪杨之乱。但国藩之自称，则曰粗解文章，由姚先生启之。是国藩亦自居为一古文家，终不自承为一政治家。从来亦未有以古文名家而不通治平大道者。抑国藩苟非丁忧家居，即无机缘办团练，成立湘军。清廷之派兵命将，亦决不之及"②。

由于中西文化系统的差异，中国传统重视政治而无专门政治学之成立。"故中国自古圣哲，亦绝少以政治家自命，乃亦决不专以政治为学。惟果细研中国一部儒学史，必知与政治声息相通，难解难分。而治中国政治史，苟不通儒学，则于历代制度之因革以及人物之进退，必无可说明。今人则不读儒书，于传统政治惟有借用西方术语，一言蔽之曰君主专制。以广土众民之中国，而君主一人得专制其上，亦当有妙法精义宜加阐说。一笔勾销，明白痛快，而又得多数之同情，但岂得亦谓之政治学。"③ 中国政治传统与经史之学、儒学声息相通，欲对之进行深入而充分的理解评判，需进入学术传统内部，把握其整体特征，并由历史传统领会其精义大道。

在现代中国，这意味着对于中国经验的解释和分析，不能盲目借用西方术语，进行简单化约或纯为舆论宣传考虑。钱先生慨叹，"继自今，吾国家吾民族四五千年来相传之治平大道，政治大规模，惟有学步西方，作东施之效颦，其他尚复何言。中山先生已早有知难行易之叹，又谓中国乃一次殖民地，更次于殖民地，亦可谓言之沉痛矣"，"如是之国家，如是之民族，为之立心立命者，乃在国外，不

---

① 钱穆：《现代中国学术论衡》，九州出版社 2012 年版，第 191 页。
② 同上书，第 192 页。
③ 同上书，第 192 页。

在国内，而犹必主张国家之独立，此非一次殖民地而何。诚可悲之尤矣"①。在这个意义上，学术的独立自主问题，与现代立国问题（"立心立命"）实不可分，否则难以逃脱政治上与精神上"次殖民地"的依附困境，更不能对真实政治问题有切要的解对。

二　立国之道与政学传统

钱穆先生从整体文化系统来透视学术分科之定位，而非单纯就学术论学科。在其文化系统观中，学术影响政治社会上层，而于下层落实为风俗。换言之，中国政治学定位，这一看似学术的问题，其实与文化系统的政教政俗、精神信念之间是一有机不可分的关系。这形成了钱穆终生强调学术独立自主与立国之道具有密切性的理论视野。

在《现代中国学术论衡》《序》中，钱穆批评新文化运动片面反传统，"中国旧文化、旧传统、旧学术，已扫地而尽。治学则务为专家，惟求西化。中国古书，仅以新式眼光偶作参考翻阅之用，再不求融通体会，亦无再批评之必要。则民初以来之新文化运动，亦可谓已告一段落"，学术彻底地专家化分科化、传统资源被视作死物，成为时代风潮取向②。

接着，钱穆直探根本，"继此当有一大问题出现。试问此五千年传成之一中华大民族，此下当何由而维系于不坏？若谓民族当由国家来维系，此国家则又从何而建立？若谓此一国家不建立于民族精神，而惟建立于民主自由。所谓民，则仅是一国家之公民，政府在上，民在下，无民族精神可言，则试问西方国家之建立其亦然乎？抑否乎？此一问题宜当先究"③。围绕立国之道，钱穆提出一系列人类文明中普遍而根本的政治问题：民族何以立国？立国基础何在？西方国家与中国的立国之道是否相同？如何评价民族精神和民主自由作为立国基础的意义？中国立国之道的传统在现代是否依然具备有效性？学术与立国之道的关系究竟如何？

钱穆虽以考据、史学、理学为世人熟知，其学术志业却非拘于学院书斋、陈迹故事，毋宁说蕴含了广阔深远的文化—政治旨趣。钱穆一生有史学家、儒学家

---

① 钱穆：《现代中国学术论衡》，九州出版社 2012 年版，第 194 页。
② 同上书，第 4—5 页。
③ 同上书，第 5 页。

的面向，也展现出政治思想家、理论家的责任。在 20 世纪的学术传统中，钱穆不仅是举世公认的史学大师，也是原创性最强的政治学家、政治思想家，这一面向尚有待世人进一步领会。史学和政治学被他看作传统学术中最为重要的中心内容①。当然，依其自处，二者本就内在于传统的通人、通儒、通学典范中。稍稍检视其代表性论著，即可印证这一点。

在较早期的《中国近三百年学术史》（1937 年）《自序》中，钱穆就批评时人论政盲目媚外，一味求变，"言学则仍守故纸业碎为博实。苟有唱风教，崇师化，辨心术，核人才，不忘我故以求通之人伦政事，持论稍稍近宋明，则侧目却步，指为非类，其不诋诃而揶揄之，为贤矣"。②"不忘我故以求通之人伦政事"，正是钱穆希望用以抵御现代激变主义的传统智慧，在此书中宋明近世以来的学术政治传统得到一个更为公允平实的重编和褒扬。

这一努力在稍后的《国史大纲》里有更为磅礴淋漓的展现，它们在当时抗战的悲壮征途中被寄寓了立心请命、凝聚国族精神的时代使命。无论是学术史，抑或通史撰述，钱穆都是在一种存亡续绝的智识视野中通过阐释传统生机而表达其文化—政治信念与主张。《国史大纲》的"引论"部分尤其集中展示了这一学术志业③。钱穆在文中善用多譬，从中西比较视野来彰显中国作为民族、文化共同体的演进之道，着重揭明其政治体的立国规模，并申明自己对于现代中国未来发展的基本观念④。

钱穆认为，中国之所以成就广土众民的超大规模，且传统绵历悠久，核心活力在于"我民族文化常于和平中得进展，欧洲每常于斗争中著精神"。此中关键，"实乃由四围之优秀力量，共同参加，以造成一中央。且此四围，亦更无阶级之分。所谓优秀力量者，乃常从社会整体中，自由透露，活泼转换。因此其建国工作，在中央之缔构，而非四围之征服"⑤。易言之，中国共同体的文化—政治建构机制，是由社会整体中涌现出来的优秀力量形成一个共同体中心，并向四周涵化

---

① 钱穆比较中西，认为史学和政治学在西方学术传统中远不如在中国重要。参见《现代中国学术论衡》中的《略论中国史学》，第 118 页。

② 钱穆：《中国近三百年学术史》，商务印书馆 1997 年版，第 4 页。

③ 钱穆：《国史大纲》（修订本），商务印书馆 1996 年版，"引论"，第 33—34 页。

④ "故所贵于历史智识者，又不仅于鉴古而知今，乃将为未来精神尽其一部分孕育与向导之责也"，"能真切沉浸于已往之历史智识中，而透露出改革现实之方案。"参见《国史大纲》"引论"第 2、4 页。

⑤ 钱穆：《国史大纲》（修订本），商务印书馆 1996 年版，"引论"，第 14 页。

融合，其主导精神是公忠和容、尊贤重文、不尚党争。这也是政学传统重视和平中进展的缘由。

钱穆慨叹，"我中国此种立国规模，乃经我先民数百年惨淡经营，艰难缔构，仅而得之"①，"一民族之文化传统，皆由其民族自身递传数世、数十世、数百世血液所浇灌，精肉所培壅，而始得开此民族文化之花，结此民族文化之果，非可以自外巧取偷窃而得"②。立国规模，从形式上，是民族、文化、历史传统的演进积累之结果，其内涵机制则自有精义。

在抗战后期、20世纪40年代中期制宪运动再起之际完成的《政学私言》，是钱穆依据历史传统来系统阐述其政治理念的一部佳构。他在其中清晰表达了自己对于中国政治学急需摆脱模仿移植、自觉创新的主张。此书开端明义，"作者草为此文，先有一甚深之信念。窃谓政治乃社会人生事业之一支，断不能脱离全部社会人生而孤立，故任何一国之政治，必与其国家自己传统文化民族哲学相近合，始可达于深根宁极、长治久安之境地"③。

晚清以来国人在政治上模仿抄袭的被动格局，在钱穆看来蕴含严重的政学困境，"或主步趋英美，或主追随苏联，国内之政争，将以国外之政情为分野，并将随国外之势力为消长，国家政治基础将永远在外不在内，在人不在我，以此立国，何有宁日"！④ 立国根基何在？国家政治随他人脚跟流转，势必险难重重，心智精神之不自主是一根源。在洪流一般的西化浪潮中，如何发展出"深根宁极"而又通达世变的法政思考，探索不同于英美、苏联的另一条道路，是现代学人应当自觉追求的方向。"摆脱模仿抄袭，有勇气，有聪明，能自创自造，自适国情"，是钱穆对中国新政治学提出的期望⑤。

职是之故，一味求新求变，蔑视自身传统，实难在现实中完成立国之业。"顾当知古今中外，绝无一种十全十美有利无病之政制，惟其如此，故任何一种政制，皆有赖于当时人之努力改进。亦惟其如此，故任何一国家，苟非万不获已，亦绝无将其已往传统政制，一笔抹杀，一刀斩割，而专向他国模拟抄袭，而谓可使新

---

① 钱穆：《国史大纲》（修订本），商务印书馆1996年版，"引论"，第14页。
② 同上书，第32页。
③ 钱穆：《中国传统政治与五权宪法》，《政学私言》，九州出版社2005年版，第3页。
④ 钱穆：《政学私言》，九州出版社2005年版，第3页。
⑤ 同上。

政制得以达于深根宁极长治久安之理。为此想者，非愚即惰。中国传统政制，虽为今日国人所诟詈，然要为中国之传统政制，有其在全部文化中之地位，无形中仍足以支配当前之中国。"① 求新求变，往往专向他国模拟抄袭，尊奉其先例成法为普遍标准，以自身传统为例外、陈迹。钱穆在《国史大纲》中批评革命后的政治理论，以国会、政党政治为民主共和的标准模式，"然此等皆抄袭欧美成法，于国内实情不合，因此不能真实运用"。②

《政学私言》强调现代民主政治不是一个"死格式"，各国须各适国情（包括传统哲学、民族特性、社会经济形态、文化积业）发展自身政制。钱穆认为现代中国需要的是公忠不党之民主政治（或称"全民政治"）。当时国人，把英美奉为政党政治的楷模，钱穆则反驳曰"必求中国强效英美之先例，此亦何见其可者？强不可以为可，不仅无成效，抑且转生病害"，"抹杀国情，一味效颦他邦之先例，即根本不足为好政制"③。真正的悲哀，是中国人不能自创一自适国情的政制，尾随人后，政治将永无独立自定的希望。

作于20世纪50年代的《中国历史精神》《中国历代政治得失》从不同进路对上述观点有所发扬。《中国历代政治得失》针对现代革命意识形态对于秦以后政治传统的过度贬损（"专制黑暗"），而尝试平心客观检讨传统政治，纠正国人对传统文化的误解。尤其针对辛亥以来唯西方是瞻的唯制度论，强调制度的利弊兼有、常变性、与人事配合的特性（在"前言"中概括为七点），指出"我们若不着重本身人事，专求模仿别人制度，结果别人制度势必追随他们的人事而变，我们也还得追随而变，那是何等的愚蠢"④！在《中国历史上的政治》一文结尾，钱穆展望现代中国的政治，"必然仍将要采用世界新潮流，配合自己旧传统，来创成中国自己的一套政治和其理论，才能救中国。这是绝对无疑的。绝非是美国的政治和其理论能够救中国，也绝非苏俄的政治和其理论能够救中国"，"中国要求'民族'和'国家'之独立，则必须先求'思想'和'政治'之独立，这又是决然无疑的。……我们定要能采取各国之长，配合自己国家实情，创造出一个适合

---

① 钱穆：《政学私言》，九州出版社2005年版，第11页。
② 钱穆：《国史大纲》（修订本），商务印书馆1996年版，第910页。
③ 钱穆：《政学私言》，九州出版社2005年版，第4—5页。
④ 钱穆：《中国历代政治得失》，九州出版社2012年版，第2页。

于中国自己理论的政治"①。思想学术的独立,包括政治学的自觉自创,被视为政治、民族国家真正独立的前提。

这一思想学术线索,即政学传统与立国之道的关联问题,可以说终生萦绕钱穆心胸。在稍后《中国学术通义》《宋明理学随书三札》等著述中都有不同形式的体现,直到《现代中国学术论衡》针对中国政治学之系统化的专论,凝结为政治学的文化自觉意识。

《略论中国政治学》及此书序论检讨晚清民国以来学风,对康有为、章太炎、梁启超、胡适、孙中山等都有切要评点。其评论视野,即由通人通儒转变为专家之学,遂至专门分科之学流行,故国学术传统失散。"文化异,斯学术亦异。中国重和合,西方重分别。民国以来,中国学术界分门别类,务为专家,与中国传统通人通儒之学大相违异。循至返读古籍,格不相入。此其影响将来学术之发展实大,不可不加以讨论。"②

康有为和章太炎两大学人,成学接续旧传统,一主今文经学,一主古文经学,"而世风已变,两人虽同治经学,其崇儒尊孔之意实不纯,皆欲旁通释氏以为变"③。这一面,在康氏为其变法改制所掩,在章氏则视传统为国故古董。有为变法主速求全,在钱穆看来,乃莽、荆非善变者之新版。早在《中国近三百年学术史》中,钱穆就批评有为以所慕西洋解释传统,"康氏之尊孔,并不以孔子之真相,乃自以所震惊于西俗者尊之,特曰西俗之所有,孔子亦有之而已"④,论政"以欧洲西俗代表天下有道,则显然不容疑。此又其以尊西俗为尊孔之明证也",要之可谓"用夷变夏"⑤。梁启超早期受其师影响深刻,为旧学殿军。中后期思想渐趋中正通达,见识超越反传统主义者,讨袁之役于民国有功,"其后又能退身仕途,一意为学,惜其不寿,否则论史论政,并世无出其右,其为学终当有得于儒学之传统矣"。⑥

康、章、梁等士人魁首,代表了一时代风潮之特色,即主进、求新、求变。

---

① 钱穆:《中国历史精神》,九州出版社 2016 年版,第 46 页。
② 钱穆:《现代中国学术论衡》,九州出版社 2012 年版,第 1 页。
③ 同上。
④ 钱穆:《中国近三百年学术史》,商务印书馆 1997 年版,第 780 页。
⑤ 钱穆:《中国近三百年学术史》,商务印书馆 1997 年版,第 783—784 页。
⑥ 钱穆:《现代中国学术论衡》,九州出版社 2012 年版,第 193 页。

且门户意气深重，互加排斥挞伐，并为领袖势利之争所束缚①。学术传统演进于此，遂趋于支离破碎，荒腔走板，甚或反噬自毁，未能萃取传统精华而得一善变。"要之，晚清若康有为，若章太炎，若梁任公，皆一代杰出人物，惜其涉身政治太早，又以领导政治最高理论自任，而未得优游潜心完成其学。孔子曰："加我数年，五十以学，亦可以无大过矣。""孔子自知其不久或当涉身于政治，乃更期数年之进学。故惟超其身于政治之外，乃始得以深入政治之堂奥，以知其利病得失之所在，而有以成其学。"②

学术的时代风气，自此之后排旧慕新，其势不至于思想文化革命、社会革命而不止。其中的标志人物就是胡适。"盖自道咸以来，内忧外患，纷起迭乘，国人思变心切，旧学日遭怀疑，群盼西化，能资拯救。"③ 胡适后生晚学，留学归来，声名渐超梁启超、王国维等人，"适之则迳依西学来讲国故，大体则有采于太炎之《国故论衡》。惟适之不尊释。其主西化，亦不尊耶。而其讥评国故，则激昂有更超太炎之上者。独静安于时局政事远离，而曾为宣统师，乃至以留辫投湖自尽。故三人中，适之乃独为一时想望所归。而新文化运动乃竟掩胁尘嚣，无与抗衡。风气之变，亦诚有难言者"④。钱穆批评胡适，"其所假设者，似仅为打倒孔家店，中国旧文化要不得。一意广泛批评，即其小心求证矣"，新文化运动"重在除旧，至于如何布新，则实未深及"⑤。

其下则有顾颉刚、冯友兰等人古史辨派、哲学史作兴起，"专家学者，率置其专学以外于不论，否则必加轻鄙，惟重己学有如此。于是文学、史学、哲学，及考古发掘龟甲文等各项专门之学，一时风起云涌，实可谓皆自新文化运动启之"⑥。专门分科之学，盛行理性知识之自负傲慢，而传统学问，既要求宏博，且须会通，并切合时宜，因此率意批评远易于正面立说。这可视作政学传统一步步

---

① 钱穆：《中国近三百年学术史》，商务印书馆 1997 年版，第 785 页。另，钱穆于《中国学术通义》（学生书局 1975 年版，第 255—256 页），批评康、章为"首坏此一学术时代之风气者"。钱穆以"时代人物"与"传统人物"甄别评价当世学人，认为康、章属于前者，而任公可列入中国现代传统学术人物。参见《学龠》，第 208 页。

② 钱穆：《现代中国学术论衡》，九州出版社 2012 年版，第 193 页。

③ 同上书，第 3 页。

④ 同上。

⑤ 同上书，第 4 页。

⑥ 钱穆：《现代中国学术论衡》，九州出版社 2012 年版，第 4 页。

窄化为专门学科、最终丧失传统精义的宏观脉络。

于近人，钱穆推服孙中山先生，以其将革命共和大业引归至中华道统，于实践反思中提出三民主义、五权宪法。尤其五权宪法，"于众所共崇西方民主之立法司法行政三权分立外，又特加考试监察两权，此皆中国传统政治所固有。惟有考试权，则西方分党竞选之制可变。惟有监察权，则西方国会议院不仅立法，又兼议政之制亦可变。而后采用民主，乃得配合国情，良法美意有因有革，但亦在其隐退沪上积年深思之所得。惜乎国人已无人能知中国政治之旧传统，此两权终成虚设"。① 徒法不能以自行，国人不了解政学传统，不具备相应学识，考试权和监察权终成虚设。政制的善用，不能脱离治人主体之素养。立国之道与政学传统的互相影响，于此为一教训。钱穆撰《政学私言》，就是基于五权宪法，结合自己对于传统的理解而提出损益改善，于革命共和进行一次保守化修正。

笔者曾反思晚清以来中国政治学的启蒙主义（及晚近新启蒙主义）精神底色，提出文化传统、时代精神与权力架构的三边互动框架，乃是我们理解现代政学嬗变的基本视野②。其间，求变求速求西化的时代精神大张旗鼓，并不断裹挟权力架构一往直前，而文化传统则喑哑默沉，不为人正视。如此淬炼出来的政学心智，势必是跛足而偏激的。钱穆一生的政学思索，可以说是反传统风暴中难得的清醒明智之音，在此三边互动框架中为后人提供了接续传统、激活传统的先驱资源。

三　政治学的自觉：朝向普世的传统新变

钱穆论中国政治学，追溯既有政学传统，其意旨似在点拨分科专门式政治学（西式政治学）之外，尚有一更为广义的、源自中国文化系统的大政治学。如其言，"非谓不当有此各项学问，乃必回就中国以往之旧，主通不主别。求为一专家，不如求为一通人。比较异同，乃可批评得失。否则惟分新旧，惟分中西，惟中为旧，惟西为新，惟破旧趋新之当务，则窃恐其言有不如是之易者"③。眼界中只知有破旧立新之专家政治学，不仅是智识上的断裂古今，而且于文化—政治的整体大规模愈行愈远、久假不归。

---

① 钱穆：《现代中国学术论衡》，九州出版社 2012 年版，第 193—194 页。
② 任锋：《新启蒙主义政治学及其异议者》，《学海》2015 年第 5 期，第 74—81 页。
③ 钱穆：《现代中国学术论衡》，九州出版社 2012 年版，第 5—6 页。

此大政治学当善于接续既有政学传统，并选择吸收现代西方政治学的成果。而其间评价标度，在钱穆分析中，似主要着眼于大群共同体的凝结、维系与更新。如其不断强调，中国历史传统上之所以能够形成广土众民的超大规模社会与政治体，并经历多变，仍能传承数千年而不散，这一最值思索的成就背后，钱穆认为蕴含着高明广大的政学义理①。探究此义理，总结其形成之政治经验，就是中国政治学面对传统、面对现实所应有的方向。发扬此义理，更新其内涵，推广其教诲，更是中国政治学面对普世政治世界所应抱有的志趣。大学之道通于治平，"平天下"即解决最广大世界大群的秩序治理问题，将传统中国的治理智慧发扬光大。

《中国历史上的政治》一文开端拈出一个论点：中国政治重"一统"为精神，西洋尊"多统"为常态为本质，其区别在于是否有一个具备强大共同体整合能力的文化—政治中心，使文化、经济、政治活动形成大群体的有效共通规范，并发展为一经久传统。"专就政治讲，究竟应该一统的呢？还是多头的呢？这在理论上，是一个政治系统的问题，是一个政治机构的问题。"② 此不易言，而钱穆倾向认为一统才能真正提供文明发展的和平、秩序与德行。

政治一统的机制奥秘，则须在政学传统的道法两端中寻求启示。这里撮要介绍钱穆的观点。

论者往往注意到钱穆因驳斥诸多时代偏见而提出的信托政治、士人政府、四民社会（平民社会）、政民一体等观点，这些发现尚停留于政治社会之客观层面，未及政学义理深处。纵观其论学根底，乃是一以理学为本的道理论，关系到文化判断与信念。钱穆提出，治道即人道，中国政治学的根底在人道，"中国传统政治仅亦言人道，中国全部古籍，经史子集，亦主在言人道。故非兼通四库，略知中国文化大义，即不能通知中国之政治，而又何专门成立一政治学之必需与可能"③。

中国文化对于人之为人形成了系统性解悟和安排，如钱穆所概括的"通天人，合内外"，这是"人道"所涵。《略论中国政治学》乃以性情、心性解释尧舜文武

---

① 钱穆以为中国文化核心精神表现为"大群主义"，不同于西方的个人主义及其变体集体主义。这个立论也显示其以政治能力为本位来透视文化特质的思维取向。此类论点，可参见《现代中国学术论衡》，九州出版社 2012 年版，第 142—146 页；《晚学盲言》，生活·读书·新知三联书店 2014 年版，第 742—759 页。

② 钱穆：《中国历史精神》，九州出版社 2016 年版，第 24—27 页。

③ 钱穆：《现代中国学术论衡》，九州出版社 2012 年版，第 203 页。

之道的精神，人之性情来自天命，天命与人生不二分，中国文化即在此心性性情的展现扩展中看待格物，其间包含大群政治之道。质言之，人之自然性情，由亲亲、尊尊、贤贤而有家、国、天下的创制。性情及其实践表达，也促成儒家对于仁和礼的发现，此两面奠定政学传统的道法宗旨。这一点，置于比较文化的视野，与宗教型、科学型宇宙观构成关键区别。概因后者趋于将天人、主客、内外、心物分为两橛看待，导致西洋政学偏重外在，不能深入性情根本。

中西文化一主会通和合，一主分别竞争，表现在社会秩序上，钱穆提出"天下社会"与"地上社会"之别，"中国人观念，凡共同和合相通处皆有神。故不仅天地有神，山川有神，禽兽草木金石万物亦各有神。人心最灵，最能和通会合，故亦有神，而与天地同称三才。则人群社会亦必有神可知。今可谓社会可分天下与地上之两种。西方社会为地上社会，非天下社会。故多分别性，而少共同性"[①]。依物相逐，遂多分别性，这一点影响文化形态下的立国特质，"西欧人独富地上观。所居住之地既各别，乃不相亲不相尊，故其社会组织有国而无天下，而其国亦各别为小国。……其国不专以民族为本，亦不专以地理疆域为本，又不专以历史传统为本。其立国之本，殊难言。……西欧人独缺一和通共同观，故耶稣马克思乃同得西欧人崇奉。但亦多变质，仅成西欧传统中之一部分而已"[②]。《略论中国史学》中，钱穆以"个人主义"与"大群主义"为西方、中国精神之主要不同，可为此一说明[③]。

"惟有儒家，执两用中，心物并重，而又会通和合，融为一体，始为人生之正途。故欲知中国社会，又须兼通中国经济史，并须兼通中国思想史。要之，即须先通中国文化史。若分门别类，专一求知，则中国究为何种社会，诚难以一言尽矣"，此语也可通于政治学[④]。"故欲治中国之政治史，必先通中国之社会史。而欲通中国之社会史，则必先究中国之宗法史。由血统而政统而道统，此则为中国文化之大传统。今人一慕西化，身之上忽于家，国之上又不知有天下，乃惟知有法，不知有道，无可与旧传统相合矣"[⑤]。亲亲尊尊，仁义所在，所以化家为国，

① 钱穆：《略论中国社会学》，载钱穆《现代中国学术论衡》，九州出版社2012年版，第206—207页。
② 同上书，第207页。
③ 钱穆：《略论中国史学》，载钱穆《现代中国学术论衡》，九州出版社2012年版，第142页。
④ 钱穆：《略论中国社会学》，载钱穆《现代中国学术论衡》，九州出版社2012年版，第222页。
⑤ 同上书，第206页。

乃至于天下，这是共同体建构的基本逻辑，"中国之家，必有亲长。亲其亲，长其长，乃人之性情，出于自然，亦可谓乃天道。化家为国，其道亦只在亲亲长长。人之性情同，则道同，可推至于天下，为大同。同在此光天化日之下，同在大自然中，实无大不同可言。西方则认为个人结合为社会，社会结合成为国，皆赖法，其相互内在间之性情关系则较为淡薄"。① 法、礼、道，在不同社会间地位不同，导致政治立国形态也各有差异。

钱穆论政论史，注重经验形势，此一点易遮蔽其政学义理的道论。其实，他继承发扬了近世理学之道体、道统观，并将其视为现代立国的精神根基。"宋代理学家言道体。孔子当时，唐虞以来之中国，是即一道体。孔子则生此道体中。若谓苏格拉底与耶稣亦各自生于一道体中，又岂得与孔子所生之道体相比。所谓历史哲学，即在认识此道体，与此道体中所有之种种变。孔子之学，与此下中国之史学皆是。若依西方之所谓历史哲学来寻究讨论中国史，则宜其失之远矣。"② 道体，即前所述性情格物诸论所指向者。钱先生又扩大道学家之道统观，以文化大传统为其内涵，并在中西比较中视之为中国"一统"的特质所系。道统尊于治统，治统系于道统，是中国政教相维的中心要旨。他高度评价孙中山的三民主义，认为民族主义乃现代立国的"明道设教"，其解释泊定于民族、文化、传统，即所谓道体上，于传统经验中强调其文化精神、义理特质。这为我们理解民族主义提供了一个更深邃稳固的视角③。

关乎人性群体的道有不同，表现在中西国家观念、政治理论上迥异。《中国历史上的政治》概括中国人的国家观念是"文化的""道德的"（个人与包括国家的社群都以提升文化、发扬道义为宗），西方主要是"权力的""工具的"，并造就"一统"与"分裂"的政治形态差异④。在此前提下，才发生具体政治形态的不同，而有考试选举制度、士人政府、平民社会以及政府组织制度，钱穆称之为拟于"大宪法"的"王法"典章⑤。

在"通天人，合内外"的文化体系中，政治国家观以人道为基础，强调文化

---

① 钱穆：《略论中国社会学》，载钱穆《现代中国学术论衡》，九州出版社2012年版，第210页。
② 钱穆：《略论中国史学》，载钱穆《现代中国学术论衡》，九州出版社2012年版，第132页。
③ 钱穆：《政学私言》，九州出版社2005年版，第218页。
④ 钱穆：《中国历史精神》，九州出版社2016年版，第31页。
⑤ 钱穆：《中国历史精神》，九州出版社2016年版，第34页；并见《现代中国学术论衡》，第202页。

与道德性质，权力系统与教化系统非上帝与恺撒之关系，而是政教合一。人群相处之道，强调性情相通，将世界神圣性融化入人间世，或曰努力将利害权力关系予以礼义化。这是三代以来、儒家提撕的仁礼大传统，根植人性自然而敦厚其诚敬相偶之义。因此钱穆将此种政教形态称为礼教、文教、名教、孔教、人道教。它也是钱穆面对现代西方法政形态时立足伸张的根基。

钱穆处理法治问题，呈现两个面向：一方面，保留中西二分论，甚为推崇梁启超发明的中国礼治、西方法治说，认为前者根植天人自然，有益于人际伦理与社群组织的扩展维系，后者不免于人性之外寻求根源，或徇于神意，或追随众论，无法深入人生群道；另一方面，其思考又呈现沟通商议取向，接受并运用法治概念，以之解释中国政治传统。西人所谓法治，多蕴含于中国之礼；中国王法王制、典章制度，相拟于宪法、法治，又有西方法治所不及处。在《政学私言》中，钱穆尝试对法治做出基于传统本位的新诠，将法视为普遍性规则、立国宪制与政体制度，尤其体现出纳法治论述于政学传统的意图①。针对君主专制政体的俗论，他认为传统政体至少为君主立宪，已经形成宪法宪制性的大经大法。尤为重要的是，他对于时人汲汲强调模仿西方法治的论调，从文化系统差异与现实政治经验，指出传统政治乃尚法形态，儒家、道家每以治人、社会情实矫正其弊端。而西方法治因立国之道有别，实际上注重人情物事流转，理论上因应以尚法之论。现代中国摧毁既有政教价值系统，而片面迷信法治制度论，如果不明大体，法治高调无异于以水济水，以火救火②。

对于中西政治之别，钱穆还特别强调西方重视创新、多变，然多统交替，难有守成综合之功，不明"传统"真意。"希腊人能创造一希腊，但不能守。罗马人能创造一罗马，但亦不能守。现代国家虽亦各有创造，但迄今亦各不能守，于是乃转而为今日之美苏对立。但核武竞赛，今日之局面，此下将仍不能守。故西方历史乃一有创无守之历史，有进而无止，有始而无终。此为有直而不专，有辟而无翕，有动而不能静，则无正反合可言矣。"立国形态与文化形态都有重开创而不能守成长久之特点，"由旧生命展演出新生命，其主要机括即在此所结之果。西方人生，则似惟主开花，而不知求有结果。希腊罗马之与英法现代国家，都曾开

---

① 详见《政学私言》中《人治与法治》《法治新诠》《中国人之法律观念》诸篇。
② 钱穆：《政学私言》，九州出版社 2005 年版，第 83 页。

花，但皆无结果，即由其不知有退藏一面。一切西方哲学，亦如正在开花，故一部西洋哲学史可谓繁花盛开。而一部中国思想史，则惟见其果实累累，不见有花色之绚烂。此亦一大异。"① 新旧必相续，开创能守成，求变终须归治，才是一完整可久之政治事业。脱离文化大传统，革命不能贞定，终将流为歧出。

钱穆认为，"中国人言心安理得，足于己无待于外，此一安字足字，乃寓甚深妙理。吾中华民族之得五千年绵延迄今，广土众民一大结集，一大和合，则亦惟以此一安字足字得来。今日国人则争相诟厉，斥之曰守旧不进步。则姑举开新进步者言之，如西欧之古希腊，递变递新，而乃有后代之大英帝国，又有现代之美苏对立。而当前之希腊人又如何，英伦三岛人又如何。有新无旧，有进无退，则无安足可言"。② 在现代追求富强的转型调适之后，国人须再认识安足之文化政治价值，于富强中求治理。在国家治理的政治事业之上，再致力于天下大同的世界政治（"平天下"），将中国文化的普世价值发挥广远③。

一味求新求变，并以破坏摧毁传统为代价，割裂了事物演进之两面。钱穆终生为传统伸张，乃是呼吁基于自身传统之现代化，而非西方移植来的现代化④。在西方挑战来临之前，中国社会政治已显露新变之趋向，而现代中国转型的激变选择，尤其是迷信西来现代启示，可谓代价惨烈，教训深晦，仍然需要清醒地反思和鉴别。钱穆的保守论述，一则经过终生系统的中西比较，在理智辨析基础上尊重中国经验，笃定中国文化信念，再者坚信此文化启示乃是普世性的，不限于东亚大陆，并对传统本位之新变乐易顺之，这种思维性质即在现代语境的保守主义谱系中也显示其卓越不凡⑤。笔者曾针对 20 世纪 80 年代以来新启蒙主义政治学讨

---

① 钱穆：《现代中国学术论衡》，九州出版社 2012 年版，第 32—33、36—37 页。
② 同上书，第 228 页。
③ 钱穆：《文化学大义》，联经出版事业有限公司 1987 年版，第 99 页。
④ 钱穆提出"更生之变"，"更生之变者，非徒于外面涂饰模拟、矫揉造作之谓，乃国家民族内部自身一种新生命力之发舒与成长。参见《国史大纲》，"引论"，第 30 页。
⑤ 钱穆的文化宗旨、政治宗旨、学术志业须一体通观，就文化信念来说，其持有一种儒家本位的普世主义信念。他曾言："我诚不胜其灵魂界庆贺，但亦不胜为生命界悲悼矣。然果使人心能变，人同此心，孔子魂气依然流散天地间，则或有中国人所崇奉之心教之所想象之一境之出现。纵不在中国，或可出现于西方。夷狄而中国则中国之，亦安知其必无此一可能。此其为中国信仰之最后希望乎？我日祷之，我日祷之"。参见《现代中国学术论衡》，第 8 页。又曰，"诚使国人能于旧传统之政风学风，大体稍有领悟，重加研阐，或不仅可以救国，亦将可以救世"。参见钱穆《晚学盲言》，生活·读书·新知三联书店 2014 年版，第 929 页。

论相关异议批评①。从这个角度看，钱穆先生的中国政治学反思，至少领先了时人半个世纪。他超越时俗流行的法政理论话语，充分尊重中国传统经验而提出原创性极强的中国政治学理论。更为重要的是，钱穆具备当前中国法政学人普遍缺乏的深厚文化信念和学养，并且能够将之灌注入政治学的论述中。其普世主义的学思面向，也是值得我们深刻领悟的。

如钱穆反复强调，中国文化尚通人、通学，而后讲求专门之学，"故言学术，中国必先言一共通之大道，而西方人则必先分为各项专门之学，如宗教科学哲学，各可分别独立存在。以中国人观念言，则苟无一人群共通之大道，此宗教科学哲学之各项，又何由成立而发展。故凡中国之学，必当先求学为一人，即一共通之人"②。立国之道有旧有新，若道已断裂，则钱穆终生呼吁，无异于旷野先知，知者谓其心忧；若不绝如缕，则其通儒先见，仍将有会通和合之大义隔世响应。以先知精神吁求通儒志业，寻求古今之间潜藏显行的大道，以之为共识共信的前提，是钱穆先生指示给后来者的未竟之命。

---

① 任锋：《新启蒙主义政治学及其异议者》，《学海》2015 年第 5 期，第 74—81 页。
② 钱穆：《现代中国学术论衡》，九州出版社 2012 年版，第 40 页。

书　评

贤能政治的未来

——评贝淡宁《贤能政治：为什么尚贤制比选举民主制更适合中国》

章永乐[①]

冷战的落幕也带来政治制度的想象的贫困化。1989 年弗朗西斯·福山宣布"历史终结"，尽管因其表述过于夸张而引起诸多批评，但在西方确实已经形成这样一种主流信念：在多党竞争选举模式之外想象别的政治模式，不仅不正当，也是注定没有什么前途的。这当然是一种缺乏历史感的信念——在更早的 20 世纪五六十年代，恰恰是社会主义国家拥有更大的"民主"话语权，深陷越战泥潭和国内种族冲突的美国很难理直气壮地以"民主"为自己辩护，一代美国知识分子深刻反思自己国家出了什么问题。但在冷战之后的单极世界体系下，西方（尤其是美国）几乎垄断了对"民主"的定义权，弱化了社会主义国家原先坚持的"社会平等"的维度，将"民主"的核心界定为民众通过投票，在相互竞争的精英集团中选出他们的政治代表与领导人的程序。哪怕是一个等级森严的种姓（caste）社会，只要拥有这样的政治程序，可以毫无困难地宣称自己"民主"。不具备这种程序的社会，不管治理绩效多突出、对民众诉求回应性多高，也最多被视为一个治理良好的"威权社会"。

这种熊彼特式的民主定义，早已从政治学家们宣称的"价值中立"的描述性概念，上升为一种更为抽象的合法性（legitimacy）观念。合法性（legitimacy）一词源于拉丁词汇 legitimus，在罗马法中，legitimus 指向实证法之外的习惯所界定的"法定"意涵。例如，罗马法学家乌尔比安将监护权分为遗嘱监护人、法定监护人

① 章永乐，北京大学法学院副教授，美国加利福尼亚大学洛杉矶分校政治学博士，研究领域包括公法与政治理论，西方政治与法律思想史，中国近代宪法史—思想史，古希腊罗马历史编纂学。

和法庭监护人，这里的法定监护人（tutor legitimus）就是在遗嘱未规定的情况下由古老的习俗确定（qui ex lege aliqua descendunt）的监护人。① 从古罗马到中世纪晚期，这个词语都指向比成文法或法庭判决更为古老的"高级法"（the higher law），指向用以评判实证法的更高的标准。考虑到 legitimacy 这一词源背景，对"合法性"的考察总是离不开对受众已有的观念与习俗的研究。但是，受众的观念和习俗本身并非一成不变，比如说，"民主"（democracy）一词是在 19 世纪才逐渐成为一个具有正面色彩的关键词的，而此前的政治理论家往往将"民主"当作仅次于"僭政"的坏政体。当"民主"与精英领导的"代议制"而非"直接民主"关联在一起，它才获得社会精英的接受，进而成为一种影响全社会的"高级法"观念。

在后冷战的单极国际体系下，熊彼特式的民主定义事实上已经成为单极霸权手中的概念武器之一，对中国的政治实践构成一种显著的压抑。不管中国是如何"商量着办事"，不管中国有多少亿人脱贫，也不管中国在发展先进生产力方面有多少成就，用这把尺子来量，中国都面目可憎。这种"话语困境"引发了种种"突围"的努力。比如说，王绍光试图将"民主"的观念进一步历史化，论证熊彼特式的民主定义绝非民主的原义，真正的民主要讲求实质效果，尤其是政策对于民众诉求的回应性。② 而一旦将重点从程序转向实质，中国就有许多经验具有非常正面的意义，比如通过协商谋求共识的决策方式。③ 王绍光的路向仍然采用欧美主流所推崇的关键词，但致力于赋予这些关键词更为丰富的内涵。

贝淡宁的《贤能政治：为什么尚贤制比选举民主制更适合中国》（系作者在普林斯顿大学出版社推出的英文著作 *The China Model：Political Meritocracy and the Limits of Democracy* 的中文版本）④ 代表突破话语困境的第二个路向——不是改变

---

① James Muirhead eds. , *The Institutes of Gaius and Rules of Ulpian*, Ediburgh：T. & T. Clark, Law Publishers, 1904, p. 382. 感谢李猛教授提醒我 legitimacy 的这一词源背景。本文在此将 legitimacy 翻译成"合法性"而非"正当性"，重点就在凸显其词源背景中所包含的超越实证法的"高级法"意涵，与之相应，强调符合实证法意涵的 legality 就应另作翻译。但笔者也不反对将 legitimacy 翻译成"正当性"、将 legality 翻译成"合法性"的处理方法，只要译者能有效区分两个概念，并交代译名可能丢失的信息，并无不可。

② 王绍光：《民主四讲》，生活・读书・新知三联书店 2008 年版。

③ 王绍光、樊鹏：《中国式共识型决策》，中国人民大学出版社 2013 年版。

④ 【加】贝淡宁：《贤能政治：为什么尚贤制比选举民主制更适合中国》，吴万伟译，中信出版社 2016 年版。

对既有政治关键词的解释，而是提出新的政治关键词，在合法性（legitimacy）话语层面，论证存在一种新的、用以判断政治实践高低的规范性尺度。在西方语境中，这是比第一个路向更具挑战性的尝试，因为在第一个路向上，毕竟还可以找到西方内部的多种多样的实践和理论资源，也有 19 世纪以来的社会主义运动史的探索作为参照。在贝淡宁的方向上，西方历史中可以倚重的资源要少得多，meritocracy 很少被当作一种政体，或者只是在反讽的意义上与政体关联在一起。贝淡宁因此不得不更多地依赖于对中国历史传统与当代实践的理论提炼。相比之下，在中国语境中，贝淡宁的努力能够获得更多人的接受。汉语之中"尚贤"所包含的意义要比英文的 meritocracy 更为丰富与厚重。《礼记·礼运》中写道："大道之行也，天下为公，选贤与能，讲信修睦……"在儒家先贤的想象之中，即便是在"大同"之世，政治权力也是要由贤能之士来行使的。而一千多年的科举制实践，使得"选贤与能"的观念深入人心，影响到了今日中国一系列考试制度的设置。①对儒家而言，政治是一种教育的事业，《论语》有云："举直错诸枉，能使枉者直。"贤能在位，有利于普通民众"见贤思齐"，从而提升自己的道德品质。对于受到儒家思想遗产深刻影响的中国民众而言，"选贤与能"，毫无疑问可以构成评判中国政治制度的"高级法"之一。

然而，历史的复杂性也就在于，影响中国民众的"高级法"不只有一条。20 世纪革命所确立的政治标准，以及当代流行的熊彼特式的民主标准，也同样参与了对中国民情的塑造。贝淡宁意识到了这种历史复杂性。作为一位成长和成名于西方，但对中国有非常深厚感情的学者，贝淡宁既重视与西方的理论传统对话，又注重总结中国的历史传统与当下实践，并借鉴近年中国学者对"中国模式与中

---

① "尚贤"是古典中国的政治遗产之一，但古典中国也讲"亲亲"与"尊尊"，尤其在涉及皇位继承的问题上，"尚贤"并非皇位嫡长子继承的精神所在。在辛亥革命推翻帝制之后，像康有为这样的立宪派尖锐地指出，"尚贤"与政治竞争关联在一起，而对一个国家最高权位的竞争，导致了中国无法获得稳定。康有为指出，还不如保留一个虚位的世袭君主，占据最高的尊荣位置，而让有贤能者竞争内阁总理大臣这样有实权但缺乏尊荣的位置。参见康有为《拟中华民国宪法草案》，载姜义华、张华荣编校《康有为全集》（第十集），中国人民大学出版社 2007 年版，第 46 页。虽然康有为提出的重建君主立宪制的方案未必有效，但其提出的问题却是非常尖锐的。这也正是 Walter Bagehot 在其《英国宪制》中提出的问题：在一个国家，是否可以将政制的尊荣部分与效率部分分开，而尊荣部分未必"尚贤"。参见〔英〕沃尔特·白哲特《英国宪制》，李国庆译，北京大学出版社 2005 年版，第 3 页。不过，正如贝淡宁指出，在英国当下的社会风尚下，就连英国上议院的世袭议员们的权威也在衰减。因此，也许可以说，是民众日益追求平等的倾向，导致人们更接受通过贤能而非血统来获得尊荣。

国道路"形成的论证，形成一个视野广阔、内容丰富的理论体系，使得本书成为一本在东西方都获得广泛阅读的著作。在《贤能政治》中，他试图综合三种不同的遗产，提出一种具有混合色彩的政治体制评价标准：他主张顶层的政治领导人以"尚贤制"的方式产生，而基层干部的产生却不妨引入更多竞争性选举的因素；他主张国家应当节制资本，在经济上缩小贫富差距，应当以社会各阶层为基础建立广泛的人才库，甚至要给弱势群体保留一定的配额，这些主张体现出了对 20 世纪革命遗产的某些尊重。但是这种尊重究竟排除了另外哪些选项，也是值得我们结合 20 世纪中国的历史经验来加以探讨的。简而言之，儒家的"尚贤制"与经过中国 20 世纪平等革命所留下的政治遗产，貌似能够接受相似的领导人产生方式，但其精神气质仍存在重要的差异。本文将首先回顾《贤能政治》的基本观点，进而在分析中展开这两种遗产之间的相似性与紧张关系，从而为阅读《贤能政治》提供一个历史经验的视角。

一　"贤能政治"的规范标准与制度

事实上，汉语中的"贤能政治"或"尚贤制"比英文日常语言中的 meritocracy 具有更加丰富的含义。Merriam—Webster 英语大辞典对于 meritocracy 一词有两个界定：一是"一种以成就为基础选择和提拔人才的制度"（a system in which the talented are chosen and moved ahead on the basis of their achievement）；二是"基于智识标准选出的领导"（leadership selected on the basis of intellectual criteria）。其重点在于强调根据才干，而非财富或出身提拔人才。[1] 尽管英语中的 merit 具有"值得赞扬的品质"（a praiseworthy quality）这样宽泛的意思，但在日常理解中的 meritocracy 是成就（achievement）导向的，是在一种功用关系中来理解"才"（talent）。作为比较，尽管汉语中的"能"是在一种功用关系中被认定的，但"贤"却可以超越实用与效率，承载一个政治共同体乃至一个文明对于人的典范的想象[2]，如《论语·为政第二》中孔子所云："君子不器。"这种典范能够产生的"无用之用"，就是建立和加固政治权威。汉语中的"贤能"概念中包含的"器"

---

① 《韦氏新大学词典》（第 9 版），世界图书出版公司 1988 年版，第 743 页。
② 当然，"贤人"并非儒家认可的最高典范，之上还有"圣人"，只是对于多数人来说，"贤人"是一个更有实现可能性的目标。

与"不器"之间的张力，是英文 meritocracy 中所缺乏的。

或许正是因为英文 meritocracy 一词含义的单薄，这一概念长久以来未能成为政治分析的核心关键词，更未能成为政体的名字。而当它被作为一个政体的名字的时候，却又是在一种讽刺意义上出现的。1957 年英国社会学家、工党政治活动家迈克尔·杨（Michael Young）出版过一本名为 *The Rise of the Meritocracy* 的小说，在其中对 Meritocracy 进行了辛辣的讽刺。① 根据贝淡宁的概括，迈克尔·杨对 Meritocracy 提出了三个方面的问题，一是"贤能制"选拔出来的领导人可能会腐化或滥用权力；二是"贤能制"很容易造成政治等级固化，破坏社会流动性；三是很难向权力结构之外的人论证该制度的合法性。由于迈克尔·杨小说巨大的影响力，这个词在西方几代政治理论家眼中几乎就是个贬义词。② 贝淡宁要为"贤能政治"正名，就不得不对这样的理论传统做出回应。

贝淡宁首先对他心目中的贤能政治做出界定："贤能政治的基本观点是，人人都有平等的机会接受教育，并为社会与政治做贡献，但不是每个人都拥有同样的能力做出知情的道德与政治判断，成为出类拔萃的人才。因此，政治的任务就是辨认出具有超常能力的人，让他们为公众服务。如果领导人表现良好，人们就会支持他。"（第 21 页）隐藏在这个界定背后的，是一种弱化了的"政治作为教育"的理念。完整的"政治作为教育"的理念相信，政治不仅是实现和保障民众私人利益的手段，它更是一种提升参与者品质的教育。但是，贝淡宁非常清楚地意识到，古典式的对于"巨大的存在之链"（the great chain of being）的信仰在当代世界已经变得很稀薄，在一个多种完备性学说（comprehensive doctrine）并行乃至竞争的社会里，何谓"德性"和"贤能"，在具有不同信仰的人看来会有不同的答案。人们更容易达成共识的是治国理政的功能性需要，至于政治舞台是否还能实现整全意义上的"人之为人"的理想，已经是一个存在争议的主题。

为了将贤能政治树立为一个合理的政治发展目标，贝淡宁不能不对选举民主作为唯一模式的地位提出挑战。不少政治理论家论证，不管选举民主的结果如何，其程序本身就具有内在价值。贝淡宁承认投票能够带来某种心理满足，以至于一

---

① Michael Young, *The Rise of the Meritocracy*, Transaction Publishers, 1958.

② 当时政治理论家们在关心什么呢？贝淡宁写道："从 20 世纪 60 年代，理论家的主要议题是，如何推动人人平等的社会。"（第 96 页）而联系一下时代背景，当时正是社会主义阵营对资本主义阵营造成很大压力的时代，也是美国"民权运动"勃兴的时代。

旦获得，就难以舍弃。他并不试图对此做出全局性的批评，而仅在中国案例上提供一个局部的反驳——他引用史天健的东亚民主观念调查指出，论证程序的内在意义，对于重视政治实质结果的中国民众来说，并不是一种好的论证方式（第7页）。那么，接下来需要考察的，就是选举民主是否能产生优良的治理结果，在此，贝淡宁需要回应的是丘吉尔"民主是最不坏的制度"这一说法，这一说法经常被用于对其他的政治可能性的讨论。在贝淡宁看来，选举民主也很容易导向一系列消极的治理结果，他从四个方面进行了理论概括：（1）多数选民缺乏时间、动力与认知技能来获得政治知识，有可能做出不合理的政治判断，从而导致所谓的"多数派暴政"；（2）因为存在金钱与选举的结合，富有的少数人也可能在选举民主制下找到方法，以牺牲多数人的利益来扩大自己的经济利益，虽然在理论上穷人拥有更多的政治权力——正是在这里，贝淡宁称颂贤能政治限制资本干政的做法；（3）选举民主也可能会出现"选民共同体暴政"，忽略诸如子孙后代和外国人这样的"非选民"的利益——鉴于民主政治体制中没有人代表这些人的利益，当选民的利益与非选民的利益发生冲突，选民的利益总是会占据上风；（4）最后，选举民主下政治权力的开放性竞争，有可能会带来竞相抹黑对手的"负面选举"，以及冲突性的"身份认同政治"，造成社会的撕裂。而在这四个方面，新加坡与中国的治理，都可以提供一些相反的例证。这些例证当然不足以证明贤能政治在一般意义上优于选举民主，但贝淡宁的目标非常温和与谨慎，他只需要读者意识到选举民主存在一系列问题，而这些问题，尤其是第四个问题，对于中国这样的广土众民、民族宗教多元的大国来说，有可能是致命的。一旦读者能够接受这个前提，就可以跟着贝淡宁继续往下走，进入选择政治领导人的实质标准的探讨。

《贤能政治》第二章致力于对提拔政治领导人的恰当标准的探讨。在这部分内容中，贝淡宁对商业管理与公共管理中对于领导力（leadership）的探讨颇多征引。贝淡宁特别强调的是，领导力具有不同的社会与政治情境。他回顾了马克斯·韦伯在《以政治为业》中对于具有超凡魅力的（charismatic，"卡里斯玛型"）政治家的思考，韦伯强调政治家需要激情、责任感与分寸感，并受到"责任伦理"的引导。但是贝淡宁强调，韦伯所设想的这一类型的政治家，或许更适合战争或国内动乱的环境。贤能的标准需要考虑多种情境，在中国这样的以集体领导为特征的现代化的、基本和平的社会中，领袖的优秀品质可能更接近于"公务员"的特征。贝淡宁提出了三个方面的要求，并探讨了适宜的选拔机制：第一是较高的智商（IQ），需要具备分析能力和对不同学科与传统的了解。中国的科举制度在挑选较高智商的人才方面有突出的表现。第二是较高的情商（EQ），一流的学术人才往往不善于与人沟通，因此难以平衡方方面面的关系，而现代社会个人发声渠道的增多，导致沟通变得越来越重要。而在这方面，考试不是很好的测试方法，更可行的方式是考虑候选人过往的行政经历、年龄，贝淡宁也建议增加管理团队中女性的比例；第三是要具备美德（virtue），如果不具备美德，智商和情商突出的人往往对社会造成更大的危害。而评估一个人的美德需要更复杂的机制。贝淡宁考虑了排除有犯罪前科者、考虑自我牺牲表现、同级评估等不同的机制和方法。

或许因为最初写作的预设读者是不熟悉中国历史与政治体制的西方读者，贝淡宁对于中国实践的探讨限于对于哪些选拔机制适合哪些品质的探讨。但中国的政治实践中是怎么评价政治家的品质的呢？这是一个非常宏大的主题，但笔者认为存在一些比较便捷的研究切入点。中国自古以来就存在远比智商、情商与美德三分法更复杂也更精细的评价体系，尤其体现在政治领导人去世之后的谥号评定上。中国古代的《谥法表》给出了一系列评价性的关键字，偏正面的，有文、武、恭、明、钦、定、德、襄、宪、孝、康、穆等，偏负面的，有灵、炀、隐、悼、愍、荒、哀、幽、厉等。而当代中国对政治家的谥法虽然经过了话语的转换，但同样体现出了相当的复杂性，其中有马克思主义者、无产阶级革命家、无产阶级政治家/军事家、共产主义战士/共产党员、领导人等可以累加的称号，前面又可以附加"伟大的""杰出的""忠诚的""卓越的""优秀的"等形容词，在此基础上，可以对政治家具体负责的工作领域做出具体的评价，也可以附加一些特殊的评价——当然，就偏于负面的谥法而言，中国古代可能更为完备。中国历朝历代为前朝修的纪传体的官吏，一个重要的功能就是针对官员和有志于仕途的读书人，树立贤能的评价标准。智商、情商与美德的三分法可以将读者引入对政治家品德的研究，但一旦进入这个领域，这个三分法就无法将我们带到更远的地方，我们需要进入更为复杂和精细的"典范的政治学"（the politics of exemplar）。

不过，以上是中国的贤能政治研究者在贝淡宁的框架里可以进一步展开的工作。在原理层面，贝淡宁对马克斯·韦伯的回应，或许仍存在可推敲之处。在笔者看来，《以政治为业》讨论的并不仅仅是"卡里斯玛型"政治家所具备的品质，更关系到政治家之为政治家（而非行政官僚）的一般品质。贝淡宁将韦伯笔下的

"卡里斯玛型"政治家认定为适合战争或者国内动乱时期的类型，未必适合一个现代化的、基本和平的社会，后者或许更需要"公务员式"的领导。笔者首先对在战争与和平之间泾渭分明的二分有所保留。我们的时代拥有的是一种什么样的和平呢？德国总理默克尔在 2015 年面临着巨大的难民危机；法国总统马克龙（Emmanuel Macron）上台之后，法国因为频繁的恐怖主义袭击而启动的紧急状态还在持续；拉斯维加斯袭击血迹未干，美国总统特朗普（Donald Trump）面对的是一个枪支泛滥，民间随时都可能发生屠杀的社会；印度总理莫迪（Narendra Modi）时刻面对国内的民族宗教冲突和某些地区的分离主义运动；而伦敦市长萨迪克·汗（Sadiq Khan）干脆宣布，恐怖袭击是"大城市生活的一部分"。当代世界各个大国拥有的是一种充满紧急和例外状况的和平，一个没有能力应对各种紧急和例外状态的政治家，很难在现时代的大国中维系和平与发展的大局。其次无论是和平时期还是战争时期，政治事实上都很难被还原为一种纯粹的管理工作。经济的发展和社会的变迁不断改变着各个群体的力量对比，产生出种种不同的秩序想象和认同，哪怕一个政治家的使命仅仅是维持既有的秩序，他也需要密切关注社会中力量对比的变化，关注林林总总的离心力。政治家需要拥有区别于行政管理者的"政治素质"（这也是中国的党政体制内常用的一个关键词），要善于从政治的角度，而非工具主义的目标—手段眼光看问题，关注社会中政治力量的对比与政治领导权的状态。有这种政治思维的领导者未必就是"卡里斯玛型"的，但如果没有这种政治思维，他就很难称得上真正的政治家。这是我们在谈"贤能政治"而非"贤能行政"时候，有必要做出的区分。

在树立起"贤能"的标准之后，贝淡宁在第三章中回应了迈克尔·杨对 meritocracy 的三方面批评。应对关于贤能政治可能会造成腐败的批评，贝淡宁指出，选举民主不一定是遏制腐败的利器，只不过竞争性选举给了民众用选票把腐败分子赶下台的一种期待，但选举机制本身并不能保证再次选上来的领导人不腐败。竞争性选举给民众带来的这种期待减少了腐败对政治体制合法性造成的冲击，但在许多地方也弱化了真正治理腐败的动力。在尚贤制下，民众很难通过选举赶走腐败分子，因此腐败会直接冲击政权的正当性，但其结果是，政权为了自身的存续，也有更强的动机去反对腐败。贝淡宁不同意福山关于当代中国制度与古代都未能解决"坏皇帝"问题的判断，认为集体领导原则、任期限制、引入强制退休年龄等制度都有一定的作用，同时也存在一些独立的法律与政治机构，它们拥有正式的权力制衡和调查集体领导层的权力。除此之外，贝淡宁探讨了如何处理好政商关系以及官员工资与腐败关系这两个议题，其主旨在于说明，贤能政治解决腐败问题的制度空间尚未被穷尽。

应对杨提出的贤能政治可能造成僵化的问题，贝淡宁指出，政治尚贤制的先贤们本来就认为应当从更为宽泛的人才库中选拔人才。而在实践中，可以提升政治精英中代表不同社会阶层的精英比例。针对弱势群体，配额制是值得考虑的技术，从名牌大学的入学到政治人才的选拔，都有必要为弱势群体提供一定比例的配额，以便他们在政治体系中获得代表性。当然，治本的方法，是缩小贫富差距，防止社会出现剧烈分化。同时，贤能标准不能单一，应当具有一定的灵活性和弹性，在一个大国里，可以保留政策试验的空间，便于不同类型的人才脱颖而出。

应对杨质疑的合法性问题，贝淡宁结合中国的案例来进行回答，指出中国政府"已经成功地获得了很高程度的政治合法性"（第 121 页）。合法性的来源有三：民族主义、政绩与贤能。当然，贝淡宁的论述重在强调前二者的局限性：政府之外的社会群体可能会提出不同的对于国家利益的理解；政府在脱贫、经济发展和应对危机时的成功，恰恰可能会使得民众提出更高的期待和要求。因此，贝淡宁强调第三种合法性来源的重要性。贝淡宁引用史天健等人的政治文化调查指出，中国民众认可高水平政治家的领导，而且自 20 世纪 90 年代以来，中国人对儒家价值观的依赖与日俱增。

但是，贝淡宁承认纯粹的政治尚贤制存在一个问题：很难向体制外野心勃勃的与具有公共服务精神的人论证其合法性。这时候政府就要提升这些人的效能感，承认其所从事的工作和所取得的成就对社会具有重大贡献，这样政治权力上的落差，可以和平等的社会价值意识并行不悖。而这意味着，古典的"士农工商"的排序在当代并不是合适的话语，需要承认各行各业的人都有机会成为社会的楷模。但即便如此，政治领袖仍然可能拥有最高的社会地位。这时候，就需要想办法对各社会群体中充满政治热情的代表人物进行政治吸纳。贝淡宁指出："最终来说，唯一的方法是让所有民众支持政治尚贤。换句话说，民主或许是为尚贤制的合法性辩护的必要条件。"（第 131 页）

在第四章中，贝淡宁探讨了尚贤制的三种模式：投票模式、平行模式与垂直模式。投票模式的代表者是 J. S. 穆勒，他设计的投票模式的特点是赋予具有不同政治能力的人以不同的投票权，比如说，给大学毕业生或者要求更多理性的专业领域的成员两张或多张选票，但普通人也可以自愿参考开放的考试来获得额外的选票。但是，贝淡宁指出这一模式在当下已不可欲，因为在大众中挑选"理性选民"是"粗鲁而且不可靠的"（第140页）。第二种模式是水平模式，中央政府层面既有选举产生的机构，也有尚贤机构，既反映一人一票民主选举政治领袖的需要，又能反映挑选出具有超越平均水平的美德与能力的贤能领袖的需要，但是赋予贤能领袖更高的权力。贝淡宁探讨了孙中山的"考试院"、哈耶克的两院制和蒋庆的三院制设计，但他倾向于认为，人们一旦开始选举某些中央机构的领导人，就会希望他们拥有较高的权威，让未经选举产生的贤能机构高于民选机构，总是会遇到人们的合法性质疑。因此，平行模式的可能性也值得质疑。

在排除前两种模式之后，剩下的只有中国代表的"垂直模式"。贝淡宁对中国模式的概括是：基层民主，上层尚贤，在中层留出诸多进行试验的空间。政府层级越低，可以有更多的民主成分；层级越高，有更高的尚贤成分。当然，贝淡宁在此所说的"民主"不限于竞争性选举，民众参与公共协商，也被他视为基层民主的形式。中层的试验空间，不仅是治理大国所需，同时也有利于探索多元的贤能标准。贤能政治排除高层领导人的竞争性选举，但可以兼容诸如基层政府民主选举、非选举形式的政治参与协商、审议、透明度和公民复决投票等民主价值观和政治实践。

贝淡宁对中国这个"垂直模式"特征的讨论，重点在于人才的选拔方面。《贤能政治》对于人才的培养、锤炼、考验机制，相对来讲着墨较少。这当然并不意味着贝淡宁对其他几个方面缺乏意识。在《贤能政治》第一章对于新加坡的探讨中，贝淡宁就探讨了新加坡对于人才长达数十年的培训，而这种培训在多党竞争的条件下将很难实现，因为如果被培养的优秀人才获得政治权力的预期经常被选举周期打断的话，他们将很容易对政治生涯失去兴趣。（第23页）不过，《贤能政治》确实缺乏专章讨论人才的培养、锤炼和考验。在中国的政治体系中，一位顶尖大学的毕业生从进入体制成为公务员，到成为高级领导人，中间还隔着漫长的距离。他需要努力表现，进入组织部门的视野，成为重点培养和考察的对象；他会被放在不同类型的岗位上进行锻炼，以获得较为全面的政治经验；等他成了省一级的官员，他可能会辗转数省，从农业大省到工业大省，从内陆边疆到东南沿海，从民族地区到汉族为主的地区，以获得全面的履历和丰富的领导经验；他有时候会被置于风险较大的地区与岗位上，接受严峻的考验；他在重大政治事件

中的表现，也是组织部门关注所在。如果无法通过考验，他的政治生涯就面临着
止步不前乃至停摆的命运。这个培养、锤炼和考验的过程是如此漫长，以至于我
们非常难以看到 45 岁以下的省部级干部。像马克龙这样 39 岁成为法国总统、库
尔茨（Sebastian Kurz）31 岁成为奥地利总理的事例，在中国很难发生。要研究这
个培养、锤炼和考验政治人才的机制，当然需要研究组织部门的运作，但在此，
高级干部的任职履历可以提供一个很好的切入点，研究者可以从中发现一些规律
性的现象。《贤能政治》如果能够增加相关的内容，其所呈现出来的中国"垂直
模式"的图景将更为完整。

这个"垂直模式"在国际上具有多大的可推广性呢？贝淡宁对此有清醒的认
识：这个模式适合大国而非小国，因为小国很难开展基层政府层面的试验；这个
模式也不可能在政府变动频繁的选举民主制国家实行，因为民众很难放弃选票所
带来的心理满足，同时政府变动频繁也使得长时间的政策试验很难持续。最后，
也很难在一个没有贤能政治传统的国家实行贤能政治。推行竞争性选举本身并不
困难，但是建立支撑贤能政治的官僚和政治机构是困难的，没有历史的传承，很
难无中生有。

行文至此，我们大致可以这样理解贝淡宁对于选举民主和贤能政治的判断：
选举民主的制度框架易于建立，而且在很多时候无须产生良好的治理结果，也能
在一个低水平层面自我维系，民众尽管会对治理结果不满，但很难想象别的制度
可能性；但贤能政治必须追求结果上的良治，没有良治，就很难说明在位者的贤
良品质，从而瓦解"贤能政治"的自我认定。由此可以进一步引申出，既然"良
治"是不可或缺的，贤能政治就必须关注通向良制的各种国家基本制度和基础能
力，因为"良治"需要的不仅是"贤能"的领导者，更需要一系列基础制度作为
保障。在这里，贝淡宁将遭遇到重视国家基础能力研究的王绍光——从两位学者
的理论逻辑来看，在加强国家基础能力这一点上，他们的意见不会有明显的分歧。

而另一个值得我们特别重视的表述，是贝淡宁对于尚贤制与民主关系的这一
判断："最终来说，唯一的方法是让所有民众支持政治尚贤。换句话说，民主或许
是为尚贤制的合法性辩护的必要条件。"（第 131 页）当然，贝淡宁在这里说的
"民主"，与竞争性选举没有必然关系，它指向的是民众自下而上的同意（con-
sent）。一个"尚贤制"政体，在建立自身的合法性的时候，可能恰恰难以以"当
政者皆贤能"标榜，因为这样可能就会让体制外那些有公共服务抱负与热情的人

产生失落感。到最后，尚贤制的运作，仍然离不开"民主"的话语。在这个环节，贝淡宁的路径与王绍光的路径再次交叉。但这回，他们的观点是否会完全一致呢？

二　"贤能政治"如何获得民众同意

如何能够始终获得民众对"贤能政治"的同意？这一工程需要两个环节：第一是在一个具有不同衡量标准的世界里，让民众能够认同"贤能政治"的规范标准；第二是政治家积极进取，产生符合"贤能政治"规范标准的良治。在一个民众缺乏这种"高级法"观念的国度，政治家再努力，也未必能够确立起自己领导模式的正当性。而这意味着，公共教育需要倡导"尚贤"，以便维持这样一种民意：政治家是一个需要特殊才干的职业，需要培养和锻炼，尽管获得培养和锻炼的机会具有开放性，但最终能够进入到这一职业路途的，只可能是少数人；但即便是未能进入这一职业路途，普通人在社会基层，在各行各业，都能够参与公共事务，并有可能做出卓越的成就，得到国家的承认和表彰。在历史上，儒家的教育完成了前半部分，但其坚持"士农工商"的序列，因而未能完成后半部分。是20世纪中国革命带来的变迁，完成了对这两个方面的同时覆盖。但20世纪革命产生的新传统，是否属于一种新的"贤能政治"的传统呢？

如果我们将眼光投向20世纪五六十年代，我们能够在主流的政治话语中看到这样一幅图景：一方面，舆论强调党员干部发挥"先锋队"作用，在社会生活中承担更大的责任，在各个方面做普通群众的榜样，强调将"先进分子"提拔到更重要的位置上——显然，这里的选拔机制和竞选式的民主制没有什么关系；另一方面，在荣典的授予上，非常强调一线的劳动者。我们耳熟能详的劳动模范几乎都是来自一线：李瑞环从北京第三建筑公司的木工开始做起，在人民大会堂的建设中立功，被评为全国劳模；北京淘粪工人时传祥获得"全国劳动模范"称号，受到国家主席刘少奇的接见。刘少奇握着时传祥的手说："你掏大粪是人民勤务员，我当主席也是人民勤务员，这只是革命分工不同。"贝淡宁在分析贤能政治的合法性的时候提到，政治权力上的落差可以和平等的社会价值意识并行不悖，以激励其他行业的有抱负者（第130页），要说对其他行业的价值激励，我们恐怕很难找到比刘少奇与时传祥的对话更好的范例。

当时的中国与今日的差异之一，是不存在"体制外"与"体制内"的清晰二分。获得荣典的一线劳动者，也经常能获得政治提拔，走上更大的政治舞台。李瑞环在 20 世纪 70 年代已经成为北京市有关部门的领导干部，后来成为第十四届中共中央政治局常委、第九届全国政协主席。这些选拔人才的实践塑造和加固了一种社会信念：平凡的职业是可以做出重要贡献的，甚至有可能通过"又红又专"的表现，从其他职业，转到领导岗位上，接受组织的锻炼和培养。

但在《贤能政治》一书看来，这种模式可以被称为"贤能政治"吗？当贝淡宁谈"贤能政治"时，是将其与改革开放之后的实践关联在一起，而他重点关注的是诸如大量高校毕业生走上领导岗位这样的事例，这就隐含地表示了对之前的历史实践的态度。"贤能"是"又红又专"的意思吗？贝淡宁看来并不会这样认为。要理解这一态度，或许就要回到上文对 meritocracy 英文原意的考证——不管 merit 这个词从逻辑上可以被多么宽泛地解释，meritocracy 始终包含着对绩效的要求。一个发明了更先进的淘粪机械的工程师，将比时传祥有更大的绩效贡献，因而也符合 meritocracy 的提拔要求。而时传祥尽管具有很高的觉悟，根据革命的道德，称得上"贤"，但其只有在一个有限的范围内获得突出的绩效贡献，而从党与国家对时传祥的宣传来看，他所表现出来的能干苦干精神，最终还是为了说明他的"贤"。因此，借助 Susan Shirk 的概念来说，对时传祥授予荣典，体现出的是"德举"（virtuocracy）的精神，是对德性的弘扬和奖励，但不是西方意义上的 meritocracy。①

西方受众熟悉的 meritocracy 强调的是，总体来说要从受过更高教育的人，而不是从工地上的建筑工人中选择政治人才；只不过可以同时补充，教育需要向各阶层开放，甚至需要给弱势群体保留一部分配额。相比于这个做法，当年从普通工人农民中选拔干部的做法，似乎显得过于重视思想觉悟，而忽略绩效。由此，我们可以触及汉语之中"贤"与"能"两字之间的张力。我们面对的两大传统——儒家传统与 20 世纪革命与建设中产生的社会主义新传统，都是重视"贤能"的，也都没有接受将竞争性选举作为高层领导人的主要产生方式。在这两大传统之中，20 世纪革命产生的新传统背后有一个很强的对社会平等的承诺。与此同时，中国又面临着工业化的迫切任务。推进社会平等与发展生产力之间存在着

---

① 李放春教授建议将 virtuocracy 翻译成"德举"而非"德治"，因其重点在于"举"，而不在"治"。参见李放春《共产党革命、中国文明与人民民主德治》，《开放时代》2017 年第 1 期。

一种紧张关系。发展生产力需要讲绩效，而讲绩效有可能拉大社会差距。"又红又专"是对这个紧张关系的回应，要求干部群众在这两方面之间保持一种平衡。但从儒家的角度来看，即便是这样一个努力维持平衡的姿态，也过于忽视绩效，忽视受过更长时间学校教育的知识分子的作用。

当中国转向"以经济建设为中心"之后，对绩效的关注不断加大，劳模的评选逐渐向管理人员和专业技术人员倾斜，以至于倾斜过度，近年来不得不重新强调要有一定比例的基层一线劳动者。现在，我们看到了一个更重学历与书本知识，更符合西方受众熟悉的 meritocracy 定义的社会。但这是不是意味着 20 世纪新传统已经变成了过去？显然不是这样。在两个时期，中国的基本政治制度的大框架是连续的。而联系到贝淡宁说的"民主或许是为尚贤制的合法性辩护的必要条件"，可以思考的是，这个新传统可以在哪些方面增强已有的尚贤制的民主合法性。

最大的资源，可能还是从革命年代产生的"群众路线"。"群众路线"倡导"从群众中来，到群众中去"，这不是为了政治精英树立亲民形象的"亲民路线"。"群众路线"反对的是少数精英"先知先觉"，所以可以自上而下地指导"后知后觉"与"不知不觉"者的看法，而是认为对真理的认识是一个被集体的实践不断修正的过程，党员干部只有深入群众，保持与群众的血肉联系，才能够克服自己的教条主义与经验主义，形成更为符合实际的认识，而这对于制定正确的路线、方针、政策是非常重要的。就此而言，"群众路线"是一条思想路线。与此同时，它也是一条组织路线，要求在用人时，重视从基层和一线提拔干部，重视那些能与群众打成一片的干部，同时在锻炼干部时，也重视群众工作、调查研究的重要性。

要践行"群众路线"，还需要"找到群众"，这不仅需要干部往下走，同时也在一定程度上要求基层社会的某种组织化，从而在决策者、执行者与基层社会之间，建立起无数的毛细血管，这有助于决策者迅速听到基层社会的政策诉求，并做出及时的回应。而一个具有很强民意回应性的政治体制，无疑更能获得普通民众的支持。"群众路线"并不符合熊彼特意义上的"民主"定义，但完全合乎王绍光强调的实质主义路向的"民主"。干部往下走到群众之中，这在王绍光来看，是一种"逆向参与"。①

---

① 王绍光：《中国·政道》，中国人民大学出版社 2014 年版，第 10—14 页。

在《贤能政治》中，贝淡宁将新加坡与中国并列为"贤能政治"的范例。但《贤能政治》未能呈现的是，两国在"群众路线"的实践上有很多的共同性。新加坡的人民行动党在创党之后，汲取了中共的"群众路线"经验，在政党与政府两条线上，都注意保持顺畅双向沟通，既重视自上而下解释政府政策与政治决策，又重视听取民众自下而上的批评与建议，并推动基层的组织与动员。人民行动党推动建设的基层组织网络，核心就是人民协会，其中公民咨询委员会居于顶端，社区俱乐部管委会、居委会、邻里委员会、社区发展理事会等为中层组织，而妇女执委会、乐龄执委会、马来族执委会、印族执委会、青年执委会、民防执委会等组织为基层组织。执政党及政府与群众之间，形成无数毛细血管，而大量社会精英就被吸纳到这些毛细血管之中，承担其某些公共职能。这使得新加坡的政策体现出对基层民众意见较大的回应性，同时削弱了扩大选举竞争性的诉求。这正是王绍光与欧树军最近出版的《小邦大治：新加坡的国家基本制度建设》向读者讲述的故事。[①]

"群众路线"源于中国，但在新加坡落地生根，开花结果，乃至反过来对其输出地产生重要的借鉴价值。这对"贤能政治"的叙事来说意味着什么？在笔者看来，在分析"贤能政治"的时候，仅仅强调儒家传统是不够的，还需要同时归纳列宁主义政党组织模式的传入及其"中国化"。中共拥有比苏共更艰难的革命历程，由此也发展出了更为显著的"群众路线"传统。高度精英主义的苏共最终未能保存苏联这个国家，但重视"群众路线"的中共与新加坡人民行动党至今还在稳固地领导着各自的国家。如果当代的"贤能政治"的合法性最终还是要依赖于人民的同意，"贤能政治"运作本身离不开"民主"的话语，那么在提出"贤能政治"这个新关键词的同时，我们也许还是要回到"民主"这个老关键词，尤其是回到一种更为实质主义的对于"民主"的理解——尽管这一理解的平等主义导向与"贤能政治"观念隐含的某些等级制预设是存在紧张的，但逻辑上看似矛盾的东西，在现实当中未必就不能出现交汇点。在 20 世纪的"群众路线"实践中，先锋政党深入群众的"逆向参与"，使其领导权能够不断获得民意的支持，提供了竞争性选举之外的另一种可能性。这一经验，无论对于"贤能政治"还是对于"民主"，都是重要的知识资源，值得今人认真总结和接续。

---

① 欧树军、王绍光：《小邦大治：新加坡的国家基本制度建设》，社科文献出版社 2017 年版。

三　余论

尽管后冷战时期是一个政治想象贫困化的时期，但种种迹象都在表明，我们正在进入国际体系大变动的时代。随着全球经济格局的改变，冷战之后的单极霸权体系日益难以为继。1989 年宣称"历史终结"的福山，近年来重新开始讨论"政治衰败"问题，甚至是对美国的政治衰败感到忧心忡忡。[①] 与此同时，从俄罗斯、土耳其到波兰、匈牙利，许多国家都在偏离美国多年来倡导的政治发展方向。尽管这些变迁并不总是正面的，但一些新的想象空间正在打开。

贝淡宁的《贤能政治》正是在这样一个新的历史时刻产生的思想成果。这本书面对西方的读者，大胆地提出选举民主并不是唯一的政治发展目标选项，贤能政治可以成为新的政治发展目标。《贤能政治》阐述了贤能政治的评价标准，探讨了制度层面的挑战与困难，并提炼出了贤能政治的不同模式。《贤能政治》是一个对古典中国的贤能政治遗产、20 世纪平等革命遗产与当代主流的竞争性选举政体经验进行综合的方案，而不是向古典的简单的回归。贝淡宁极具现实感地意识到，在当代社会的语境中延续贤能政治，其合法性论证很难直接依赖于"天道""天命"这样的古典概念。当代社会的贤能政治，其合法性论证最终还是无法离开民意的支持。

而正是在这里，我们可以看到，贝淡宁提出新的政治关键词的路向，恰恰可以从本文开头所提到的重新解释已有的关键词这一路向上获得有力的响应，这一路向凸显出"民主"在"竞争性选举"之外的其他含义，探索提升政治参与度与政策回应性的不同方案。20 世纪的平等革命产生了中共的"群众路线"，影响到新加坡人民行动党的执政风格。将新加坡与中国作为"贤能政治"加以探讨的同时，我们也许可以进一步思考连接两个国家的 20 世纪革命遗产。这种遗产的不同强度，将会产生不同的"贤能政治"可能性，但这同时也是"民主政治"的可能性。历史尚未终结，未来并无定数，我们需要保持开放的心态，朝向一个新的时代。

---

① Francis Fukuyama, "America in Decay: The Sources of Political Dysfunction", *Foreign Affairs* 93 (September/October 2014), pp. 5 – 26.

"机会平等"鸿沟与共同体的瓦解

——评帕特南《我们的孩子》

魏南枝[*]

　　"上帝面前人人平等"是美国立国的根本信念,这种平等并非结果平等,而是机会平等。"在机会平等之下,人人皆可通过自我奋斗而获得成功,追求个人自由和物质财富",这是美国梦的灵魂;也是时至今日,处于政治极化、贫富悬殊、社会撕裂和文化对立等多重矛盾之中的美国人仍持有的普遍共识。然而,当机会平等的现实土壤日益流失,上述信念是否还能够继续发挥美国成其为美国的共识作用?

　　继《手拉手:西方七国峰会》《独自打保龄:美国社会资本的衰减》《使民主转起来》等著作之后,美国著名政治学家罗伯特·帕特南的新著《Our Kids：The American Dream in Crisis》对上述问题进行了回答。他和他的团队通过调研美国各地 107 位年轻人及其家庭的故事,从具体的案例和严谨的数据入手,从家庭结构、父母教育方式、学校教育和邻里社区等方面展现了贫富阶级之间的"剪刀差",揭示了美国在过去半个世纪以来日益扩大的机会平等鸿沟。

　　他的研究不仅从收入、财富和社会资本等维度打破了美国"所有人生而平等"的幻象,揭示了"我们的孩子"正处于"生而不平等"之中的客观事实,证明美国人对"机会平等"的信仰正在逐渐失去现实基础;更重要的是,他发现个人主义盛行破坏了你中有我、我中有你的社群关系,深陷社会分化和阶级固化之中的美国社会共同体正在趋于瓦解,随着"我们的孩子"因日益森严的阶级隔离裂变为一家一户的子女,日益赢者通吃和两极分化的美国社会正在"走向两个美国"。

　　* 魏南枝,中国社会科学院美国研究所社会文化研究室副主任、副研究员,法国社会科学高等研究院政治学博士,研究专长为比较政治学和美国社会问题。

本书中文版《我们的孩子》由田雷和宋昕翻译，由中国政法大学出版社于 2017 年出版。

如帕特南所言，在美国文化中，"社会阶级"向来是一个充满争议的模糊语词。长期以来，美国历史和政治叙述中的核心矛盾是种族矛盾，这有利于将政治、经济、社会和文化等各领域的矛盾转嫁到种族层面，避免采用阶级视角来解释美国各类矛盾。但是，本书旨在带领读者从阶级角度来审视为何作者"记忆中的故土已然消逝"这一命题，提供了对"美国梦的危机"的实证解读与独到见解。

由于作者选取了 20 世纪 50 年代以来的美国社会不平等性作为研究对象，并且主要着墨于分析无处不在的社会不平等所造成的阶级固化与阶级隔离现象，美国机会平等是否当然是美国人的共识并且具有普遍性权利的性质、当前美国社会不平等性加剧背后的政治与经济根源等问题，所以他所提出的一些解决路径在现有美国政治格局下难以实现，似有隔靴搔痒之嫌。

《我们的孩子》所揭示的机会不平等与美国孩子的"两极化"未来，与近期美国布鲁金斯学会出版的《囤积美国梦》（*Dream Hoarders*）所揭露的美国中上阶层的各种"囤积机遇"现象有相得益彰之感，从不同侧面呼吁：各种形式的不平等或许不可避免，但是，无限度的机会不平等必然减弱美国经济社会的竞争性及发展活力，降低美国民主政体的正当性，也极有可能从"赢者通吃"格局滑向分裂加剧之后的"多输"格局。

一　机会平等：权利还是特权？

"在美国，每个人都应当有获得成功的平等机会"，这是绝大多数美国人都同意的原则。尽管帕特南认为自美利坚民族诞生那一刻起，美国人始终关注机会平等和社会流动问题，但对这两个问题的关注并不意味着历史上和今天所有在美国土地上生活的各种族的人们都当然享有机会平等。

美利坚这块土地自殖民地时期就充满了种族之间和宗教之间的不宽容和歧视。虽然目前欧洲裔白人仍占美国总人口的半数，但美国的人口结构正在经历"从几乎是白色婴儿潮文化到全球化多民族国家的转型"。即使欧洲裔白人内部也存在英裔、德裔、爱尔兰人、意大利人、犹太人等的区分，其中爱尔兰人、意大利人、（东欧）犹太人等都曾经遭遇多种形式的歧视与排斥；更何况还有亚裔、非洲裔、拉美裔等有色人种所受到的各种制度性歧视，例如美国立国之初宪法的"五分之三"条款、南北战争之后的"黑人法典"、19世纪末颁布的《排华法案》等。

托马斯·索威尔在《美国种族简史》（*Ethnic America：A History*）中详细介绍了美国历史上不同时期来自不同国家和地区的移民所遭受的种族歧视及其为争取平等权利所进行的斗争，他认为，多元化并非美国人一开始就抱有的理想，而是互不相容所造成的惨重牺牲迫使彼此相安共处。因此，美利坚民族是一个由复杂种族和个人所组成的集合体，使其成为多样性和整体性的混合，也使得对美国的国家认同成为美国文化所涵盖的各种亚文化群体之间持续冲撞、协商与妥协的结果。①

这种多元化与多样性体现在文化层面，如科林·伍达德在其《美国民族：北美十一个竞争区域文化的历史》（*American Nations：A History of the Eleven Rival Regional Cultures of North America*）所分析的，美国的文化构成可以分为从政治到社会价值观等方面存在差异性和竞争性的11个区域：就历史渊源而言，东北地区的"扬基国"（Yankeedom）的移民主要为18世纪前后从英国迁来的清教徒，以构建一个"纯净的基督教乐土"为由大量屠杀印第安人；而同期东部马里兰、弗吉尼亚地区的"沿海区"（Tidewater）的移民主要是英国流亡贵族，南部地区的"南方腹地"（Deep South）的移民主要是为扩大土地和生产而从西印度群岛迁来的英国奴隶主，因此这两个地区发展以非洲奴隶为支柱的种植业。美国建国之前就存在的内部区域文化差异，既是后来南北战争爆发和今天美国政治版图"红美国"和"蓝美国"对决的重要原因，也充分说明：一方面，机会平等信条最初并不为所有早期欧洲裔殖民者所认同；另一方面，追求机会平等是欧洲裔白人的特权，当时的印第安人和非洲奴隶并没有信奉机会平等的资格。

那么，如何将交汇在此的各种文化进行融合，以形成对美利坚民族和美利坚合众国的认同，使其具有整体性？帕特南认为源于"扬基精神"的机会平等信念发挥了这种作用，无论是美国没有经历过封建社会的历史特殊性、美国大众民主的兴起、美国数次宗教大觉醒运动，还是美国独有的自然与地理优势，例如广袤的边疆地带、丰富的自然资源、北美大陆两侧漫长的海岸线和优良的港口等，都

---

① Klaus Rieser, Michael Fuchs & Michael Phillips (eds.), *Configuring America：Iconic Figures, Visuality, and the American Identity*, Bristol, GB：Intellect, 2013, p. 5.

给了来自世界各地的新移民实现创业梦想的现实可能性，也使得美国的立国信念或者认同政治具有深刻而多元的社会基础。

然而，帕特南的判断并没有考虑到迈克尔·曼在《民主的阴暗面：解释种族清洗》一书中的观点。曼认为谋杀性种族清洗往往是现代民族民主国家（nationalist democratic state）的政治民主化潮流的结果，例如托马斯·杰斐逊（被视为启蒙理性的化身）和西奥多·罗斯福两位美国总统都认为对印第安人的根除是有益或正当的。现代性核心的冲突创生了民主化的阴暗面，而这种冲突在美国建国早期历史上体现为，一方面在理想层面要求不同种族对以机会平等为代表的美国立国信念具有统一性的认同，另一方面在实践层面将"人民主权"或"公民资格"仅限于在种族上具有相对同质性的欧洲裔白人男性，而对异质种族的人则采用种族清洗或各种排斥性制度安排。所以，在强制推动对机会平等信条等的认同并以此为基础形成美利坚民族的同时，也在撕裂着原住民、非洲奴隶和异质性种族移民所具有的旧群体和固有文化特质。

曼的分析破除了美国现代民族民主国家的神话，今天美国相对自由、宽容和平等的社会，特别是多元文化主义在 20 世纪 70 年代以来成为新的政治正确，都是以美国民主的这段阴暗历史为前提。并且，这段历史并未真正成为历史，虽然种族清洗早已消失、奴隶制已经废除、制度性的种族隔离不再继续，但各种形式的种族歧视、对"美国人民"的同质性与多元化两种诉求的矛盾等始终存在，也使得上述"机会平等"信条这层面纱无力掩盖上述各种矛盾。

这段历史和各种矛盾所积累的重大历史积怨，就会成为各种冲突加剧的"火山口"，也是帕特南所焦虑的"我们的孩子"正在面临壁垒越来越森严的阶级隔离的深刻历史性原因所在：欧洲裔白人，特别是英裔白人，在美国是一个特权阶级，他们通过使用种族清洗、奴隶制、种族隔离和种族歧视等工具来对由其他种族所构成的非特权阶级行使其特权；后来逐渐演化为美国白人相对于有色人种所具有的特权等。表面上看来是种族问题，实质上是以种族为区隔标签的阶级问题，只不过，到了帕特南所分析的 21 世纪的美国，这种区隔标签从以种族为主变为了以收入、财富和社会资本等衡量的社会阶级为主，同一阶级内的种族差距在缩小，而同一种族内的阶级差距却在扩大。

那么，为什么帕特南会认为 20 世纪 50 年代的俄亥俄州克林顿港是一个充满机会平等的市镇？因为两次世界大战和发生于期间的经济大萧条将镀金时代所形成的经济金字塔夷为平地，两次世界大战使美国大发战争财并迅速走向全面经济复苏，罗斯福新政和约翰逊的"伟大社会"建设等使得1945—1975年的美国实现了史无前例的机会平等。如帕特南所说，克林顿港位于传统工业区俄亥俄州，20世纪五六十年代的克林顿港经济繁荣，是以制造业为基础的，当时美国的实体经济提供了丰富稳定的长期劳动合同的就业机会，并且工会组织有力，涌现了大量过上中产生活的工人阶级。在那个时代，制造业是美国中产阶级赖以生存的根基，20世纪60年代制造业吸纳了28%的美国工人。从20世纪50年代到70年代，美国工人阶级与当时世界其他国家的工人阶级相比，其富裕程度最高、经济安全感最强，因此社区共同体发展良好，不同种族的青少年大都得以享有宽广和深厚的社区支持。

这一建立在相对社会平等性之上的经济繁荣周期，不仅给白人工人阶级，也给以黑人为代表的有色人种向上流动提供了机会，例如帕特南的两个黑人同学，杰西和谢丽尔，尽管深受种族主义的困扰，仍然相对轻松地取得了人生的成功。此外，民权运动等从制度上提升了以黑人为代表的有色人种的政治地位，使得以联邦最高法院首位黑人大法官瑟古德·马歇尔等为代表的一部分有色人种开始跻身社会高层，改变了美国建国以来以种族为区隔标签的历史。而帕特南和他的同学们就是在这个社会平等周期中度过童年和青壮年，成长于当时绝对与相对社会流动性都取得超凡表现的乐土——20世纪50年代的克林顿港。但是好景不长，这一社会平等周期结束于20世纪70年代，与此同时，美国社会的区隔标签变化所产生的各种效应随着贫富悬殊扩大而日益凸显。

为什么会发生这种区隔标签的变化？因为在长达一百多年时间里，遭遇各种排斥或歧视的人们使用美国的立国信念，即机会平等信条来进行公民权抗争；并且，这种追求平等公民身份的社会运动与美国的政党政治结合在一起，就转化为巨大的政治力量。① 也因为美国的经济发展客观上需要移民的进入，在美国历史上曾经长期存在的排斥性或歧视性的制度，不利于有色人种和部分欧洲白人移民（主要指来自南欧和东欧的移民）迅速融入美国主流文化和资本主义生产链条之中。从镀金时代、进步时代、两次世界大战直到20世纪60年代民权运动，随着

---

① Emmanuelle Avril & Johann N. Neem, *Democracy, Participation and Contestation：Civil Society, Governance and the Future of Liberal Democracy*, New York：Routledge, 2015, pp. 67–92.

覆盖各种族的公民普选权的实现，随着持续近 60 年的平等化趋势在 20 世纪 70 年代的逆转，这个区隔标签自然而然发生了变化。

然而，这种改变不意味着种族区隔的结束。民权运动至今，虽然相对于 20 世纪 50 年代已经取得长足进步，但是美国的种族和性别歧视在不同程度和不同领域仍然存在。更重要的是，如帕特南所发现的，孩子们的阶级出身（class origins）所产生的机会不平等已经超越种族和性别因素。20 世纪末以来因社会阶级区隔所形成的阶级隔离，正在冲击美国的机会平等信条所赖以存在的基础，经济贫困、家庭破碎、邻里淡漠以及社会组织涣散等，有力地决定了社会经济地位的代际延续，帕特南悲观地认为"美国梦已经破碎"。

综上可知，美国人"应当享有机会平等"理想背后，长期存在着谁可以享有机会平等和具有普遍意义的机会平等存在于哪些历史阶段的现实鸿沟。回顾二百多年来的美国史，这种理想与现实之间的差异，决定了机会平等往往不是普遍权利，而是一种被赋予了"成功源自个人努力"幻象的特权；也决定了相对较好的社会流动性往往不是常态，而是基于特定历史时期以及美国的自然资源、地理条件等个别情况。

二　共同体的瓦解：阶级、种族与"两个美国"

作为第二次世界大战后主导世界秩序的最重要政治体，20 世纪中后叶的美国无疑具有诸多支撑其霸权地位的要素，也创造了前所未有的经济繁荣进而改善了美国国内的经济社会平等性。"社会经济壁垒处在一个多世纪以来的历史最低点"，让帕特南这代美国人，尽管存在严重的种族歧视和女性的被边缘化，但不同阶层、种族和性别的美国人大都有机会向上流动并走向成功。这既使"美国梦"对全世界各国优秀人才具有强大的吸引力，又使美国得以占据道义高点并将美国梦和自由市场等作为"普世价值"向外推广。

但是，这种社会平等周期下的美国梦随着 20 世纪 70 年代和 80 年代美国的金融扩张和新自由主义占据主导而出现转折，美国经济结构发生了深刻变化：金融资本对工业资本的支配地位、资本全球性流动带来的产业空心化、新技术革命带来的高竞争性改造、有组织的劳工力量的瓦解和收入分配严重向资本倾斜等。

帕特南笔下的乐土——克林顿港位于美国著名的"铁锈地带"——昔日的美

国工业心脏，如今已陷入衰落。制造业的衰落导致工人阶级崩溃，与此同时，涌入了一批以律师、商人等为代表的新上层阶级将卡托巴湖滨地区建成富人区。于是，克林顿港以贫富为标准被划分为两个世界，20世纪五六十年代所建立起来的家庭和社区纽带逐渐瓦解了，社区共同体的社会规范也日复一日地受到侵蚀。种族区隔有所改善但仍然存在，阶级区隔则成为更重要的歧视来源。尽管20世纪50年代的美国青少年所享受的物质条件大都逊于今天，但是他们那代人享受到宽广、深厚和跨社会阶级的社区支持，这种社会资本是富有的。较之于20世纪50年代，今天的美国上层阶级孩子享受着更多特权，而穷孩子身处当年无法想象的焦虑、孤独和失去希望的恶劣境地。"我们的孩子"这一社会理念所赖以存在的经济基础和社会基础都不复存在，取而代之的是"富人（有产阶级）的孩子"与"穷人（无产阶级）的孩子"之间的泾渭分明。

帕特南的研究发现，这样的阶级区隔不局限于"铁锈地带"的克林顿港，从俄勒冈州的本德镇到亚特兰大，从加利福尼亚州的橘子郡到费城……成为今天美国社会的常态。经济全球化和美国国内经济结构变化逐渐"拉平"各种族中低层民众的就业机会、收入水平与财富状况。① 当然，各族裔中低层劳动者被经济全球化力量"平等化"是一个渐进的过程，早在20世纪六七十年代黑人中下阶层就逐渐被美国就业市场所排斥，到21世纪白人工人阶级才面临这种困境。"富—穷"阶级区隔替代"白人—有色人种"种族区隔成为最重要的区隔标签，意味着美国的部分白人工人阶级已经不再因为种族因素而享有特权。白人工人阶级大都恪守盎格鲁—新教文化传统，相信自由市场能够维护辛勤工作良好公民的利益，但是他们越来越被排除在就业市场之外，还面临来自黑人、新移民、难民等的"插队"，这无疑冲击着他们长久以来对机会平等原则的信仰。②

因此，如帕特南所言，种族、阶级和性别会在何种程度上塑造人生机遇，这三种要素之间的权力途径已经发生了重构。财富迅速向少部分人积聚，超级富豪与整个美国社会之间的收入鸿沟等，导致美国社会结构的深刻变化：从家庭数量分析，美国中产阶级家庭的比重从1971年的61%萎缩为2015年的略低于50%，

① Bernadette D. Proctor, Jessica L. Semega & Melissa A. Kollar, *Income and Poverty in the United States*：2015, Census Bureau of United States, Sept. 2016.

② Arlie Russell Hochschild, *Strangers in Their Own Land*：*Anger and Mourning on the American Right*, New York：New Press, 2016, pp. 131 – 141.

同期其收入占比更是从 62% 降至 43%，已经不再占据社会经济结构的主体，美国社会有从橄榄型经济结构向沙漏型经济结构发展的趋势。①

这种趋势之下的美国社会的阶级区隔变得日益凸显，个人主义盛行之下的新的"两阶家庭结构"模式的产生、单亲家庭等杂乱多变家庭模式的泛滥、社区互助衰减等，导致个人越来越彼此疏离和原子化。随着美国人逐渐放弃了养育下一代的集体责任，无论贫富各地社区的社会关系网都在急剧衰败，越来越依赖个人关系网即父母的社会资本，导致贫穷的孩子因为缺乏家庭和社区的保护而越来越脆弱，越来越难以通过个人奋斗改变命运。此外，对于"我们的孩子"而言，美国的教育不再是促进社会平等的重要场所，而是导致社会不平等的中介因素，从孩子们的受教育水平、朋友网络和其他社会资本等方面扩大阶级差异，对美国整体的阶级隔离恶化发挥了助纣为虐的作用。

如果说之前造成种族隔离的是法律，现在就是金钱。黑人与拉美裔等的社会经济地位原本就远低于美国社会平均水平，虽然少量有色人种通过奋斗实现了向上流动，但大量黑人和拉美裔依然被经济鸿沟和监禁率的种族不平等阻隔在美国主流社会之外。即使平均收入水平高于欧洲裔白人的亚裔，其种族内部的贫富差距远大于欧洲裔白人，也说明亚裔内部的阶级和收入差异比后者严重。根据美国经济政策研究所（Economic Policy Institute）的最新报告，在美国劳工薪资 30 多年来停滞不变的同时，非裔和欧洲裔白人劳工的薪资自 1979 年以来差距最大。黑人社区本身出现基于经济撕裂而两极分化加剧的情况，以贫穷黑人社区为代表的有色人种穷人区与白人区本种族的富人和中产阶级从居住到教育等都形成越来越森严的阶层隔离是不争的事实，阶层隔离与种族隔离并存的格局，破坏了"我们的孩子"曾经可以依靠的种族基础。例如帕特南认为曾经的"黑人麦加"——亚特兰大市已经日渐分裂为三个城市：一个属于富裕的白人，一个属于富裕的黑人，还有一个属于贫穷的黑人。

21 世纪的美国，对某个种族的歧视属于绝对的政治不正确，但对穷人的歧视算不上政治不正确，政治不正确的种族歧视掩盖了社会分化的贫富差别所导致的一系列问题，也使得阶级隔离往往被种族隔离的外衣所掩盖。这种阶层隔离和阶

---

① Rakesh Kochhar, Richard Fry & Molly Rohal, *The American Middle Class is Losing Ground*, http://www. pewsocialtrends. org/files/2015/12/2015 – 12 – 09_ middle – class_ FINAL – report. pdf.

层歧视与美国批判"贫穷文化"传统是一致的，因为美国梦赋予"机会平等"以绝对的道德至上性与政治正确性，强调"勤奋劳动"对形成贫富差距和阶层差异的决定性影响。反过来，美国梦对于穷人的定性是：你贫穷，是因为你没有辛勤工作，所以对自己的不幸应当自行承担责任，并以此证明精英地位的正当性。通过强调机会平等，美国的主流意识形态一直在努力淡化阶级意识，而帕特南的《我们的孩子》一书突出了阶级意识。

对于贫穷的有色人种而言，贫穷和种族歧视可以说是互为因果，形成一个难破解的恶性循环；对于贫穷的白人而言，他们因自视越来越被边缘化而愤怒，也正在用他们的方式寻求"变革"。这些恶性循环和愤怒情绪导致曾经的社会粘合剂——机会平等的根基在流失，社会流动看起来注定要陷入停顿，社会断裂正在持续恶化，美国的身份认同进一步陷入分裂之中。

身份认同分裂要么以盎格鲁—新教文化认同和多元文化认同冲突为代表，以某种"文化内战"的形式体现出来；要么以白人至上主义与"黑命贵"冲突为代表，以种族冲突的形式体现出来。二者都在发挥类似的作用，即掩盖事实上的经济社会不平等之下的阶级矛盾。帕特南分析的积极意义在于，强调家庭、社区和学校等都不过是中介变量，根源在于经济困境——既是美国贫穷有色人种群体和社会其他阶层对立加剧的缘由，也是美国遭遇社会排斥的白人工人阶级越来越不满于"精英—草根"对立的原因。

表面的文化或种族冲突，已经不能掩盖美国的社会分化和阶级固化。个人主义和资本与生俱来的谋求利润最大化的短视效应等，使得以儿童贫困率等为代表的各种社会问题不仅威胁着美国经济与社会的可持续发展，而且加剧了美国的政治不平等性和代际之间的不平等性，这必然破坏美国民主和政治稳定。民主体系本身是一个建立在妥协基础上的政治制度，如果对立严重，立法、行政效率都会大幅下降，这恰恰是美国的现状。如哈维所说，福特主义—凯恩斯主义的垮台意味着民族国家向金融资本交权，金融实力和国家权力之间的微妙平衡被打破了。[1]

缩小阶级鸿沟，将"两个美国"再度建成"一个美国"，是克服当前各种美国病的必由之路。但是，美国现有的制度和价值体系已经难以有效弥合美国社会

---

① David Harvey, *The Condition of Post—modernity: An Enquiry into the Origins of Cultural Change*, Oxford: Basil Blackwell, 1989, pp. 145, 168.

的分裂，也难以解决"资本—政治—社会"权力失衡状态下的"红蓝"对决与"紫色"（红色＋蓝色）问题的恶化。帕特南所提出的推动低收入工人阶级的经济持续复兴、为低收入家庭提供低价优质专业托儿服务、实现不同学校之间的资源再分配和社区再造等解决方案，完全符合机会平等信念所代表的美国价值观，却因为上述失衡与对决等而难以实现，也就难以结束"两个美国"的残酷现实。

　　"任何人只要努力就可以获得成功"的美国梦曾经长期是并且现在仍然是美利坚民族的粘合剂。美国是一个仅有二百多年历史、由多元种族和多元文化构成的现代资本主义国家，美利坚民族本身是从无到有构建出来的，美国梦则是塑造和黏合美利坚民族的信仰所在。《我们的孩子》这本书令人信服地将近几十年来美国社会变化的真实图景展现出来，尽管今天的大多数美国人仍然相信机会平等是美国社会的基调，但是今天的美国梦正处于富人的"成功者有资格坐享其成之梦"和穷人的"遥不可及或破灭之梦"相对立的裂变之中："我们的孩子"变成了"我的孩子"与"他的孩子"相区隔，这种区隔背后是资本全球肆意扩张、金钱政治、产业空心化、新技术革命等带给美国政治、经济、社会和文化等的深刻改变，是社会分化与固化带来的阶级隔离与阶级矛盾的日益恶化，是美国这个"想象的共同体"正在失去其共同信仰与梦想的现实危机。

　　今天美国机会平等鸿沟的加剧和社会共同体的趋于瓦解，给中国提供了一个鲜明的反面教材。当高速度和粗放式的经济发展在中国不再可持续，中国的阶层固化等也正在成为社会舆论的焦点。数千年来，贫富悬殊是中国政治伦理视为"恶政"的重要标准，"不患寡、患不均"更是深入人心的政治警句。并非富裕，而是共同富裕才是社会主义的本质特征，并非精英的成功，而是绝大多数人的幸福才是中国特色社会主义道路的追求目标。

学术动态

"国家治理理论与现代国家建设"

——中国人民大学政治学论坛2017
学术研讨会综述

王鸿铭[*]

[**内容提要**]　　国家治理是中国全面深化改革总目标和总部署的关键范畴之一，新时代对国家治理提出了新要求，也为政治学的学科发展提出了新的期望。2017年12月2—3日，由中国人民大学国际关系学院政治学系组织的"人大政治学论坛"2017暨"国家治理理论与现代国家建设"学术研讨会在北京举行。与会专家和学者对国家治理理论、历史和当代实践的相关重要议题进行深入探讨，在此基础上，对中国国家建设的政治逻辑进行了诠释和讨论。

2017年12月2—3日，由中国人民大学国际关系学院政治学系组织的"人大政治学论坛"2017学术研讨会在北京举行，本次会议收到论文60多篇，分成12个专题组，来自北京大学、清华大学、复旦大学、华中师范大学、吉林大学、南开大学、中山大学、天津师范大学、中共中央党校、中国社会科学院、芝加哥大学等高校和科研院所的70多位专家学者，围绕"国家治理理论与现代国家建设"这一主题，进行了深入研讨和交流。

---

　　* 王鸿铭，男，湖北宜昌人，中国人民大学国际关系学院政治学系2016级博士研究生，主要研究方向为中国政治。

一　国家治理研究的中国视角

（一）作为建制性力量的中国政治学

北京大学政府管理学院王浦劬教授代表教育部社会科学委员会政治学、社会学、民族学学部指出，高校政治学研究需要加强政治学基础研究、综合政治研究、比较研究和交叉学科研究，从而推动创新中国政治学的概念范畴，为构建一套充分体现继承性、民族性、原创性、时代性、系统性、专业性的政治学理论体系做出自己的贡献。

华中师范大学中国农村研究院徐勇教授认为，"以文治理"是中国国家治理的重要特点，不同的社会形态产生不同的文化，并发挥相应的治理功能。现阶段中国的乡村治理需要借鉴传统，努力发挥家庭、乡贤的作用，重视超越血缘地缘的公共文化建设，通过"以文治理""以文化人"来克服市场经济特有的"物化"倾向，这也是中国国家治理理论在乡村治理中新的阶段性特征。

吉林大学行政学院周光辉教授认为，需要超越一元论的国家治理理论，采取不同于时间政治学的空间政治学视角，把国家建设看作从点到面的过程，局部变化会对整体发展产生影响，他以中国行政区划改革与中国现代化的关系为案例，展现了空间意义上局部改革对中国经济持续发展的强有力作用。

中国社会科学院信息情报研究院张树华研究员从如何把握当今世界的时代特征和如何认识当今世界政治西方之乱与中国之治出发，认为 2016 年可以看作世界政治的"分水岭"，一些标志性的政治事件导致世界政治图景发生了历史性的变化，中国政治优势逐渐彰显。中国的政治实践与国际政治新态势也势必要求中国政治学升级民主研究模式，实现政治研究的转向。

中国人民大学国际关系学院杨光斌教授认为，时至今日，中国政治学才开始探索自主性政治学话语体系，秉承了"致治"文明基因的当代中国政治学研究，重新回到了"建制派"的政治学身份，并围绕"国家治理"这个主题词，掀起各个层次治理研究的热潮。中国政治学已经是国家政治建设的一支非常重要的学术力量，正在完成研究范式从"求变"到"求治"的转型。

复旦大学国际关系与公共事务学院陈周旺教授认为，中国治理制度实践的总体逻辑是从革命到治理，蕴含着两条逻辑主线，一是从国家建设、经济建设再到社会建设的政治逻辑；二是从共产主义、民族主义再到社会主义核心价值体系的文化逻辑。华东政法大学政治与公共管理学院张飞岸副教授认为，中国政治学面临的任务是以国家治理为核心议题，国家治理的基础性前提在于秩序和公正，而中国政治学的概念建构则需要重视中国原创概念，对西方主流概念则需要在反思基础上进行重新解释。

美国芝加哥大学社会学系赵鼎新教授和国家行政学院政治学教研部褚松燕教授发表了评论。赵鼎新教授认为，从历史经验和教训来看，中国必须避免意识形态陷阱，防止任何一种意识形态绑架现实政治，只有让不同观念反复争论，才能使国人走向成熟。褚松燕教授指出，要避免西方范式解释中国现实乏力的情况，需要立足中国的历史传承与当下全球政治发展的趋势，抓住权力和参与这两个核心要素，才能更好地分析中国政治发展。

（二）政党建设与治理

中山大学政务学院肖滨教授从政党与政府关系的视角考察中国经济发展的奥秘，"党政体制"作为一个新的分析概念应运而生。他认为，在党政体制下，执政党寻求绩效合法性是构成中国经济增长的政治动力机制，但政党却不靠自身直接去推动经济发展，而是依靠政府来推动市场经济发展，这样的桥梁及中介机制就是党管干部体制。

大连理工大学马克思主义学院徐成芳教授认为，深化改革开放以来中国共产党意识形态建设实践经验以及理论体系和话语体系的探索，对于增强中国意识形态文化的自觉与自信、牢牢把握意识形态工作的领导权和话语权具有极其重要的意义。

中国人民大学国家发展与战略研究院林坚研究员阐述了自己对政党文化、政府改革与政治生态的思考。政党文化突出表现在政党的历史发展及现实实践过程中，政府改革是政治体制改革的重要内容，政治生态是一个地方政治生活现状和政治发展环境的集中反映，将三者整合在一起进行分析，可能会产生有关执政党的建设经验的新发现。

曲阜师范大学马克思主义学院顾训宝副教授认为，建设服务型政党是推进社会主义民主建设的本质体现，加强法治建设则是推进服务型政党建设的重要途径。

在民主法治视域下推进服务型政党建设、完善民意表达机制、健全群众利益协调机制、完善群众矛盾化解机制，可以让服务群众的工作实现常态化和规范化。

清华大学政治学系景跃进教授和中国人民大学国际关系学院牛彤副教授发表了评论。景跃进教授认为，"党政体制"是理解中国政治的关键词，建构了一个认识中国政治的整体性框架，包含"党"与"政"的要素，反映了中国政治的结构性特征，这种方法论也意味着需要对比较政治学的一般术语和理论采取反思立场，根据中国国情做出必要的调整。牛彤副教授指出，要研究好中国，必须先研究好中国共产党，因为中国共产党是中国革命、建设、改革事业的领导核心，研究好中国共产党，实际上就抓住了中国的核心，就找到了解答当代中国从哪里来、向哪里去的"钥匙"。

（三）民主理论与治理

清华大学政治学系任剑涛教授通过分析民主的中国特性与全球共性，展现了民主理论与治理理论在当代中国乃至世界实践中的作用，认为中国特色民主政治基本定位是从经济发展到政治发展，呈现由国家带动的基本特点，并形成由政党驱动国家发展的模式，因此要积极稳妥地推进政治体制改革。

中共北京市委党校政治学教研部袁达毅教授通过观察人大代表直接选举的民主性，认为选举的民主性对国家治理的影响主要体现在国家治理体系和治理能力建设两个方面，如果选举的民主性受到损害，会导致选举偏离甚至背离民主，对国家治理体系和治理能力产生重要的影响。

中国人民大学国际关系学院林红教授指出，民粹主义在现代国家建设漫长的过程中是一个值得注意的干扰因素，在当代全球化的背景下，西方民粹主义与自由民主的主流政治之间似乎正在展开一场旷日持久的战斗，民主与它所衍生的民粹主义关系复杂难解，需要反思民粹主义生成的条件与存在的合理性，由此得到的相对性认识是理解西方政治困境的重要因素。

中共北京市委党校政治学教研部黄小钫副教授认为，推进国家治理的民主化，必须树立民主、法治的现代治理理念，逐步实现干部选任民主化、决策民主化、权力运行透明化和公民参与有序化的国家治理指标。中国人民大学国际关系学院黄晨讲师尝试解释自由民主话语在1980年以来的知识界兴起与衰退的机制，认为观念的变迁起落不取决于文本本身，而取决于它在全社会观念结构中的位置。

中国政法大学政治与公共管理学院卢春龙教授和华东政法大学政治与公共管理学院张飞岸副教授发表了评论。卢春龙教授提出，民主制度选择对于民主转型结果的影响非常重要，但民主转型与制度选择之间没有一条固定的道路，各个国家应该根据社会经济因素、政治文化因素来选择适合自己国情的民主制度模式。张飞岸副教授在评论中认为，中国人研究民主，需要找到适合中国的民主模式，并为人类世界变得更公正合理提供学术支撑。

二 比较视野下的国家治理

（一）中国思想中的国家治理

复旦大学国际关系与公共事务学院陈明明教授认为，集权政治是中国政治体制的特征之一，以党政体制为例，现代国家建构的逻辑、社会革命的逻辑、后发国家工业化的逻辑、大一统的思维逻辑共同规约着中国社会政治发展的方向和进程，这四个逻辑的相互展开、彼此援引，塑造了中国的党政体制，如果没有把握住这些逻辑，就无法有效分析当代中国政治史的重大关节与体制特征。

湖南大学法学院刘少华教授认为，中国式国家治理具有六个重要特点：中国特色社会主义价值取向的国家治理形式、以中国共产党为中心的多方合作的新型治理结构、政府在国家治理结构中的主导作用、财政在国家治理中的基础作用、以效率和民主结合的制度规范推进治理行为和以深化综合改革方式推进国家治理进程。

西南交通大学政治学院田雪梅教授考察了孙中山统筹交通的思想及当代实践，认为孙中山关于铁路建设和海洋海权建设的思想是孙中山发展现代化交通观念的两大支柱性思想，也是其拟行国家治理的重要方略，孙中山的交通梦对于当前中国的"一带一路"及交通强国战略具有重要的启迪和指导作用。

中国人民大学国际关系学院任锋副教授认为，在钱穆看来，政治学必须配合文化传统自创自造，适应国情，因此探索立国之道与政学传统之间的机制，就构成了钱穆终身的学术关怀。在激活并更新文化自信的前提下，重建中国政治学的起点也许要回到钱穆，承续其理性反思意识与传统维新精神，为后来者寻求古今之间潜藏显行的大道。

河南大学历史文化学院翁有为教授评论道，中国学术本土文化建设的序幕已经拉开，中国学术的本土化需要为新时代的变革提供巨大的思想和理论资源。中共浙江省委党校政治学教研部王景玉教授评论道，中国思想中的国家治理经验，不仅为今天的改革开放和社会主义现代化建设提供了思想资源，而且对中国政治发展有着重要影响。

（二）西方思想中的国家与治理

中国人民大学国际关系学院张广生教授认为，王位继承战争、宗教战争和争霸战争使西欧的封建君侯国家和城邦国家日益趋向于主权国家的政治整合，霍布斯的政治法学正是表征这一历史转变的理论学说，主权国家的霍布斯筹划，在用主权权威的绝对性为西欧现代国家建设奠基的同时，也因为法权机器的"中立性"构造，伏设了欧洲现代国家方案的政治文明困境。

黑龙江大学政府管理学院文长春教授分析了当代西方的民主困境，他认为，力求摆脱传统民主理论而倡导"主流民主"理论的萨托利和延续理性启蒙而创建"话语民主"的哈贝马斯，是全面透视西方民主的理论与实践时无法回避的两个民主理论模式，他检视了萨托利和哈贝马斯的民主理论的歧变与差异，分析了民主与资本主义的矛盾实质，并进一步厘清了当代西方民主的困境。

中国人民大学国际关系学院李石副教授评论了阿玛蒂亚·森的能力平等理论，指出森的平等理论虽然在一定程度上克服了"左""右"两派的弊端，却很难说彻底解决了"左"与"右"的纷争，她认为"能力平等"理论从根本上说不过是改良的"福利平等"理论，因此也不可避免地遭遇"福利平等"理论所固有的困境：忽视人的主观能动性，以及人际相异性给人际比较带来的困难。

南开大学哲学院曹钦副教授认为，以往关于罗尔斯和分配正义的讨论中，绝大多数研究者忽略了罗尔斯正义原则其他部分在分配方面的意蕴，也没有充分注意到罗尔斯在不同时期著述中观点上的发挥与改变，如果想要得出公正的结论，明晰罗尔斯在分配正义问题上的真实态度，就必须对他在不同时期著作中的论述进行更为全面的梳理。

天津师范大学政治与行政学院高景柱副教授认为，研究全球正义理论需要处理全球正义的实现路径问题，即"全球正义何以可能"。他认为，如果全球治理能够真正奠基于平等、人权、民主和正义等现代价值的基石之上，全球治理就是一种公平的全球治理，公平的全球治理也将有利于全球正义的实现。中国人民大学国际关系学院丁凡副教授认为，政治神学的视角对研究黑格尔的哲学体系是一个较为合适的研究进路，通过对《精神现象学》的详细考察，黑格尔对安提戈涅的解读并不止于家国矛盾的发现，而是要指出古希腊人对于神界的想象或"规定"本身才是造成这一矛盾的根本原因。

天津师范大学政治与行政学院佟德志教授评论道，从思想史切入国家治理，亮点在于将政治哲学与国家治理相结合、将政治理想与现实政治相结合，政治哲学不仅是一种思想操练，而更应该对实践领域产生重要的影响。北京航空航天大学人文与高等研究院康子兴副教授评论道，世界历史是一个现代化的进程，但西方世界并没有真正走向文明化，国家和主权似乎仍是全球治理模式下最为重要的问题。

（三）比较研究中的国家治理

上海师范大学哲学与法政学院李路曲教授认为，新加坡的比较价值在于其治理方式与中国有相似之处，都走过了一条渐进式的转型与改革之路，他比较分析了新加坡与中国国家治理方式的变革，认为新加坡改革经验在于从强国家弱社会向国家与社会平衡的方向发展，这对中国未来发展具有重要的参考价值。

南开大学周恩来政府管理学院程同顺教授简述了日本现代化过程的大致成就，探讨了从明治维新之后日本现代国家治理体系构建的脉络，以及国家治理能力提升的具体路径，认为日本的现代化成就与经验对中国国家治理实践具有启示作用，"以民为本"是国家治理现代化建设的正确方向。

卢春龙教授基于世界银行关于治理的概念界定和指标体系，阐述了基于"世界治理指数"的聚合指标——国家治理指数，比较了世界范围内不同经济社会发展、政体类型和政治文化的国家和地区的治理水平。

中国人民大学国际关系学院欧树军副教授指出，一个政治共同体在不同的发展阶段需要对不同的发展目标做出审慎的选择，这一目标必然会影响其国家—市场之间的关系模式。对于中国这样的巨型国家和复杂社会而言，应认识到并充分重视发展目标的多样性，而非不假思索地奉行某种无法自持的"自生自发的市场自由"思维。

中国人民大学国际关系学院陈华文副教授提出，在现代国家政治秩序的形成中，国家理性观念起到关键作用，通过厘清近代政治哲学中的国家理性理论，指出通往国家主义的实际是德意志意义的国家理性概念，而经由马基雅维利到霍布斯和洛克而发展出的另一种国家理性，则可导出现代政治秩序形成过程中的另一种国家理性。

康子兴副教授认为，戴雪所谓的"公共舆论"在本质上是社会的情感状态，亦即"民情"，《联合法案》中体现出来的立法技艺与政治智慧也在于此，立法者需对社会民情有深刻、敏锐之体察，对现实的危机与真实的利益作切实的理解，才能确保所立法律与民情的和谐，从而维护社会的稳定。

张广生教授评论道，无论是城邦还是帝国，无论是民族—国家还是文明—国家，无论疆域与人口多寡，只要在发展模式和发展道路上具有类型化比较的意义就具有比较价值，涉及新加坡、日本与中国的比较，政体和治理模式非常重要，但更重要的是探究这些类型化的相似或不同形成的政治史和思想史，如此才能理解西方的冲击和不同文明传统、不同地缘战略环境造成的不同回应策略如何促成了各自的发展道路。中山大学政治与公共事务学院郭忠华教授在评论中认为，国家治理是非常重要的问题，所谓"好的治理带来经济发展，经济发展带来好的治理"的内在关系在世界政治实践中可能更复杂一些。

三 中国治理的本土实践

（一）中国历史上的国家建设

中国人民大学国际关系学院时殷弘教授从《汉书·刑法志》文本入手，提炼了包括制度安排和司法实践两方面的汉帝国法律和司法状况演变史，展示了中国历史上法刑宽严与社会善治恶治的复杂历史关联，并指出，班固的根本结论"刑罚世重世轻"，即法律和司法惩罚的强度或烈度应当按照所涉的特定时代的特定性质和特定需要，是一个政治哲学式的伟大而又精致的结论，值得人们深入把握。

河南大学翁有为教授系统梳理了"五四"前后时人对军阀现象成因的探讨，进而从军阀、人民、革命不彻底和特定的国内外环境角度予以深入研究，最后指出，消除军阀现象的根本，在于社会根源的改造和更新。

中山大学郭忠华教授以民族国家建构视域下的清末国籍立法为题，认为国籍立法是民族国家建构的基本环节，它使民族国家建立起"国民"边界，民族国家建构是推动清末国籍立法的根本动力，华侨保护等事件是导致国籍立法的触发点，将两者结合起来才能全面认识清末国籍立法。

河南大学历史文化学院柳岳武副教授通过对清代外蒙古地区商民管理的研究认为，清廷对边疆地区及不同民族的统治，充其量只是实现了军事与政治上的统一，未能实现不同民族间的充分融合与多民族国家的真正一体，其导致的恶劣结果是，当国家由传统"王朝"向近代主权国家发生巨变时，应对蒙疆等边疆危机措手不及。

中国人民大学国际关系学院乔梁讲师把官员群体作为一类特殊的文化变量放入历史的框架内加以比较，进而指出当代的官员群体比以往更加职业化和政治化，其社会文化的内涵已经让位于政治功能。

中山大学肖滨教授评论道，从中国历史来看，帝国治理有某种钟摆效应，中国历史上的宽严摇摆直接对应着治乱频仍，帝国统治者必须审时度势，在治理时把握"轻重"。中国人民大学任锋副教授在评论中认为，探究古今之变是政治学理论的创新之源，当代文武关系问题要放在中国长时段的历史变迁中把握，研究传统宪制如何解决军事权问题对当下仍有极大裨益。

（二）当代中国的国家建设

南开大学周恩来政府管理学院杨龙教授选择了作为顶层设计的全面深化改革小组、党的系统的巡视制度和国务院系统的督察制度进行分析，认为"强国"与否关键在于，一个国家能否自我策划和实行政策，能否在面临重大危机转折关头果断应对，在这个意义上，顶层推动是国家自主性即国家实现自己的目标、贯彻国家意志能力的重要表现。

中国人民大学国际关系学院王续添教授对历史记忆制度的概念进行了理论阐释和具体界定，总结了当代中国历史记忆制度的发展演变、制度结构和运作机制，展现了历史记忆制度在当代中国国家建设中的特殊地位和主要作用，并从实然的角度阐释"中国政治模式"，勾勒了以当代中国为中心的国家治理研究路径。

国际关系学院公共管理系李文良教授指出，中国国家安全体制是指国家安全管理具体制度和行为规范的总和，旨在为确保国家拥有安全状态和能力提供制度支撑，科学合理界定中国现阶段国家安全职能，发挥中央国家安全委员会的功能，打造一支高水平的国家安全队伍，是完善国家安全体制的有效途径。

中国人民大学国际关系学院王英津教授在比较视域中对"民主分离论"做出了剖析与澄清，他认为近年来分离主义常常借民主制度从事分离的政治行为，进而挑战国家主权和国际秩序稳定，他通过解析自决与民主、主权与民主、公民投票与民主之间的关系，指出貌似合理、合法的"民主理论"实际上在法理、学理、历史和现实等方面均站不住脚。

中共北京市委党校袁达毅教授在评论中认为，"领导小组"关涉国家治理体系、政党和国家关系，过去一段时间国家治理体系无法承担如今的治理需求，才需要领导小组。吉林大学张贤明教授在评论中认为，深改组、督察组、巡视组等非常规治理方式的出现表明中国旧的治理方式还存在一定缺陷，它们是否真正提高了国家治理能力，还需要更多的理论和经验依据。

（三）当代中国治理的宏观审视

北京大学政府管理学院关海庭教授指出，信仰是国家建设面临的主要问题，中国共产党在短期内获胜的原因在于，中共通过一套完整的话语体系成功塑造了中共的信仰，逐步形成了中共自身的政治文化，具有政治性、平民性和能动性等特征，政治信仰在中国是历史和现实的选择，在国家治理中具有独特的政治优势。

吉林大学行政学院张贤明教授从责任政治建设角度入手，认为责任在政治中的核心地位在于，政治的运作需要依靠责任来实现，而责任确定了人在公共生活中的义务范围和维护制度发展的要素，在国家治理现代化过程中，需要通过明确责任主体、理顺体制机制、重视监督问责、强化责任意识来实现责任政治。

中共上海市委党校马克思主义研究院胡伟教授认为，全面现代化强国的关键在于国家治理现代化，中国的国家认同很强，渗透性也很强，问题在于参与和分配问题，所以国家治理问题相较国家建设问题更为突出，解决参与危机的关键在于民主，解决分配危机的关键则是福利制度。

天津师范大学政治与行政学院佟德志教授则指出，作为中国五大民主形式的协商民主给予了自治组织比较充分的授权，这样的授权有着明确的法律规定，也在实践中得到充分贯彻。从协商的组织主体和程序主体来看，协商民主在中国更偏向治理，而不是西方学者认为的威权民主，因此协商民主是一个需要深入研究的中国治理经验。

中共中央党校党建部曾毅副教授审视了国家建设理论下的全面从严治党，勾勒了党的十八大以来党的建设的阶段性特征，思考了党建在新时代下的战略转变，并指出可以把中国共产党的党建实践上升为中国政治学的自主性理论。

中央编译局中央文献翻译部杨雪冬研究员在评论中认为，中国共产党的执政方式是内生演化的，在国家治理的进程中需要具备中国意识，将中国历史性资源和当前制度性框架结合起来，从而识别中国的道路。

（四）当代中国治理的制度实践

中共中央党校政法教研部刘学军教授从湖北省宜昌市人民政协的个案切入，分析了人民政协如何在协商民主中发挥作用，并指出未来的研究重心在于如何保证人民政协协商民主作用的连续性，其作用能否以法律形式保障，这有助于推动人民政协协商民主制度化、规范化、程序化建设。

北京大学政府管理学院燕继荣教授指出，西方学界普遍缺少对中国发展的复杂性理论认知，这导致中国研究的基本思路从崩溃论转向韧性威权论再转向逐步向现实让步。中国的快速发展需要国家治理作为新的研究范式，国家治理的研究范式是问题导向、经验导向的实然思维模式，其内涵、理论构建都值得进一步挖掘。

中国人民大学国际关系学院周淑真教授认为，中国共产党是当代世界的最大政党，党的十九大报告首次提出健全人民当家做主制度体系，其目标是实现民主法治公平正义。作为人民当家做主制度体系的基础性作用体系，人民政协是具有中国特色的制度安排和中国重要的民主政治形式。

中国人民大学国际关系学院马得勇教授认为，受众自身的威权人格与意识形态立场是解释个体谣言与否的重要变量，威权人格与信谣、意识形态立场与信谣分别存在着"匹配效应"。通过针对网民群体的实验调查问卷发现，高威权人格更愿意相信与政府立场一致的谣言，而更不愿意相信与政府立场不一致或不利于政府的信息，但低威权人格群体中这种倾向并不明显。

聊城大学政治与公共管理学院孟宪良副教授认为，人大监督不能单纯地以行使制裁权的次数和频率作为评价标准，而应当积极鼓励组织人大代表履行监督职责，通过组织、沟通与压力等输入方式，在充分沟通协商的基础上整合资源，亦能产生出不错的监督效能。

中国人民大学公共管理学院杨开峰教授评论指出，国家治理与政府治理绩效息息相关，推进绩效管理乃至绩效治理面临着一系列挑战，需要宏观视野加以研究。复旦大学陈周旺教授在评论中认为，国家面临治理转型的挑战，在治理中找回国家，凸显现代国家的治理意涵，是当前中国政治制度实践中迫切需要面对的问题。

（五）基层社会与当代中国治理

浙江大学公共管理学院郎友兴教授以杭州市江干区"省级社区治理与公共服务创新试验区"为例，展现了国家推动基层治理单元重构的重要作用，并认为通过试点推动社区治理创新是中央与地方政府创新社会治理体制的重要方式，旨在重构党国体制在基层社会的形态，反映了党和国家对基层政治稳定的需求。

中国人民大学农业与农村发展学院仝志辉教授通过对农村基层党建与"三治"结合的乡村治理体系分析，认为桐乡市推行自治、法治、德治相结合的乡村治理体系有助于国家乡村体制建设的整合，中央政府应该鼓励地方政府创新，使得"三治"结合的乡村治理体系成为中央授权的地方改革经验。

中国人民大学国际关系学院孙龙副教授考察了1993—2016年六次县级人大直接选举中的选民参与，分析了县级人大直接选举的选民参与状况，描述了人大代表选举中选民投票率的变迁轨迹，描绘了中国基层选举制度的发展，进而阐释了基层选举中的合理化发展途径和中国特色选举民主发展的正当性基础。

华中师范大学中国农村研究院任路助理研究员在"深度中国调查"材料的基础上强调，当前中国国家治理的重要特点是纵向的政府治理与横向的群众自治的双向治理结构，这个国家双向治理结构，决定了现代国家治理应当充分重视家户制传统，实现政府治理与群众自治的良性互动。

上海社会科学院社会学研究所刘正强助理研究员认为，在复杂的中国制度体系中，信访制度以其鲜明的"亲民"色彩建立了与民众的紧密关联，通过回溯信访制度形成的初始乃至运行困境，可以解读时下的信访困局，为刷新与盘活信访制度提供一个纵贯的视野。

中国社会科学院政治学研究所史卫民研究员评论道，自治虚化、行政化、党建中心化都是中国基层民主政治发展所存在的问题，而制度化、程序化、规范化是一个"渐进"过程，制度性的变革，从发端定型到推广完善，要克服很多困难，任何"拔苗助长"的行为都可能导致前功尽弃。

中共北京市委党校黄小钫副教授评论道，普遍且有效的公民有序参与，是国家治理现代化的重要目标，其中发挥人大、政协、信访部门以及社会团体的作用尤为重要。

（六）当前中国治理的发展趋势

芝加哥大学赵鼎新教授对于党的十九大之后中国大趋势给出了自己的分析，他认为十九大之后的走势取决于十九大所确立的目标和当下中国的制度特征与目标契合度这两点，他进而将十九大之后中国发展的目标划分为若干个不同层次，并指出当下是政治学发展的最好时期，可以给中国政治具体实践提供属于政治学学者们的"中国方案"。

国家行政学院时和兴教授反思了全球治理体系中的国家主体作用，认为国家能力再造对中国国家治理体系和治理能力的现代化以及中国对全球治理的可能贡献都非常重要，民族国家治理不善或无效治理会极大威胁全球治理体系，需要重视发挥国家治理的正溢出效应。

武汉大学政治与公共管理学院虞崇胜教授细致解读了党的十九大报告，认为其中对中国特色社会主义进入新时代和后半程的两个重要判断十分重要，政治学界需要精准把握中国未来发展的两个重要方位，这对新时代中国特色社会主义发展和全面实现社会主义现代化，有着重要的理论和现实指导意义。

中央编译局杨雪冬研究员认为，党的十八大以来中国的改革战略突出强调顶层设计，并努力将顶层设计与摸着石头过河辩证统一起来，由此产生了一系列为落实顶层设计而建立的决策、执行和监督机制，这种自上而下的制度化推进改革的方式，与改革开放以来长期形成发挥下级部门自主性的改革方式形成了紧张关系，如何将这种压力转化为更有效的动力，值得进一步观察和分析。

中央民族大学管理学院李凤梅副教授根据1979—2016年中国腐败案件数量变化绘制出了当代中国廉洁政治生态演变曲线，她发现党的十八大以来的廉洁政治生态演变出现了分水岭，进而分析认为其宏观成因是当代中国现代化进程的推进、现代性的稳步增强，而微观成因是制度短板的迅速补齐、体制性障碍的快速消除。

中共上海市委党校马克思主义研究院胡伟研究员评论道，中国已经基本解决了认同、合法性、渗透能力等方面的问题，但是参与问题、贫富差距问题依然突出，在国家治理的大视野下，党和国家的关系、人格化和制度化的关系、伦理调控和法理调控的关系、全球化和民族化的关系，都是需要我们不断思考的问题。中国人民大学院马得勇教授评论道，改革开放以来，中国制度变迁的趋势是从非制度化到制度化，如果没有非制度化对制度化的挑战，那么改革开放的成功可能就不会存在，对制度化和非制度化之间的正面效应和负面效应，需要有一个全局性的认识。

结　语

国家治理是中国全面深化改革总目标和总部署的关键环节，新时代对国家期望提出了新要求，也为政治学的发展确定了新的期望。习近平总书记在哲学社会科学工作座谈会上强调，着力构建中国特色哲学社会科学，在指导思想、学科体系、话语体系等方面充分体现中国特色、中国风格、中国气派。中国人民大学校长刘伟教授在会议闭幕式上指出，人大政治学系作为国内政治学学科的一方重镇，在人民大学成立伊始就占有一席之地，近年来在民主理论、政党理论、合法性理论等方面取得突出成果，获得党和国家领导人的高度重视，推动了具有中国特色和国际视野的学术话语体系的建构。中国人民大学副校长刘元春教授指出，本次学术研讨会力图回应新时代对政治学学科与学术发展的新要求，政治学学者有必要加强理论创新，善于凝练、总结、提升、表达中国经验、中国实践和中国智慧，不断概括出理论联系实际的新概念、新范畴、新表述。

Abstracts

The Paradigm Shifting of Political Science from being "change-oriented" to "governance-oriented"

——the perspective of history of political science

Yang Guangbin

[**Abstract**] The history of political thought is the important resource for the research paradigm of political science. Comparatively, the western research paradigm changes constantly and therefore features being "change-oriented" due to the variability of the western thought. Modern political science as the result of the bourgeois revolution summarized the governance of the existing order, which invited many social challenges and was consequently replaced by the Marxist political science. During the Cold War period, the western political science promoted its "national governance strategy" as the universal value, which gave birth to "the end of history". Since the adoption of the reform and opening up policy, the "change-oriented" liberal democracy once became the major research paradigm of Chinese political science, which unfitted the world order. Chinese scholars therefore resort to building the independent discourse power in democracy and governance and take the national governance as the major research paradigm and direction. It is promising common sense again after years of changes.

[**Keywords**] History of the Discipline of Political Science; Research Paradigm; In-

How Does J. G. A Pocock Make the
Myth of "Civic Republicanism"?

Liu Xiaofeng

[**Abstract**] The third chapter of Pocock's The Machiavellian Moment is the most core theoretical section of this book. In the chapter, Pocock tries to demonstrate his own political view of "civic republicanism" under the cloak of Aristotle's political theory. Through analyzing Pocock's argument, this article reveals that Pocock's study on history of thought is absolutely not to truthfully restore or "record" the thoughts in the past. Inside, Pocock's purpose is to make a sort of political idea of radical democracy with realistic meaning.

[**Keywords**] Machiavellianism; Humanism in Italy; Civic Virtue; Active Life; Aristotle

Sovereign State and the Road of "Civilization":
Thomas Hobbes's Political Jurisprudence

Zhang Guangsheng

[**Abstract**] The succession wars, religious wars and hegemonic wars made Western Europe's feudal monarch countries and city states increasingly tend to political integration of sovereign states. Hobbes's political jurisprudence is a kind of theory which characterizes this historical shift. The Hobbesian scheme of sovereign state uses the absoluteness of sovereign authority to lay the foundation for the modern Western European countries. At the same time, it also foreshadows the dilemma of political civilization in the blue print of Europe's modern states because of the "neutral" construction of the legal jurisdiction machine.

[**Keywords**] Sovereign State; Civilization; Hobbes; Political Juris

Sortition and Democracy: Exploring the Methods to Realize Democratic Ideas

Wang Shaoguang

[**Abstract**] When we can be released from the conceptions of democracy and republic prevailing since the 20th Century, we'd better review the origin of these two conceptions. Then, we will find that lottery in political decisions is well-grounded, deliberate and conducive to realize democracy. To apply lottery again seems to be applicable to make up the vulnerability of modern western representative democracy. This paper neither tends to prove that sortition is the only correct method to realize democratic ideas, nor demonstrate that election is completely bad. We can adopt many or even myriad methods to realize democratic ideas under different historical and cultural background and in different eras. Thus, there is no only right method-neither election nor sortition. We should adopt various methods to promote democracy, not solely depend on sole one. The purpose of this paper is to release the imagination of methods of democracy.

[**Keywords**] Democracy; Sortition; Representative Democracy; Sortition Democracy

Two Orientations of the
State-Market Relationship

Ou Shujun

[**Abstract**] "State governance for the market" and "state governance because of the market" are two opposite political-economic concepts. They also represent two different models of state-market relation. Both Adam Smith's classical economic liberalism and neo-liberalism thoughts (as a kind of governmentality) define the basic principles of market e-conomy as laissez-faire, and accordingly regard the state-market relation as "state governance for the market", under which the state serves for the creation, growth, well-de-velopment and expansion of the market. The model of "state governance because of the market" does not regard the market as spontaneous and progressive one, but insists that "the necessity of government intervention stems from the inherent defects of the market e-conomy itself". A political community needs to make deliberate choices of different goals of development at different developing stages, which will inevitably affect its state-market relationship model. As to China, a giant state with complex society, it is necessary to recognize and lay stress on the diversity of goals of development. The decision of the goals should be problem-oriented, realistic and deliberate on the basis of both domestic and foreign political and economic experiences, rather than jumping into conclusion of pursu-ing a blind faith of "spontaneous market freedom".

[**Keywords**] State-Market Relations; Politics of development; Economics of Devel-opment; Goals of Development; Modernization

The Prototype of Government:
Classical Principles of Politics in the
Original Regime in Ancient China

Yao Zhongqiu

[**Abstract**] The King Yao organized Chinese political society initially, and the King Shun as successor established the original government in ancient China. The Canon Shun in the Classic of the Documents records the establishing process and government system precisely. As the classical guidance, the ideal model thus recorded had been taken as a paradigm in traditional Chinese politics. The model is featured with republic spirit and eight characteristics in functions. Modern politics need to reevaluate classical principles in the Canon Shun.

[**Keywords**] Yao and Shun; Government; Republic; Chinese Community; Principles of Politics

The Way of State-building Traditional and
Modern: Qian Mu and Self-awareness of
Chinese Politics

Ren Feng

[**Abstract**] Politics plays a central role in Chinese cultural system, while independent academic discipline of politics had not been developed in Chinese tradition. Qian Mu explained the feature from the perspective of Chinese cultural distinctness. Chinese tradition attached much importance to the dialectics between political study and praxis. Political study has been integral part in the scholarship of the Classics and History that kept organic relation with political society. Qian Mu emphasizes that modern state-building should be premised with academic self-awareness and independence. All his life Qian advocates politics should fit cultural tradition and accommodate national reality. He attempts to envision a broad landscape for modern politics which is based on Confucian humanity. Qian appreciates the fundamental importance of grand community and unity and reassures the value of conservatism in revolutionary time. He argues for the modernization on the basis of tradition. The study of Qian Mu as a most original political theorist in the 20th century would be a starting point for developing Chinese politics inspired by cultural revival.

[**Keywords**] Qian Mu; Chinese Politics; the Way of State-building; Interdependence between Political Study and Praxis; the Scholarship of the Classics and History

State Governance and Modern State-building:
A Review of Political Science Forum 2017 at
Renmin University of China

Wang Hongming

[**Abstract**] State governance is critical to China's overall goal of deepening reform and overall deployment. The new era puts forward new demands on state governance, and also puts forward a new expectation for the development of the subject of political science. February 2 – 3, 2017, China Political Science Forum – 2017 and the conference on "The Theory of State Governance and Modern State-building in China", was organized by the Department of Political Science at Renmin University of China and held in Beijing. Researchers and scholars deeply discussed many important issues of state governance theory, history and contemporary practice, and on this basis, the political logic of China's state-building was also interpreted and discussed.